Antje Bayer

WANDER DICH GLÜCKLICH

Taunus

35 erholsame Wanderungen

BRUCKMANN

INHALT

TOURENÜBERBLICK

Tour													
1	●	Anmutige und wilde Felsen	1,5	0,75	35	●	●	●	●	●		●
2	●	Die geheime Kraft der Bäume	5,5	1,5	120	●	●	●	●	●		●
3	●	Lauschiges Plätzchen in Usingen	1,0	0,5	20	●		●	●	●		●
4	●	Auf Du und Du mit der Natur	3,5	1,0	80	●		●	●		●	●
5	●	Bequeme Feldwege zum Träumen	12,0	3,0	140	●	●	●	●	●		●
6	●	Schöne Tour auf angenehmen Pfaden	3,0	1,0	53	●		●	●	●		●
7	●	Kurzurlaub auf dem Barfußpfad	0,1	0,5	–	●		●			●	●
8	●	Faszinierende Aussicht ohne Anstrengung	7,0	2,0	250	●			●		●	●
9	●	Durch den Hochwald zum urigen Waldgasthaus	8,0	2,0	200	●	●		●		●	●
10	●	Bezaubernde Aussichten	13,0	3,5	417	●	●		●		●	●
11	●	Eine Wohltat für Körper und Seele	1,5	0,75	–	●		●	●	●		●
12	●	Auf Tuchfühlung mit dem Palmbachtal	3,0	1,0	112	●		●	●		●	●
13	●	Unterwegs mit dem »Eichhörnchen«	2,5	1,0	65	●	●	●	●		●	●
14	●	Dösen auf dem Hausberg	2,0	1,0	50	●		●	●	●		●
15	●	Träumereien auf dem Turm	4,0	1,0	120	●	●	●	●		●	●
16	●	Von Römern und Glasmachern	7,0	2,0	250	●	●	●	●		●	●

Tour												
17	●	Der letzte Ritter	10,0	3,0	389	•	•		•	•		•
18	●	»Stöffsche« im Wald	3,4	1,0	100	•		•	•		•	•
19	●	Wanderung für mehrere Tage	22,7	5,5	550	•	•		•		•	•
20	●	Glückliche Fische im Stadtwald	10,0	2,5	110	•	•	•	•		•	•
21	●	Idylle am Weiher	7,0	2,0	166	•	•	•	•	•		•
22	●	Auf den Spuren des Obstpfarrers	2,0	0,5	38	•		•	•	•		•
23	●	Zwischen Flamingos und Giraffen	2,8	1,0	46	•		•	•	•		•
24	●	Wunderbarer Weltbaumwald	5,0	2,0	20	•		•	•		•	•
25	●	Über Feld und Wiese	7,0	2,0	62	•		•	•	•		•
26	●	Zwei-Täler-Wanderung	5,5	2,0	113	•	•	•	•	•		•
27	●	Zum »Süßen« ein »Süppche«	2,2	0,75	20	•		•		•		•
28	●	Panoramaweg und »Pflasterschisser«	9,0	2,5	372	•	•		•	•		•
29	●	Von Eiszeit und Erdbeben	5,0	1,5	180	•	•	•	•		•	•
30	●	Tolle Aussicht vom Meisterturm	11,5	3,0	326	•	•		•		•	•
31	●	Liebhaberrunde	15,0	4,0	449	•	•		•		•	•
32	●	Querfeldein!	8,0	2,0	88	•		•	•	•		•
33	●	Beflügelnde Fernblicke	10,0	2,5	200	•		•	•	•		•
34	●	Leichten Fußes zum Aussichtspunkt	5,0	1,0	169	•	•	•	•		•	•
35	●	»Raupen« und der »Zauberberg«	8,0	2,0	235	•		•	•		•	•

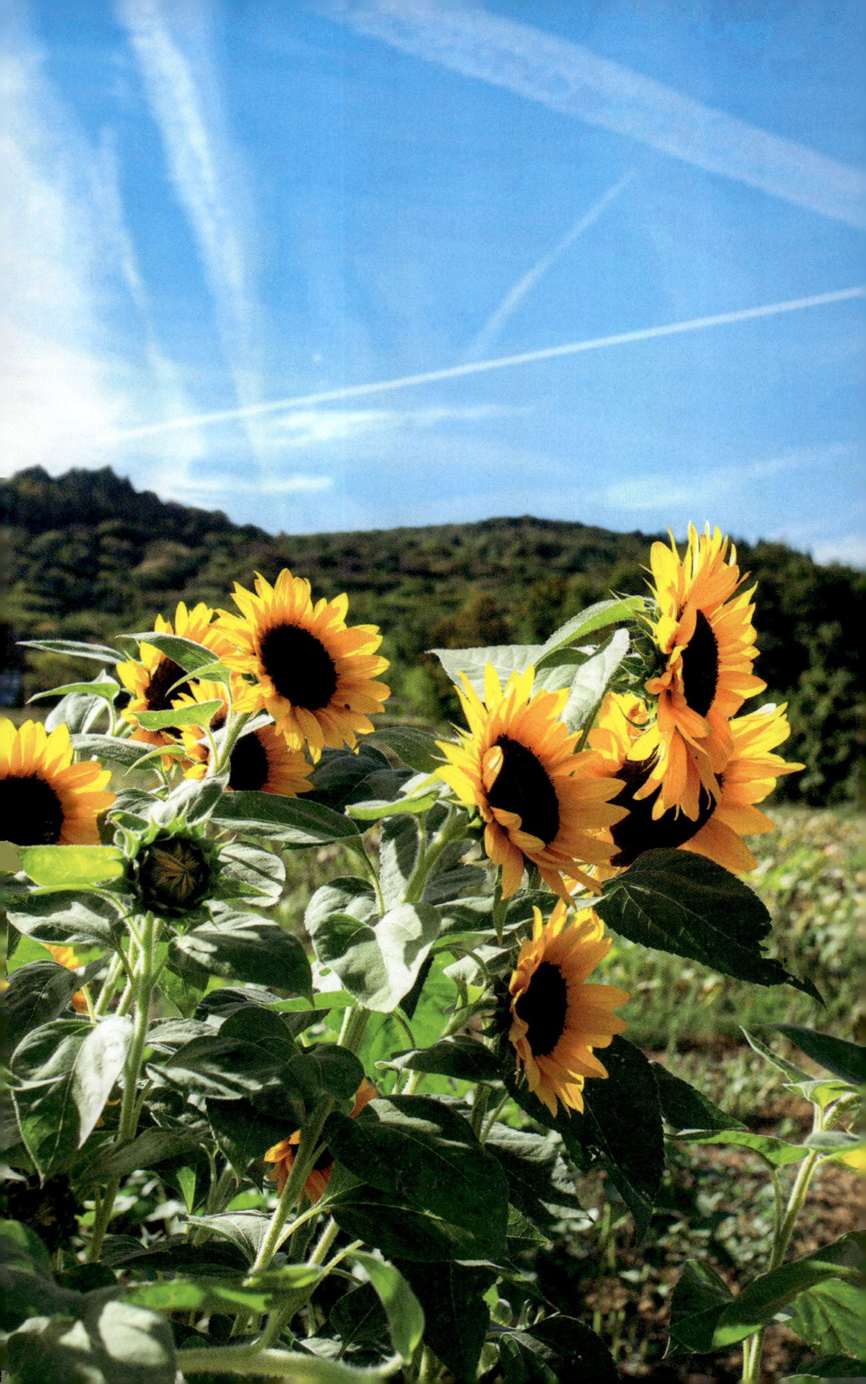

GUT GELAUNT IN DER NATUR

Wandern macht glücklich und zufrieden! Das hat eine Studie herausgefunden, die erforschen sollte, warum so viele Menschen diesem Hobby nachgehen. Die Schönheiten der Natur zu erleben und damit Stress abzubauen, war für die Vielzahl der Befragten das hauptsächliche Argument. Ob alleine, zu zweit oder mit der ganzen Familie, Wandern entspannt und macht ausgeglichener. Das wusste schon Johann Wolfgang von Goethe: »Die erhabene Sprache der Natur, die Töne der bedürftigen Menschheit lernt nur der Wanderer kennen.«

Dieser Wanderführer hält 35 ausgewählte, abwechslungsreiche Wandervorschläge zum Ausprobieren bereit. Die einzelnen Touren sind unterschiedlich lang und führen zu schönen Aussichtspunkten und Sehenswürdigkeiten. Ganz entspannt und ohne große Höhenunterschiede können die Besonderheiten des Taunus erlebt werden. Mehrheitlich sind die Touren auch für Familien mit Kindern geeignet.

Mit Genuss streifte ich durch die Wälder, besuchte geschichtlich interessante Orte und entdeckte viele unbekannte Plätze. Andächtig lauschte ich den Vogelstimmen, beobachtete die Blätter im Wind oder auch die Wolkenbilder. Am Bach hörte ich dem Gurgeln des Wassers zu und ließ es begeistert durch meine Finger gleiten. Ich schmeckte an so mancher Quelle das reine Wasser und sah den Schmetterlingen bei ihrem Tanz zu. Zudem lernte ich, keine Uhr mitzunehmen, was mir ein Gefühl der Freiheit gab. Sich einfach treiben zu lassen, keinen Verpflichtungen nachzugehen und das Hier und Jetzt aufzunehmen, hinterlässt eine nachhaltige Wirkung.

Ich wünsche Ihnen ebenfalls viel Spaß, entspannte Momente und vielfältige Eindrücke! Wie schon Martin Luther sagte: »Die ganze Welt ist voller Wunder.«

Antje Bayer

Links: Ein Meer von Sonnenblumen (Tour 12)

DER TAUNUS

Der Taunus ist als Mittelgebirge in der Rhein-Main-Region ein beliebtes Ausflugsziel. Seine höchste Erhebung ist der Große Feldberg mit 879 Metern. Von hier aus hat man eine weite Aussicht bis nach Frankfurt am Main. Neben den geologischen Sehenswürdigkeiten wie beispielsweise den Eschbacher Klippen in Usingen zeichnet sich der Taunus durch eine Vielzahl historischer Bauwerke aus. So sind der Limes, der sich über den Hauptkamm erstreckt, und seine Kastelle geschichtlich von großer Bedeutung. Immer wieder lassen sich auf Wanderungen Relikte der Römer und Kelten, die einst den Taunus besiedelten, entdecken.
Die vielfältigen Landschaftsformen im Taunus bieten ein reichhaltiges Betätigungsfeld. Radtouren, Wanderungen oder auch entspannte Spaziergänge machen die Region für Urlauber, Sportler und auch Familien sehr beliebt. Mehrere Flusstäler, Mineral- und Heilquellen lassen sich zudem in der Region entdecken.

Ein Blick auf den Großen Feldberg (Tour 16)

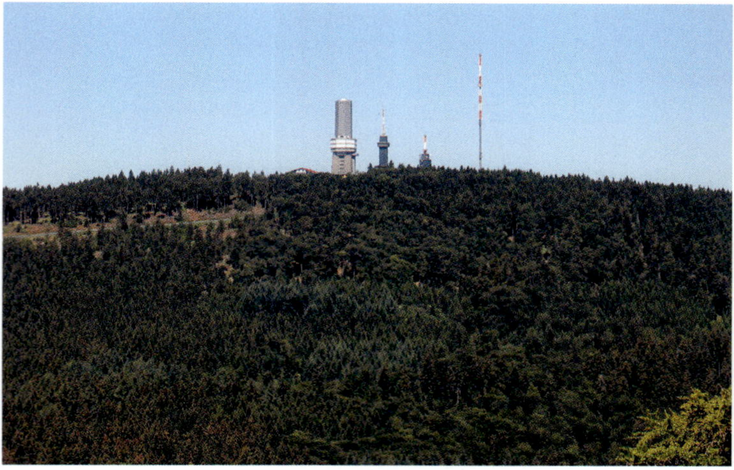

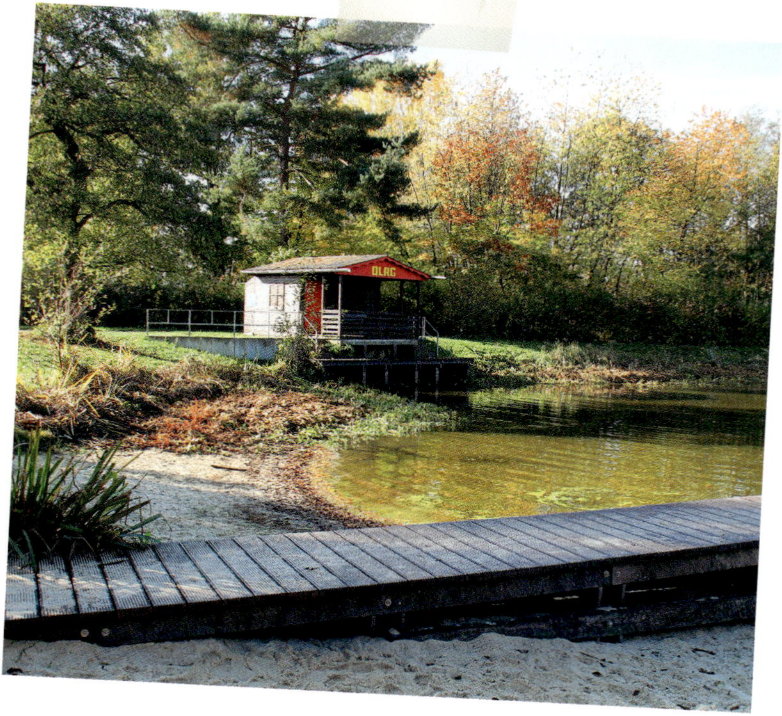

Zur Abkühlung einen Sprung in den Weiher (Tour 3)

PRAKTISCHE HINWEISE

Für die Wanderungen ist keine besondere Outdoorbekleidung nötig. Ein solides Schuhwerk und wetterangepasste Kleidung sind völlig ausreichend. Allerdings sollte man beachten, dass gerade im Hochtaunus die Temperaturen ein paar Grad niedriger sind als im Vordertaunus. Aufgrund der Höhenlage liegt im Winter durchaus auch etwas früher Schnee. Gerade wenn der Boden durch Regen oder Schnee feucht ist, sollte man im Hochtaunus etwas vorsichtiger beim Wandern sein. Die Touren führen auf hauptsächlich markierten Wegen entlang. Falls doch einmal Unsicherheit vorhanden ist, dann sind zur Orientierung die Kompass-Karte 840 »Östlicher Taunus« oder die Kompass-Karte 839 »Westlicher Taunus« empfehlenswert.

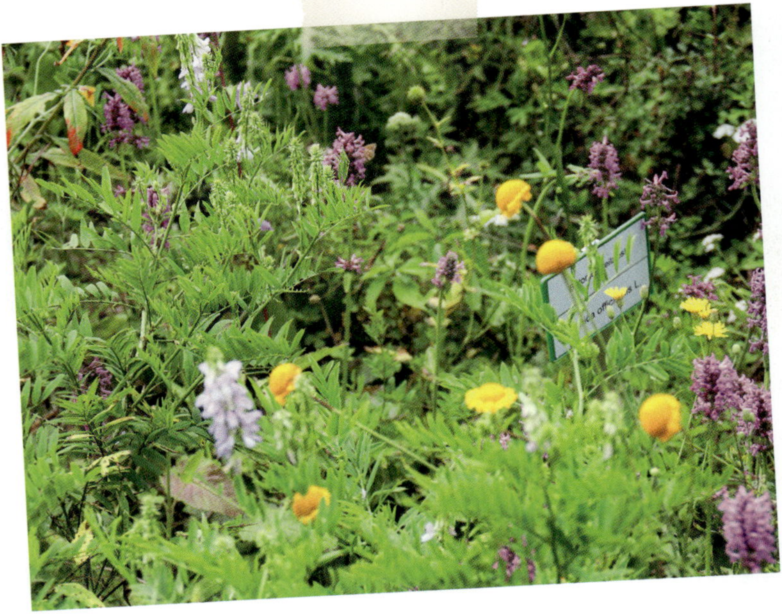

Der Kräutergarten ist eine Wohltat für die Nase (Tour 11).

Hilfreich ist in dem Fall von Unsicherheiten auch das Taunus-Informationszentrum in Oberursel an der Hohemark. Dieses hält viele Tipps für Wanderer bereit und informiert mit seiner Erlebnisausstellung Interessierte über die Landschaft, Flora und Fauna wie auch über die Kultur der Region. Hinweise zu den Öffnungszeiten können unter www.naturpark-taunus.de eingesehen werden.

Zu jeder Tour wurde eine ungefähre Gehzeit angegeben. Hier sollte allerdings beachtet werden, dass die Gehzeiten je nach der eigenen Geschwindigkeit und aktueller Kondition variieren können. Zudem wurden Anfahrtsmöglichkeiten mit Bus und Bahn vermerkt. Hier ist es ratsam, sich vor der Wanderung bei dem Rhein-Main-Verkehrsverbund (RMV) oder der Deutschen Bahn nach aktuellen Abfahrtszeiten zu erkundigen, um unnötiges Warten zu vermeiden.

www.rmv.de

www.bahn.de

Rechts: Historische Mühle im Freilichtmuseum Hessenpark (Tour 5)

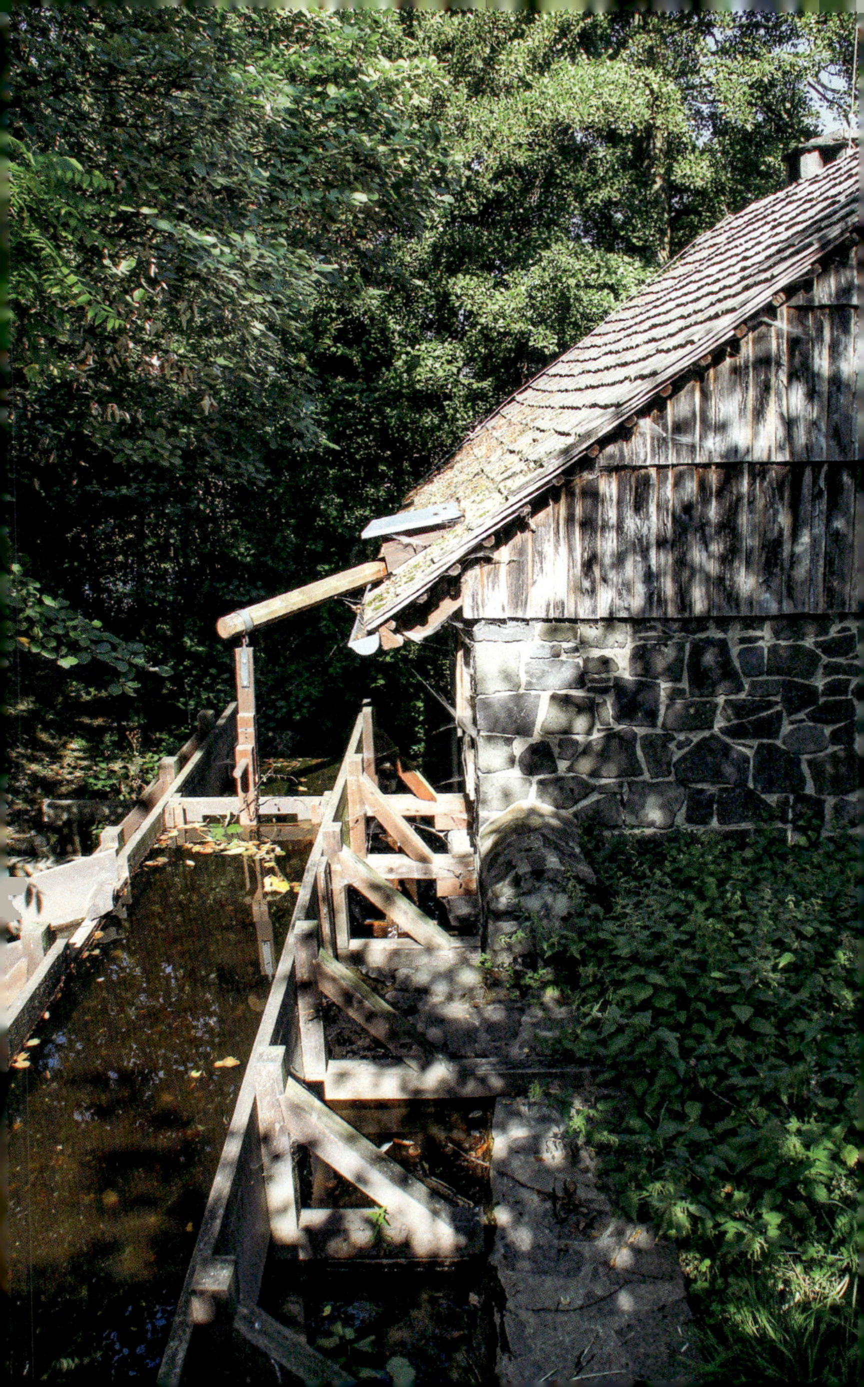

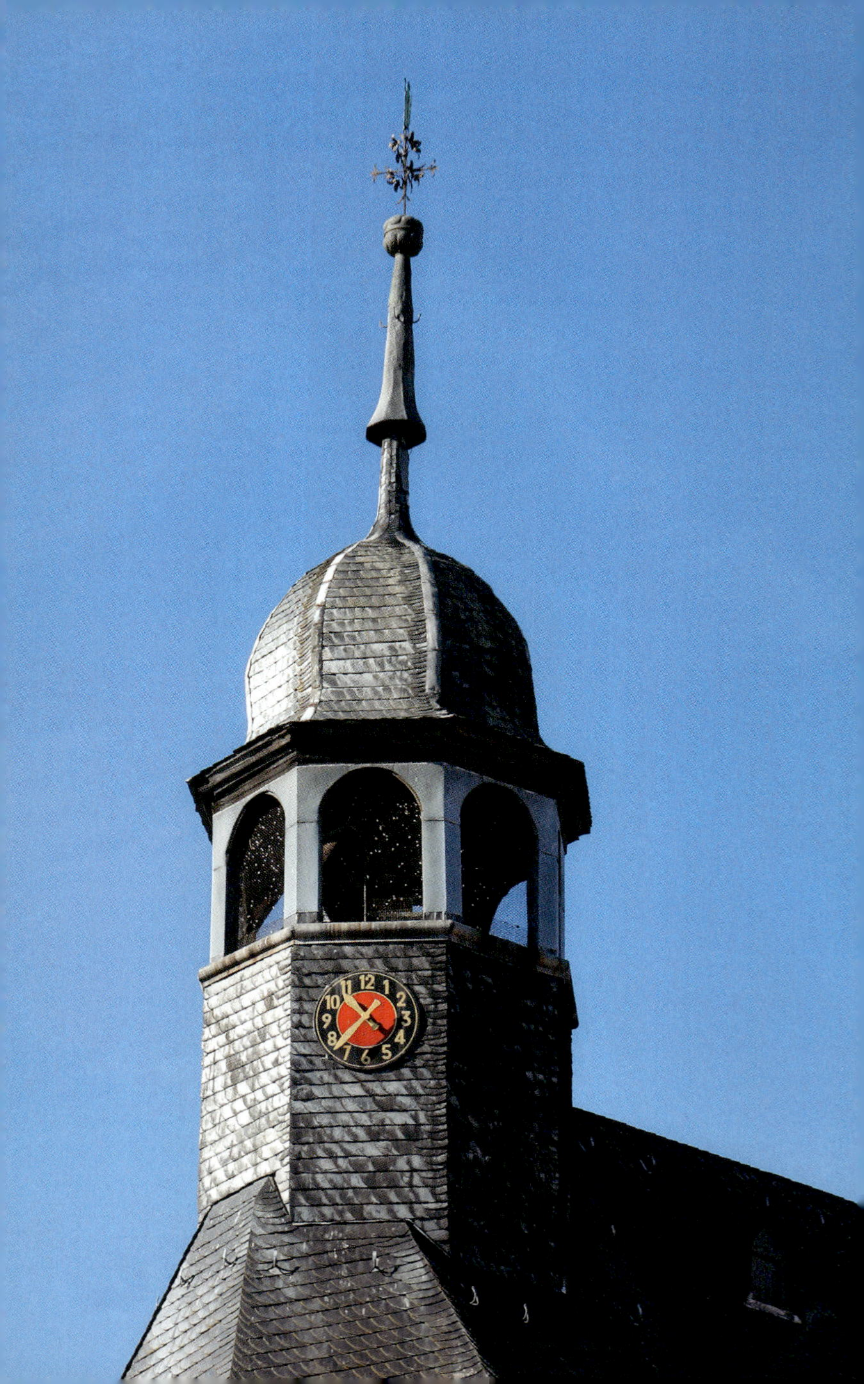

KÖSTLICHES FÜR DIE WANDERUNG

Für jede Tour gibt es eine Einkehrempfehlung für die größere Wanderpause. Die typisch hessischen Gerichte sollten durchaus einmal ausprobiert werden. Ganz legendär ist die Frankfurter Grüne Soße, eine kalte Kräutersoße, die zu Eiern oder gekochten Kartoffeln gereicht wird. Dazu macht ein legendärer süß oder sauer gespritzter Apfelwein die Mahlzeit komplett. Für die kleine Rast unterwegs ist es empfehlenswert, Getränke und einen kleinen Snack mitzunehmen.

Links: St. Aureus und Justina ist eine römisch-katholische Pfarrkirche in Bommersheim, einem Stadtteil von Oberursel (Tour 21).

FÜR JEDEN DIE RICHTIGE TOUR

Die einzelnen Wanderungen sind in vier verschiedene Kategorien eingeteilt. Genießer dürfen sich auf Spezialitäten und tolle Einkehrmöglichkeiten freuen und Ruhebedürftige über Vorschläge, bei denen die Uhr keine Rolle spielt. Andere freuen sich über ganz spezielle Sinneserfahrungen oder auch über das Erleben von ruhigen Orten. Auch wenn die Zuordnungen häufig ineinander übergreifen, habe ich versucht, das wesentlichste Merkmal aufzuführen.

Eine deftige Stärkung für zwischendurch (Tour 9)

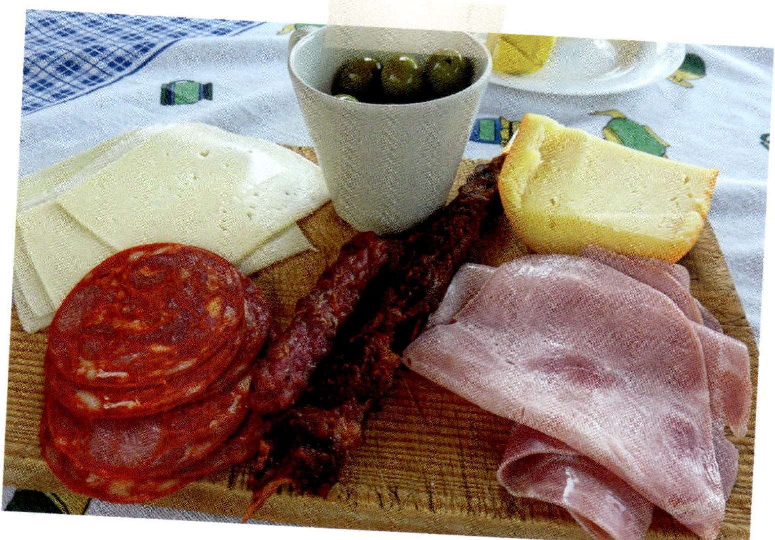

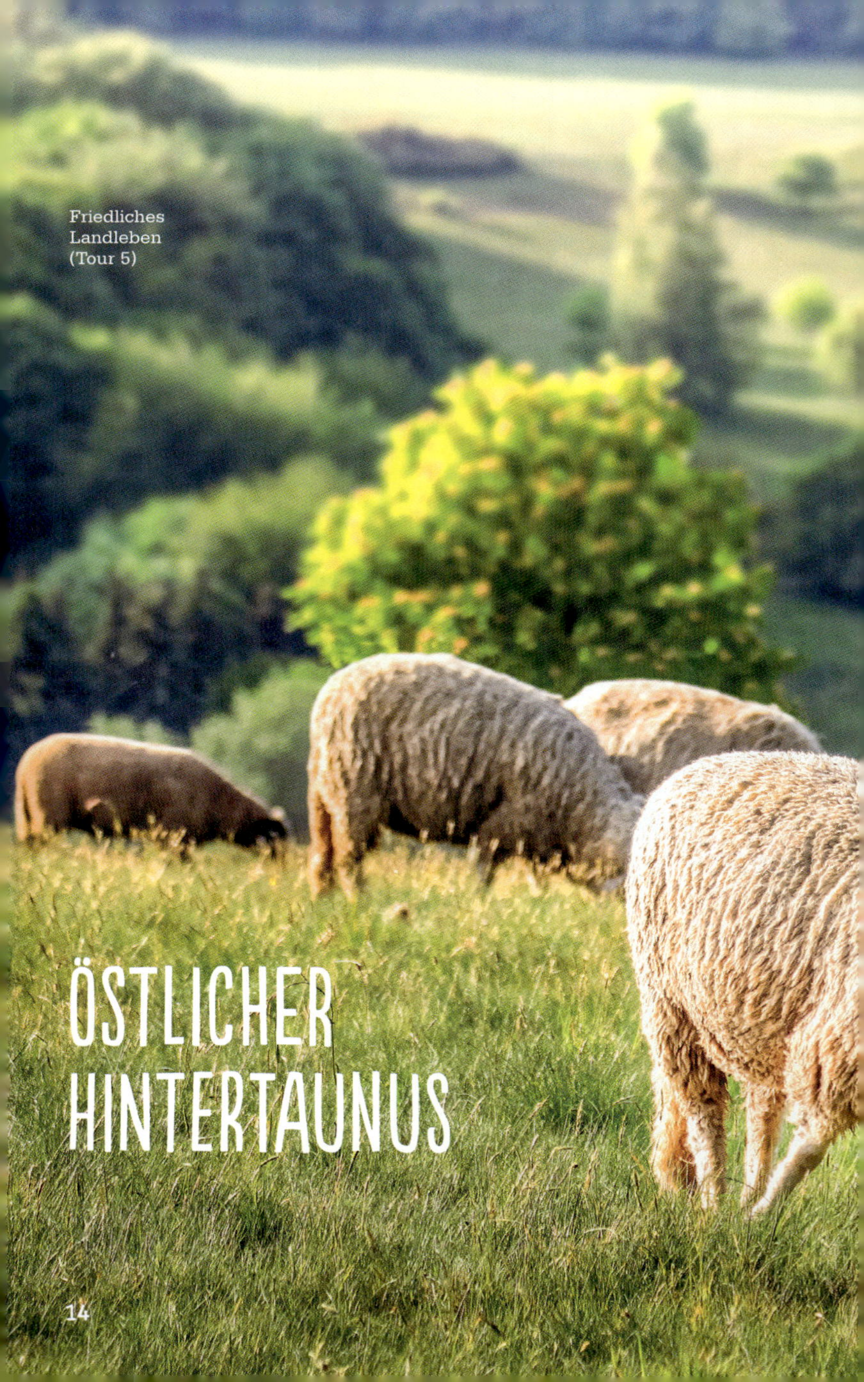

Friedliches Landleben (Tour 5)

ÖSTLICHER HINTERTAUNUS

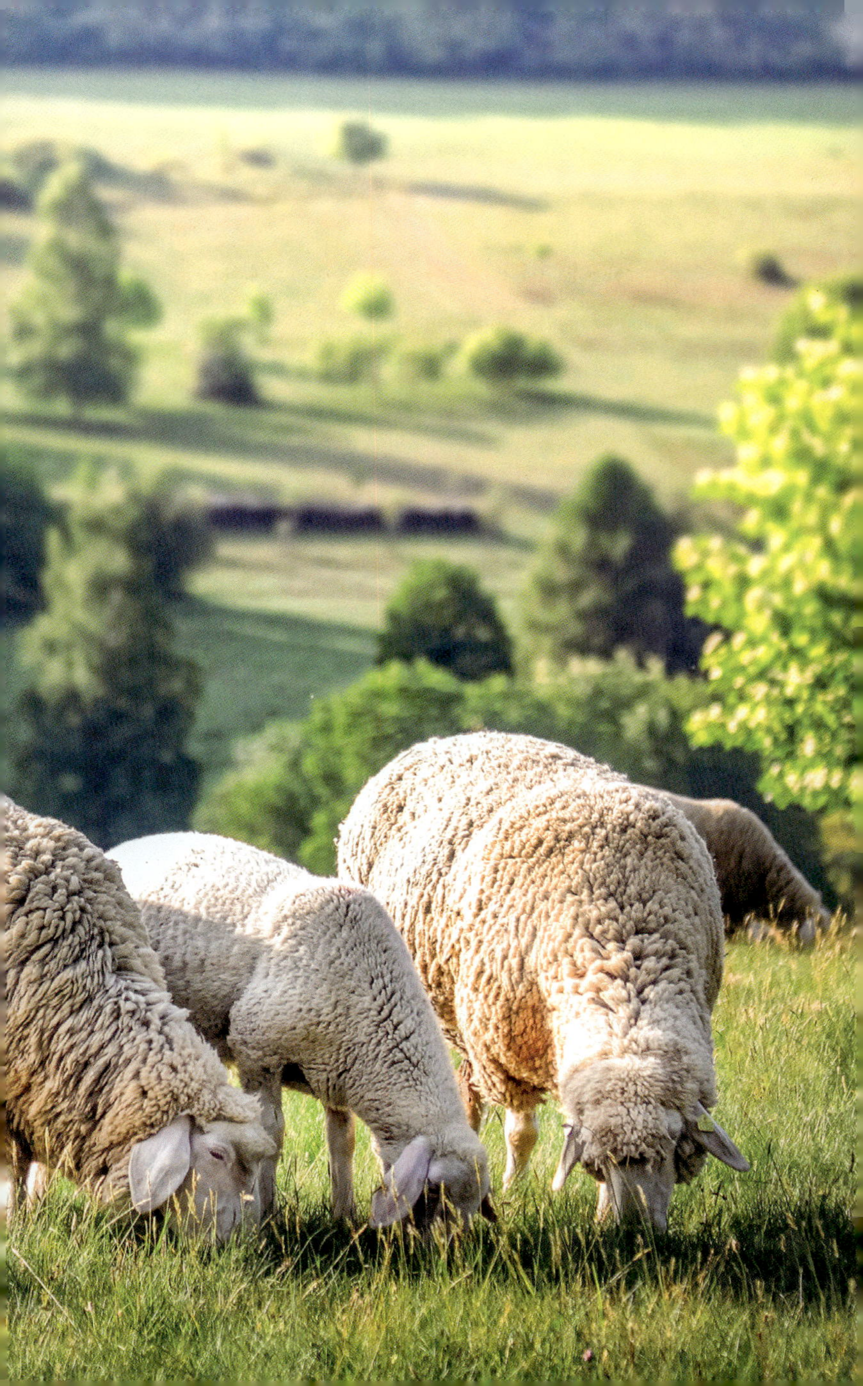

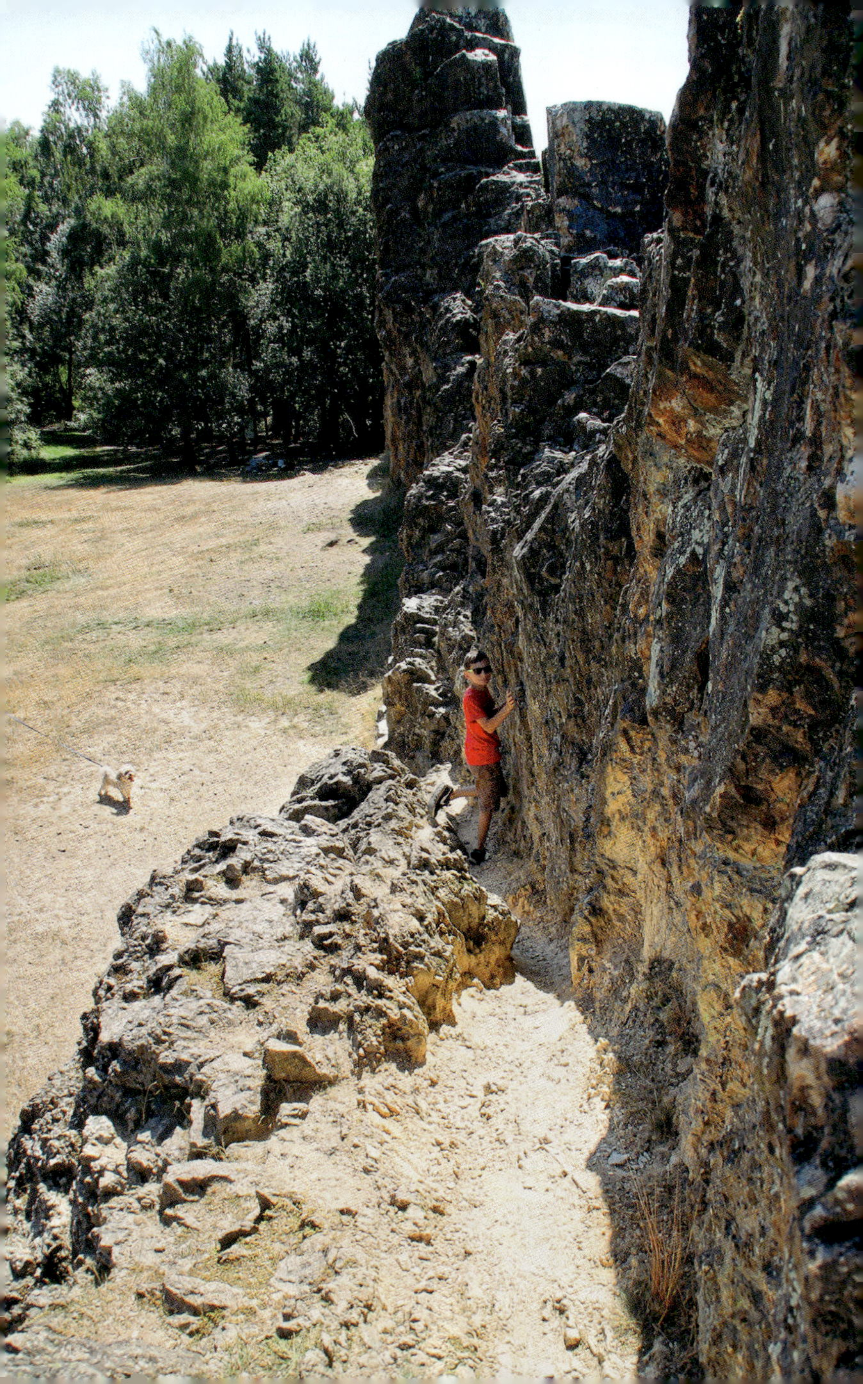

Tour
TOUR 1
ohne Uhr

ANMUTIGE UND WILDE FELSEN

Die Eschbacher Klippen

Auf ebenem Weg führt diese Wanderung zu einer außergewöhnlichen Naturkulisse nahe der Buchfinkenstadt Usingen. Die Eschbacher Klippen sind eine imposante Felswand, die sich zu einem beliebten Aussichtspunkt entwickelt hat.

Gegenüber dem Wanderparkplatz Eschbacher Klippen beginnt der Hasenweg, dem wir ein Stück folgen. Rechts und links säumen Bäume den gut ausgebauten Weg. Nach nur wenigen Minuten führt die Strecke rechts über einen Pfad zu den Eschbacher Klippen, auch als Buchsteinfelsen und früher als Kaiserin-Friedrich-Klippe bekannt. Ein entsprechendes Hinweisschild weist uns den Weg. Nach einer kleinen Kurve können schon die ersten Fragmente der zwölf Meter hohen Klippen erahnt werden. Wenige Minuten später erreichen wir die bizarren Quarzitfelsen, die sich anmutig in die Höhe recken. Der Felsen ist ein Teil eines etwa sechs Kilometer langen Quarzganges. Dieser Quarzgang führt durch das Usatal bis zum Wormstein im Stadtwald Usingens. Aufgrund der steilen Wände sind die Eschbacher Klippen besonders auch für Kletterer ein großer Anziehungspunkt.

Am Fuße der Klippen stehend wirken die Felsen noch mächtiger und massiver. Ein kleiner Pfad führt hinauf. Aber Obacht! Gerade bei nasser Witterung kann man schnell ausrutschen. Bei schönem Wetter ist die Weitsicht auf das Usinger Land ein Genuss. Außergewöhnlich ist die Sicht auch bei

Links: Die Eschbacher Klippen ziehen kleine wie auch große Kletterer magisch an.

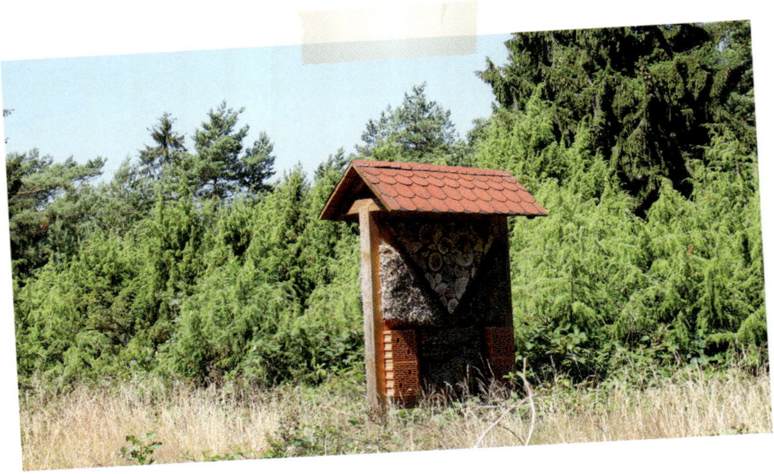

Das Insektenhotel schafft Lebensräume für eine Schar von Insekten.

Sonnenuntergang. Fast magisch wirkt das Umland im Rot der Abendsonne. Hier lohnt es, innezuhalten und sich in der Aussicht zu verlieren.

Nach einer ausgiebigen Pause und der Umrundung der beeindruckenden Klippen führt die Route kurz durch ein Waldgebiet wieder zurück. An den Eschbacher Klippen halten wir uns rechts und gehen über die Wiese zu einem Waldpfad. Hier und da können urwüchsige Bäume entdeckt werden. Sitzbänke laden ab und an ebenfalls zu einer Pause ein. Der kleine Waldweg bringt uns nun wieder auf den Hasenweg, dem wir bis zu der großen Straße folgen. Nach deren Überquerung erreichen wir wieder unseren Wanderparkplatz.

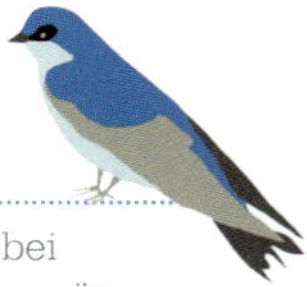

Tipp SINNESERFAHRUNG

Eine Erfahrung ganz anderer Art ist es, die schorfigen Felswände bei verbundenen Augen zu berühren. Das ist nicht nur eine interessante Übung, sondern bringt das Gehirn so richtig auf Trab. Die Hautsinneszellen senden Reize an das Rückenmark. Letzteres leitet sie an das Gehirn weiter, welches das Gesamtbild analysiert und interpretiert.

AUF EINEN BLICK

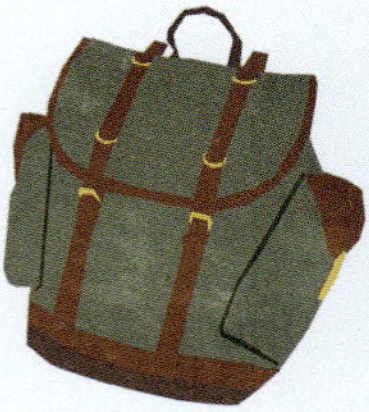

Tour 1: Tour ohne Uhr

Dauer: 0,75 Std.

Höhenmeter: 35 m

Länge: 1,5 km

Schwierigkeit: leicht

Tourencharakter: Leichte, entspannte Wanderung im Usinger Land

Ausgangs-/Endpunkt: Wanderparkplatz Eschbacher Klippen,
Koordinaten: 50.365472, 8.533656

Anfahrt: **Bahn/Bus:** Mit der Taunusbahn bis Usingen Bahnhof und weiter mit dem Bus 65 bis zu den Eschbacher Klippen.
Auto: A 5 Frankfurt–Gießen bis Ausfahrt Ober-Mörlen, auf der B 275 nach Usingen und rechts der Ausweisung bis Eschbach folgen (L 3270), zum Ortsausgangsschild von Eschbach und zum Wanderparkplatz auf der linken Seite.

Einkehr: Landgasthof Eschbacher Katz, Michelbacher Str. 2, 61250 Usingen, Tel. 06081/2968, www.eschbacher-katz.de

Information: Stadt Usingen, Wilhelmjstraße 1, 61250 Usingen, Tel. 06081/10240, www.usingen.de

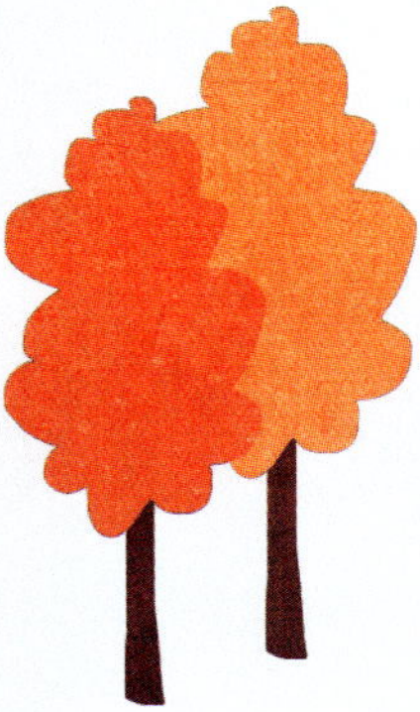

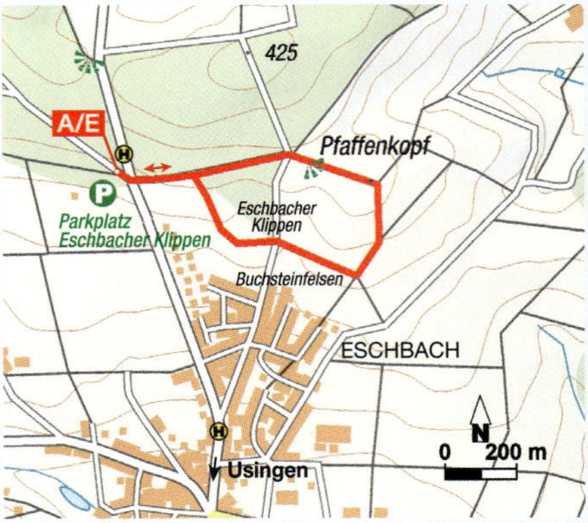

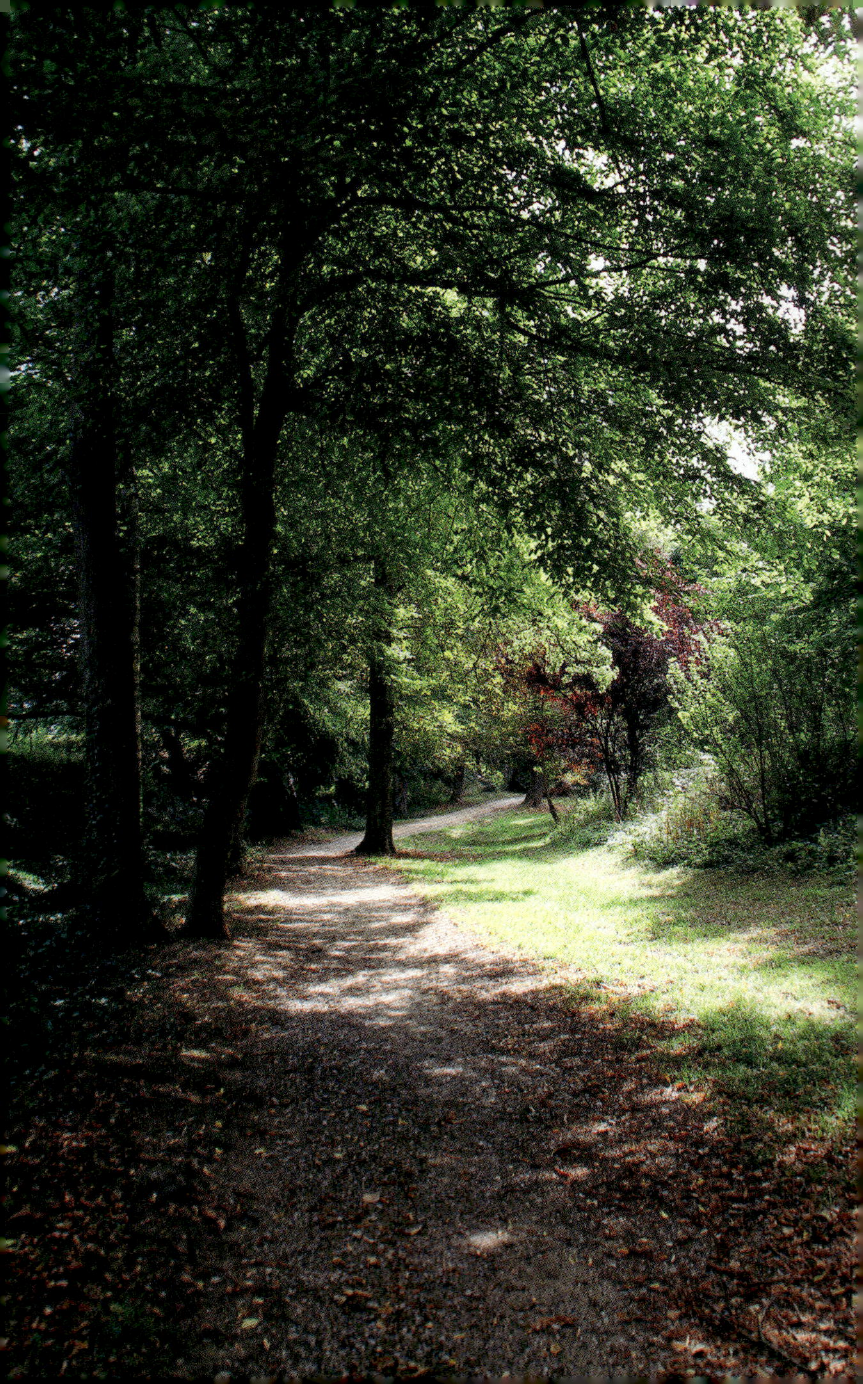

DIE GEHEIME KRAFT DER BÄUME

Tour für
TOUR 2
die Sinne

Der Pfad der Jahresbäume

Schon die Kelten schätzten die Kraft und Medizin der Bäume. Für einige ist ein Baum Freund und Begleiter, für manche war er in früherer Zeit ein Gerichtsort oder das Symbol von Kraft und Fruchtbarkeit, für wieder andere ein magischer Ort.

Der Pfad der Jahresbäume beginnt am Bahnhof Grävenwiesbach, führt über Naunstadt und endet an der Taunusbahnstation Wilhelmsdorf. Fünfeinhalb Kilometer ist die Streckenwanderung durch Feld und Wald lang. Wir folgen der Markierung mit dem grünen Blatt. Den ersten Baum können wir direkt neben dem Bahnhofsgebäude von Grävenwiesbach entdecken. Noch ist es eine kleine Winterlinde. Aber schon in wenigen Jahren wird sie größer sein und ihre Baumkrone wohltuenden Schatten spenden. Der Wuchs der Winterlinde und ihre herzförmigen Blätter regten schon vor Jahrzehnten zu Legenden an. Ihre duftenden Blüten beruhigen und machten sie zum Baum der mütterlichen Fürsorge. Ihre herzförmigen Blätter gelten als Zeichen für Liebe und Gerechtigkeit.

Weiter geht es auf dem Pfad der Jahresbäume zum Kinderwald. Nach der Überquerung der L3063 ist in Kürze eine Bank erreicht, auf die es sich zu setzen lohnt. Neben einer schönen Aussicht in das Laubachtal fällt auch die dicke Stieleiche sofort auf. Die »Dicke Eiche« stand schon vor über 400 Jahren an diesem Fleck und wer weiß, worüber sie schon alles berichten könnte. Ebenfalls älter als 100 Jahre

Links: Mit Körper und Seele zwischen den Bäumen.

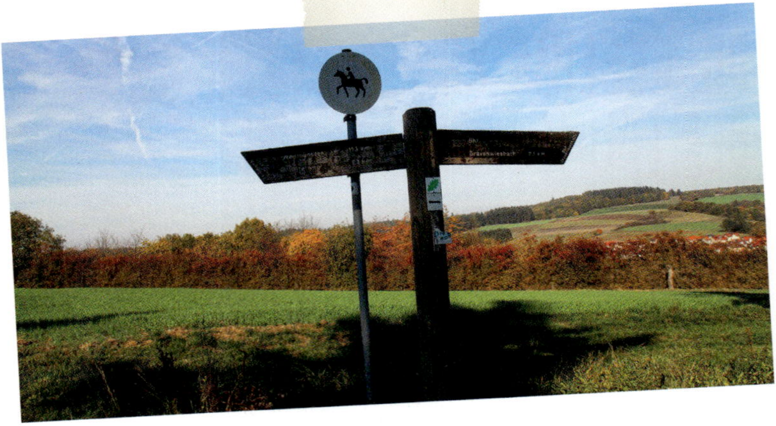

Gut ausgeschildert geht es zum Ziel.

sind die Buchen, Tannen und Eschen im Sauwald. Eine Bergulme, der Spitzahorn oder auch Wacholder, Hängebirke sowie Speierling können zudem entdeckt werden.

Der Speierling ist vom Namen her eher den Apfelweingenießern bekannt. Aber dass sich dahinter eine sehr edle Apfelsorte verbirgt und der Baum selber in ganz Europa zu den seltensten Baumarten zählt, wissen die wenigsten. Der Baum des Jahres 1993, welcher auch unter Sperberbaum, Sporapfel, Spierapfel oder Spreigel bekannt ist, stammt aus der Familie der Rosengewächse. Er ist sehr standortempfindlich hinsichtlich der Helligkeit. An jedem Baum steht am »Pfad der Jahresbäume« eine kleine Infotafel, die über Wuchs, Alter und die Besonderheit des Baumes Auskunft gibt. Alsbald sind wir am Bahnhof Wilhelmsdorf angekommen.

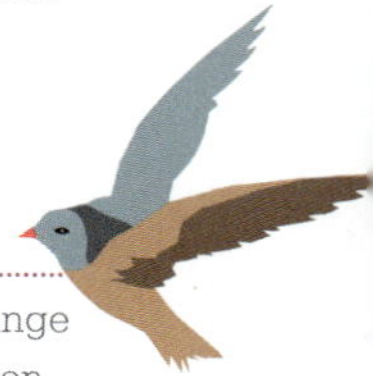

Info WUNDERBARE EICHEN

Fallen im Herbst viele Eicheln herunter oder behalten die Eichen lange ihr Laub, deutet dieses nach einer alten Bauernregel auf einen harten langen Winter hin. Eine gute Ernte gibt es bei vielen Früchten, so besagt es ein landwirtschaftlicher Aberglaube, der schon in der Antike bestand.

AUF EINEN BLICK

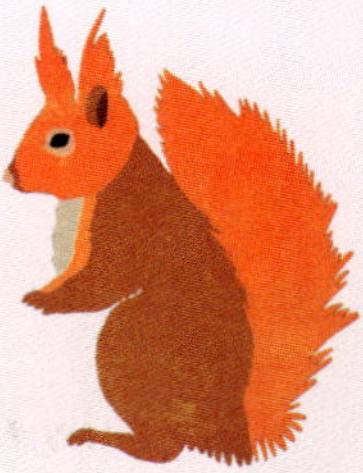

Tour 2: Tour für die Sinne

Dauer: 1,5 Std.

Höhenmeter: 120 m

Länge: 5,5 km

Schwierigkeit: leicht

Tourencharakter: Gemütliche und lehrreiche Tour

Ausgangspunkt: Bahnhof Grävenwiesbach, 61279 Grävenwiesbach,
Koordinaten: 50.383206, 8.457536

Endpunkt: Bahnhof Wilhelmsdorf, 61250 Usingen,
Koordinaten: 50.350184, 8.481155

Anfahrt: **Bahn/Bus:** Mit der Taunusbahn RB 15 bis zum Bahnhof Grävenwiesbach.
Auto: A 5 Frankfurt–Gießen bis Ausfahrt Ober-Mörlen, auf der B 275 nach Usingen und der B 456 nach Grävenwiesbach.

Einkehr: Landgasthof zur Eisenbahn, Naunstädter Straße 14, 61279 Grävenwiesbach, Tel. 06086/454, www.gasthofzureisenbahn.de

Information: Vogel- und Naturschutzgruppe, Grävenwiesbach e. V., Am Hardtköppel 2, 61279 Grävenwiesbach, www.vnsg-graevenwiesbach.de

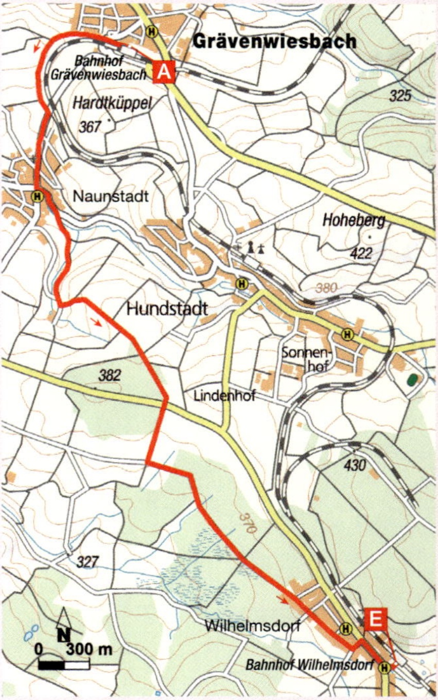

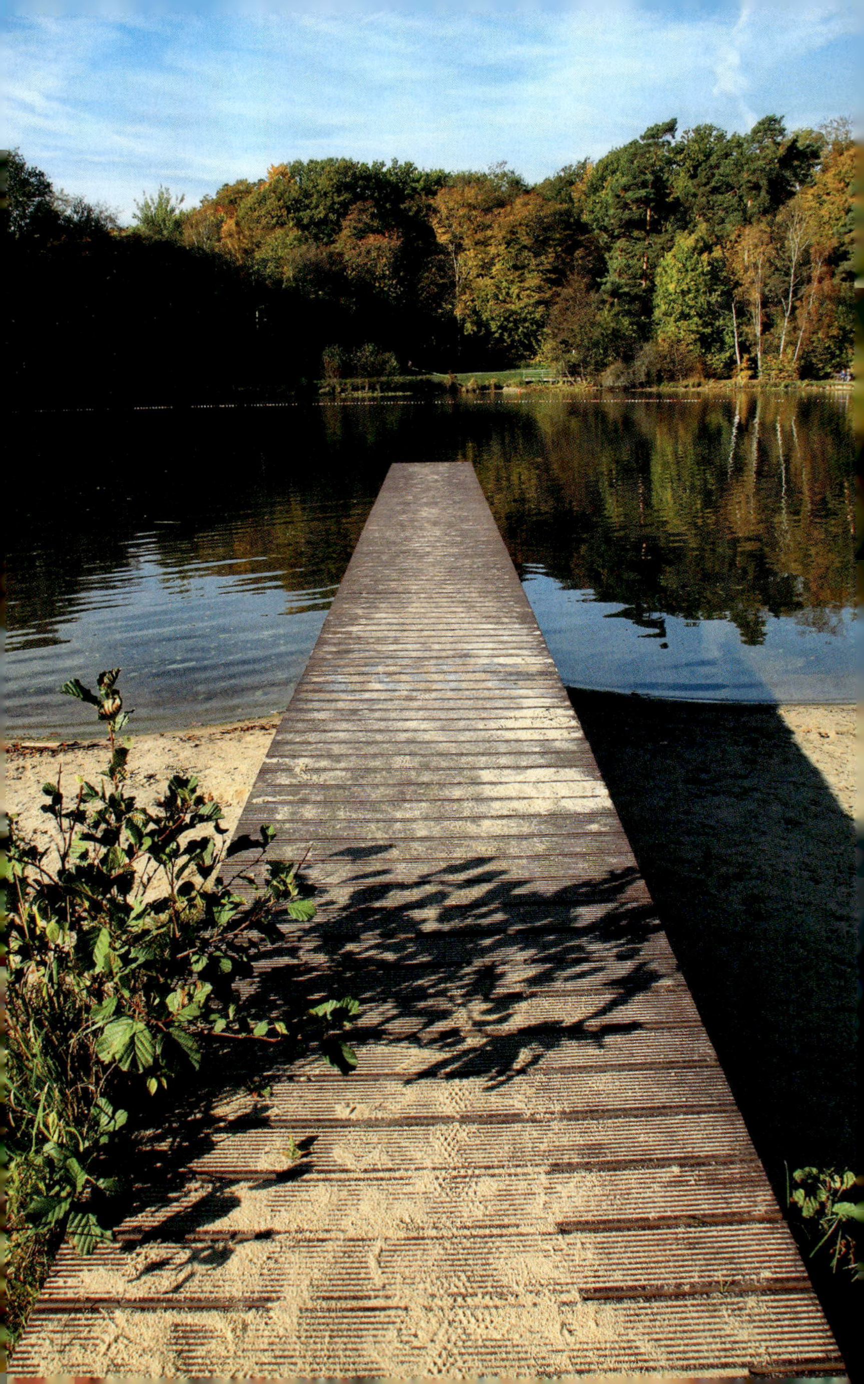

Tour TOUR 3 ohne Uhr

EIN LAUSCHIGES PLÄTZCHEN IN USINGEN

Rund um den Hattsteinweiher

Die idyllische kleine Wanderung ist perfekt geeignet für einen Sonntagmorgenspaziergang, aber auch sonst ist der Hattsteinweiher ein interessantes Ziel. Im Wechsel der Tages- und Jahreszeiten bietet er immer wieder ein faszinierendes Farbenspiel.

Am Rande von Usingen weist uns ein Wegweiser rechts zum Hattsteinweiher, der 1959 sogar von Elvis Presley während seiner Wehrpflicht in der US Army in Friedberg besucht wurde. Er entspannte an diesem Gewässer, was für seine Fans noch heute von großer Bedeutung ist.

Vorbei an einem Reiterhof und dem Tennisverein erreichen wir nach einer kurzen Fahrt die Parkplätze vor dem Restaurant Neumann. Nur noch wenige Schritte an dem Restaurant vorbei kommen wir zu diesem idyllischen See. Nun haben wir die Qual der Wahl. Folgen wir dem Weg rechts oder links? Links entlang sind wir gleich am Sandstrand und dem öffentlichen Badebereich. Für Nichtschwimmer wurde extra das für sie geeignete Gebiet im Weiher markiert. Auf den Badestegen schwelgen an sonnigen Tagen die Sonnenanbeter, während andere die Wiese zum Relaxen nutzen.

Ein Stück weitergehend erreichen wir die DLRG-Station und die ersten Bänke, die rund um den Hattsteinweiher aufgestellt sind. Noch etwas weiter können häufig Angler angetroffen werden. Mit Gummihosen stehen sie im Schilf und können sich auch über so manch großen Fang wie den

Links: Die schönen Tage im Jahr kann man am Weiher richtig genießen.

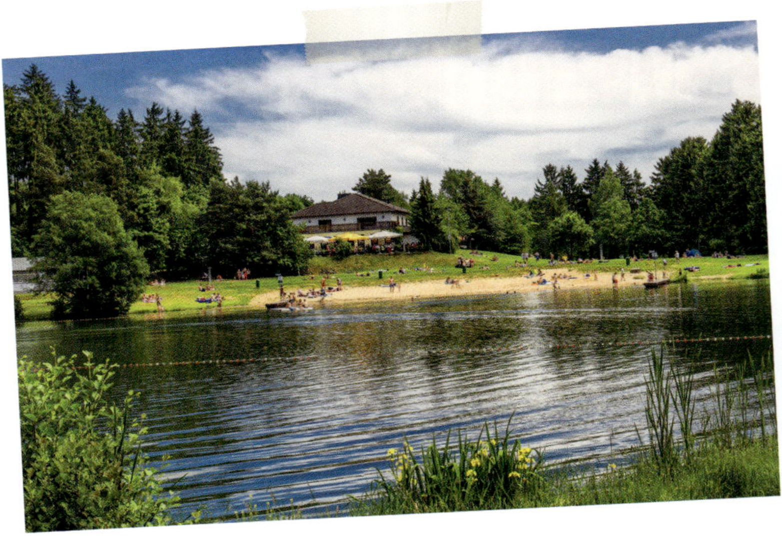

Im Sommer herrscht hier ein reger Badespaß.

Marmor- oder Silberkarpfen freuen. Weiter auf unserem schönen Weg kommen wir immer wieder an Plätze, die zu einer kleinen Pause einladen. Von hier aus können wir die sanften Bewegungen des Wassers eingehend beobachten, den Vögeln lauschen und vielleicht sogar einen Fisch erahnen. Sanft wiegt sich das Spiegelbild der Bäume im Wasser wie ein Boot auf mäßig hohen Wellen. Entlang alter Bäume erreichen wir nach ca. 20 Minuten wieder den Ausgangspunkt und lassen abschließend im Restaurant Neumann die Wanderung genüsslich mit einem Kaffee oder Tee ausklingen. Für Hungrige bereitet der Koch auch leckere Schnitzel und anderes zu.

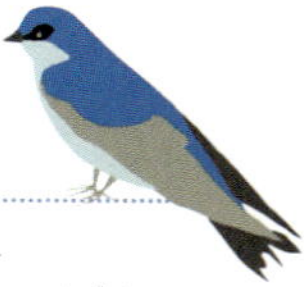

Tipp DER WEIHER IM WINTER

Bei klirrender Kälte verwandelt sich der Hattsteinweiher zu einem Anziehungspunkt für Schlittschuhläufer. Eine Fläche von 1,6 Hektar steht ihnen dafür zur Verfügung. Zeitweise gibt es vor Ort auch Glühwein zu kaufen, der für einen kurzen Moment die Kälte etwas vertreibt.

AUF EINEN BLICK

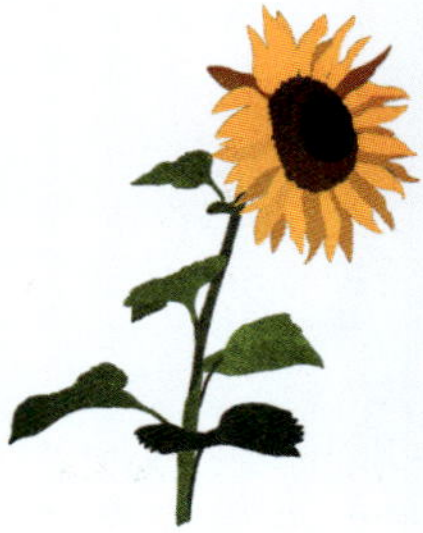

Tour 3: Tour ohne Uhr

Dauer: 0,5 Std.

Höhenmeter: 20 m

Länge: 1 km

Schwierigkeit: leicht

Tourencharakter: Leichte gemütliche Wanderung um den Weiher

Ausgangs-/Endpunkt: Restaurant Neumann, Am Hattsteinweiher 1, 61250 Usingen

Anfahrt: **Bahn/Bus:** Mit der Taunusbahn bis Bahnhof Usingen und weiter mit dem Bus 62 bis Usingen-Stadthalle, von dort ca. einen Kilometer zu Fuß. **Auto:** A 5 Frankfurt–Gießen bis Ausfahrt Ober-Mörlen, auf der B 275 zum Ortsende von Usingen, in Richtung Weilrod rechts abbiegen und der Beschilderung folgen.

Einkehr: Restaurant Neumann, Am Hattsteinweiher 1, 61250 Usingen, Tel. 06081/446480, www.restaurant-neumann.de

Information: Stadtverwaltung Usingen, Wilhelmjstr. 1, 61250 Usingen, Tel. 06081/10240, www.usingen.de

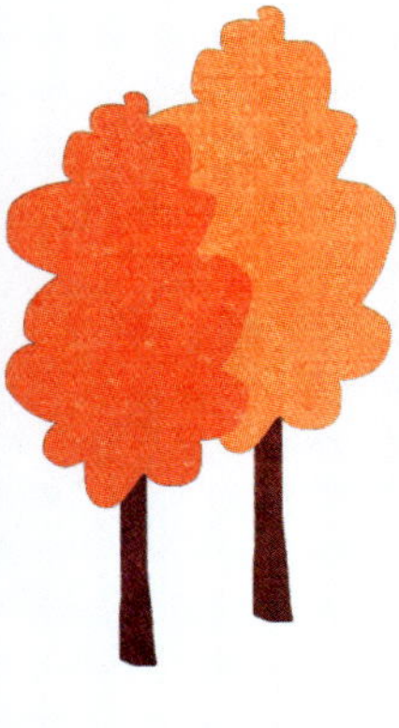

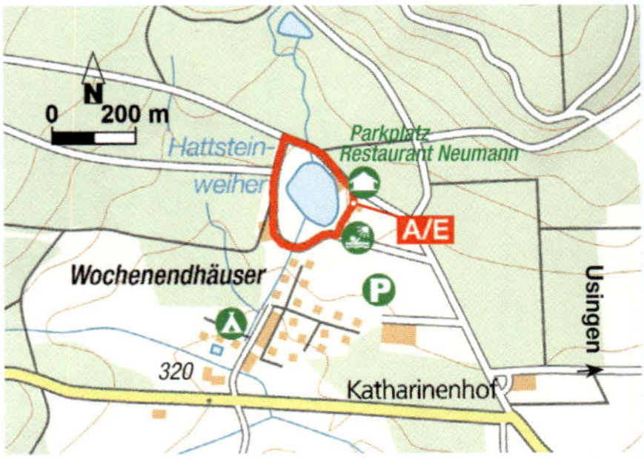

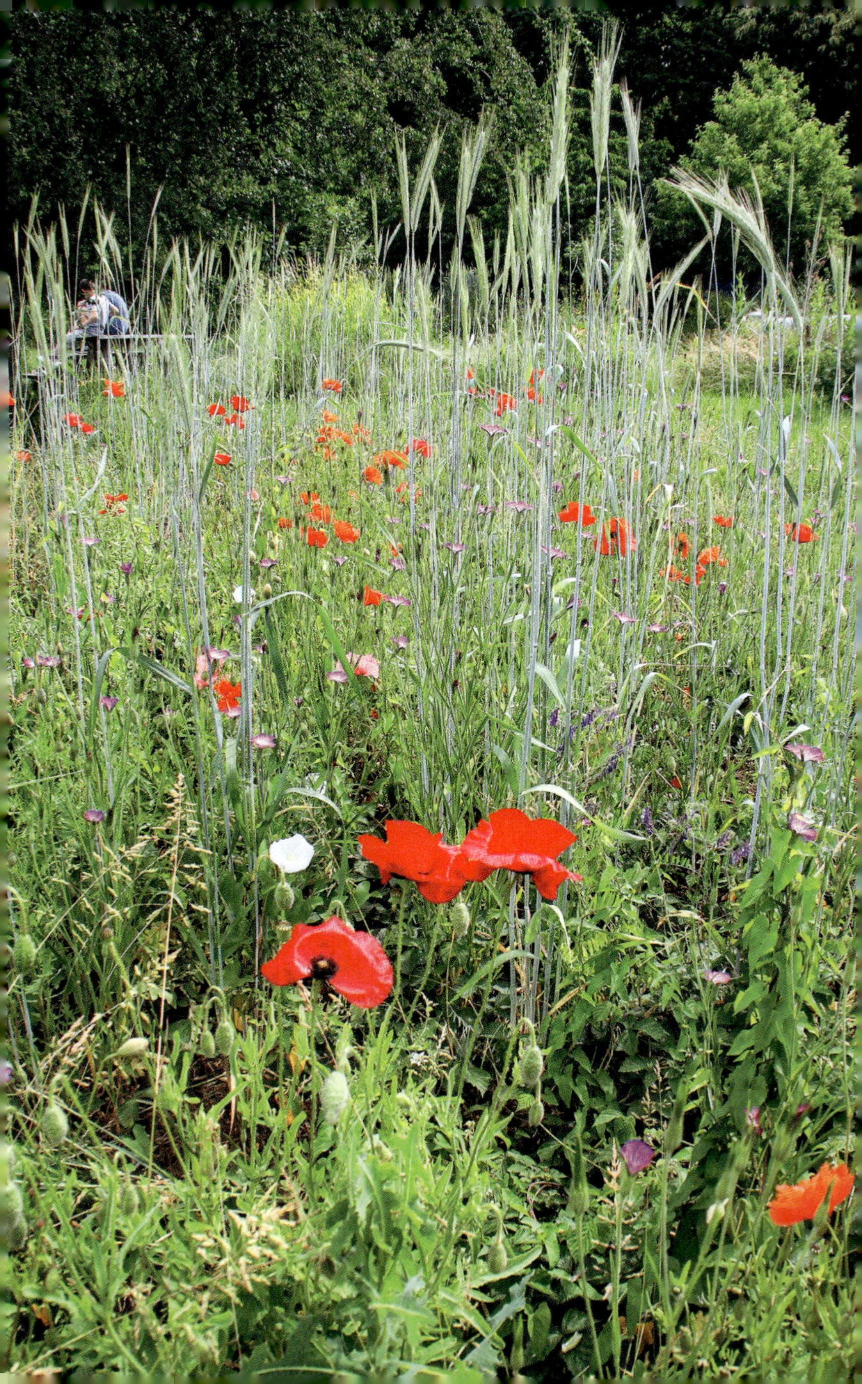

Tour für
TOUR 4
die Sinne

AUF DU UND DU MIT DER NATUR

Schlinkweg Wehrheim

Der Weg mit der Markierung eines blauen Vogels führt uns von dem Wanderparkplatz des Apfeldorfes Wehrheim an Feldern vorbei bis in den Wald hinein. Hier kann man die Stille genießen, den Vogellauten lauschen und zur Ruhe kommen.

Unsere heutige Tour beginnt nahe Wehrheim, welches aufgrund seiner Lage im Hochtaunus und dicht an der Metropole Frankfurt am Main als Ausgangspunkt für Wanderungen ideal ist. Das Apfeldorf mit seinen vier Ortsteilen befindet sich zwischen Bad Homburg und der Buchfinkenstadt Usingen. In der Innenstadt von Wehrheim sind die Spuren der Vergangenheit noch sichtbar. Neben dem Roten Rathaus und den Fachwerkhäusern gibt es im alten Ortskern ein Torwächterhaus mit Stadttor, was wirklich sehenswert ist. Letzteres gilt auch als Wahrzeichen der Gemeinde. Heute befindet sich hier ein Museum mit interessanten Exponaten wie z.B. der etwa 3000 Jahre alten Graburne aus der Urnenfelderzeit.

Wenige Hundert Meter nach dem Ortsausgangsschild von Wehrheim in Richtung Pfaffenwiesbach befindet sich auf der rechten Seite idyllisch im Wald der Wanderparkplatz Schlink. Von hier beginnt unsere Tour durch den grünen Wald. Die Markierung mit dem blauen Vogel ist dabei unser steter Begleiter. Entlang an Feld und Waldrand gehen wir auf einem breiten Feldweg. Welche Erholung nach einem anstrengenden Tag! Rechts können wir bis nach Wehrheim über die Fluren blicken. Am Horizont erhebt sich der Taunuskamm

Links: Inmitten einer schönen Wiese lässt sich herrlich Träumen.

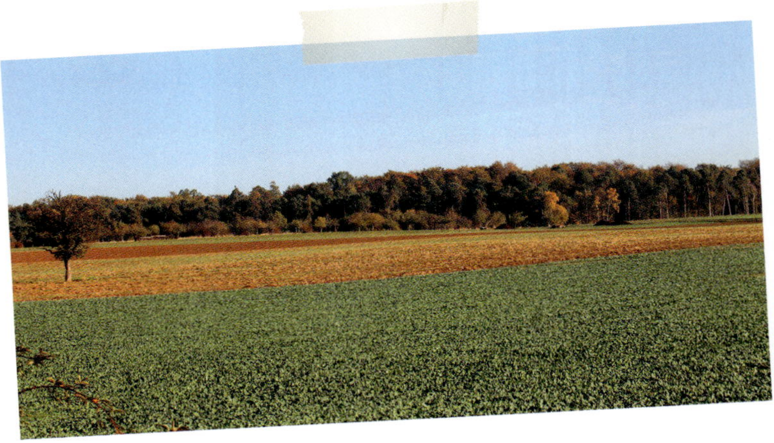

Blick über die Felder

mit dem Großen Feldberg. An einer Gabelung folgen wir weiter der Markierung.

Nach einigen Minuten führt unsere Route links in Richtung der Hügelgräber weiter. Vorbei an Apfelbäumen biegt die Route wieder links in den Wald am Süßegrund ein. Auf weichem Boden folgen wir ihm. Rechter Hand passieren wir vorsichtig Bienenstöcke. Ein Stück weiter mündet der Weg in einen feuchteren Pfad. Hier kann es schon mal je nach Witterung etwas glitschig sein. Rechts befindet sich wieder ein Hügelgrab. Nach kurzer Zeit erreichen wir aber wieder einen besseren Waldweg, der uns leicht abwärts führt. Mit der Wegmarkierung eines Rehs und weiter durch den schönen Wald gelangen wir wieder zu unserem Ausgangspunkt zurück.

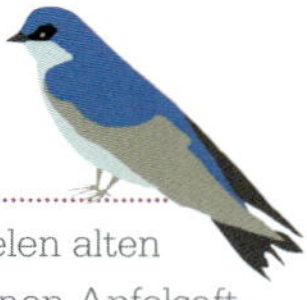

Tipp STREUOBSTWIESEN

Rund um Wehrheim fallen dem aufmerksamen Beobachter die vielen alten Streuobstwiesen auf. Hier wachsen noch alte Apfelsorten, aus denen Apfelsaft, Secco oder auch Apfelwein hergestellt werden. Ca. 2000 Apfelbäume, die die Straßen und Felder verschönern, gedeihen in der Gemeinde.

AUF EINEN BLICK

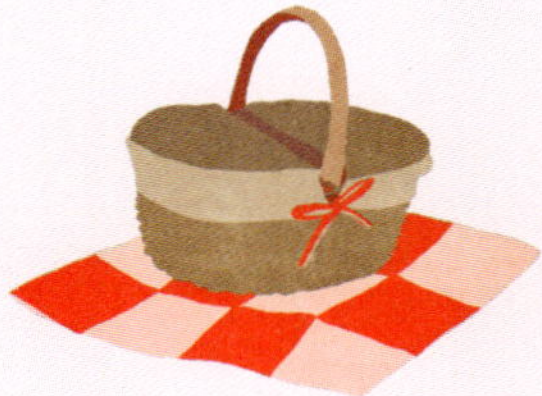

Tour 4: Tour für die Sinne

Dauer: 1 Std.

Höhenmeter: 80 m

Länge: 3,5 km

Schwierigkeit: leicht

Tourencharakter: Leichte Wanderung auf markiertem Weg

Ausgangs-/Endpunkt: Wanderparkplatz Schlink, Wehrheimer Straße, 61273 Wehrheim, **Koordinaten:** 50.312984, 8.578322

Anfahrt: **Bahn/Bus:** Taunusbahn bis Wehrheim, weiter mit dem Bus nach Pfaffenwiesbach.
Auto: A 5 Frankfurt–Gießen bis Ausfahrt Ober-Mörlen, auf der B 275 in Richtung Usingen und vor Usingen links nach Wehrheim-Pfaffenwiesbach.

Einkehr: Café Klatsch, Bahnhofstraße 4, 61273 Wehrheim, Tel. 06081/4493151, www.mein-klatsch.de

Information: Gemeinde Wehrheim, Dorfborngasse 1, 61273 Wehrheim, Tel. 06081/5890, www.wehrheim.de

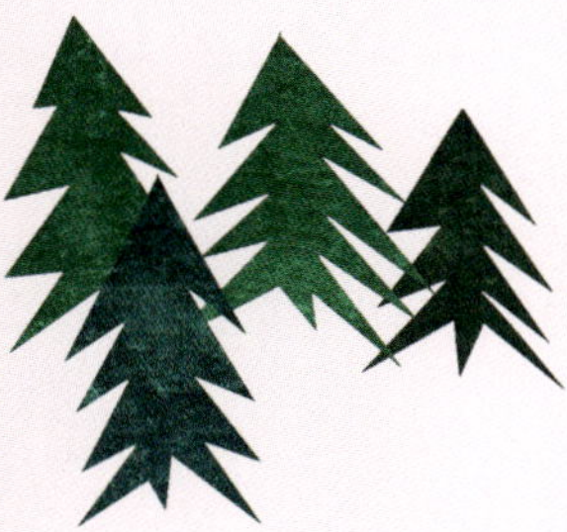

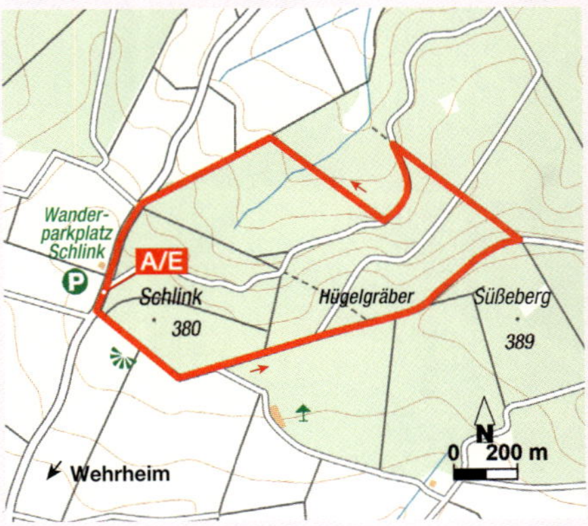

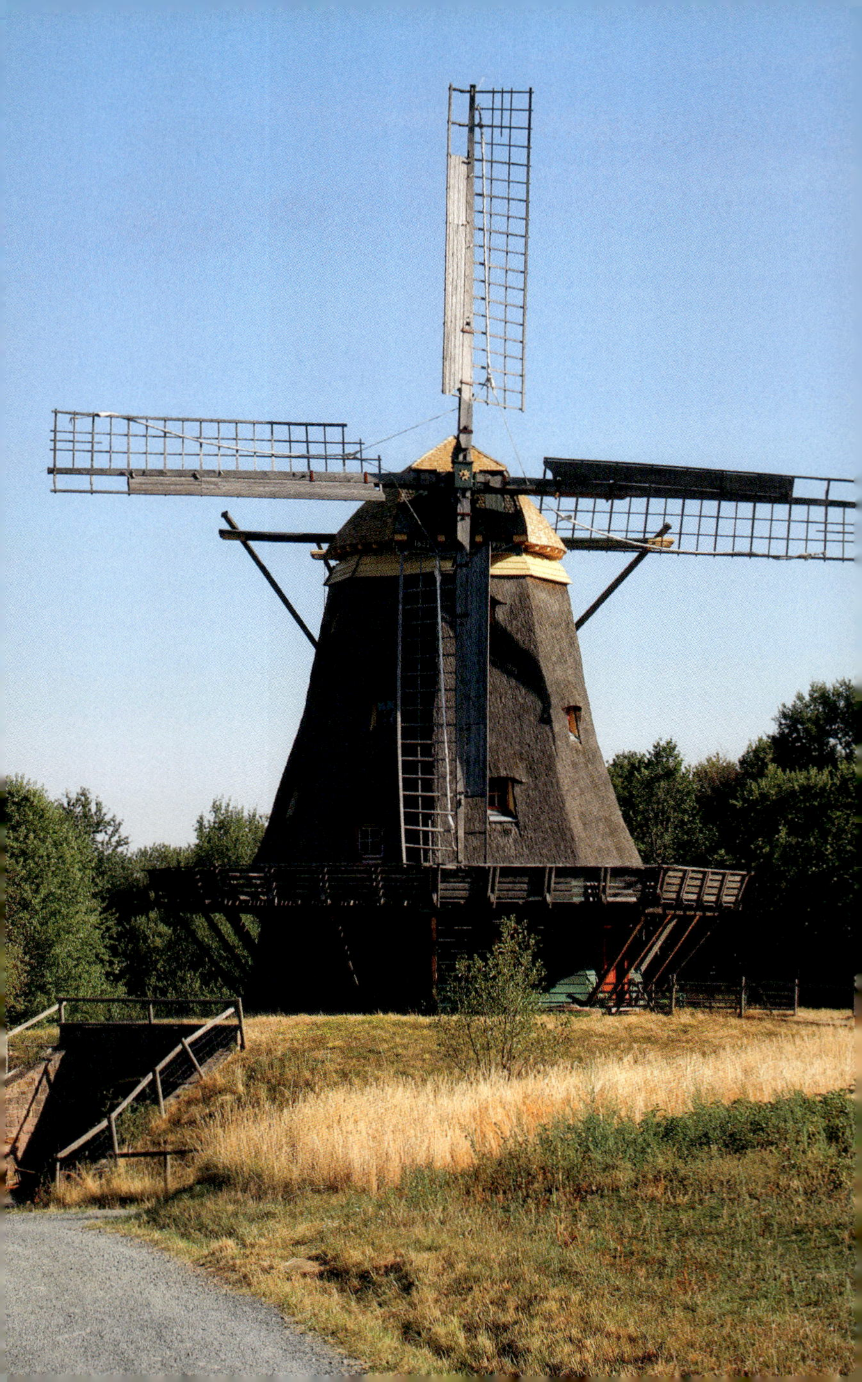

BEQUEME FELDWEGE ZUM TRÄUMEN

Tour
TOUR 5
ohne Uhr

Die Hessenparkroute

Manchmal etwas verschlafen, verträumt oder unberührt wirken die Aussichten auf dieser Tour. Der Höhepunkt ist das Freilichtmuseum, das sich malerisch am Wald erhebt. Zurück bieten sich entlang der Felder je nach Jahreszeit interessante Blicke.

Vom Bahnhof Wehrheim links haltend erreicht man nach ca. 200 Metern den Radweg, der parallel an der Straße verläuft. Nach ca. 20 Minuten entlang am Feldrand, immer mit einem Blick auf den Feldberg, ist der Wehrheimer Ortsteil Obernhain erreicht. An der zweiten Kreuzung in Obernhain rechts und gleich wieder links haltend erreicht man den Anspacher Weg. Hier verläuft die Route immer geradeaus, bis auf der linken Seite die letzten Häuser vor dem Feld stehen.

Geradeaus weiter treffen wir auf eine Weggabelung, wo wir den linken Weg nehmen. Auf dem festen Weg, den rechts und links Büsche säumen, erblicken wir rechts Neu-Anspach. Links sehen wir schon einige Gebäude des Freilichtmuseums Hessenpark oberhalb des Großen Feldbergs und genießen den freien Blick über das Feld. Nach der Hälfte auf diesem Weg bieten Sitzgelegenheiten die Möglichkeit, noch entspannter die Umgebung auf sich wirken zu lassen. Geradeaus weitergehend erreichen wir die Straße, welche zum Hessenpark führt, und queren diese. Nun folgen wir links dem kleinen Weg, bis wir vor den Toren des Freilichtmuseums stehen. Wer möchte, kann den Hessenpark nun

Links: Eine alte Windmühle inmitten des Freilichtmuseums Hessenpark

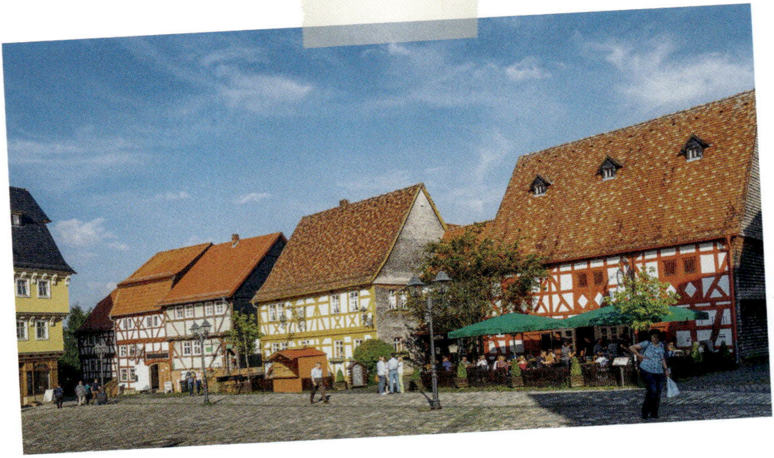

Auf dem Marktplatz des Hessenparks kann man lecker speisen.

besuchen, wofür allerdings zusätzlich Zeit eingeplant werden muss.

Zurück erreichen wir die Anspacher Höhe, wo sich nochmals ein schöner Rundblick auf den Hessenpark und die Gemeinden Wehrheim sowie Neu-Anspach bietet. Bei schönem Wetter kann man sogar einen Blick auf Usingen erhaschen. Nun führt die Route über die Anspacher Straße. Gerade am Wochenende kann man bei schönem Wetter die Segelflieger über dem Segelflugplatz beobachten. Die Straße querend und am Schultheißhof vorbei führt die Strecke nun geradewegs nach Wehrheim zur Anspacher Straße. Von hier aus sind es nur wenige Minuten, bis der Bahnhof in Wehrheim wieder erreicht ist.

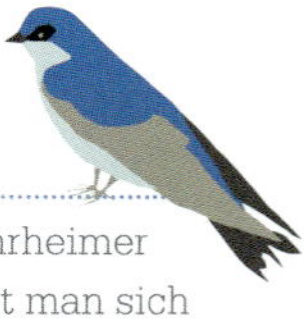

Tipp »DAS GUTE IST SO NAH«

Wer die Tour verkürzen möchte, nimmt einfach den Bus vom Wehrheimer Bahnhof nach Obernhain-Ortsmitte. Um die Kurve herum befindet man sich gleich am Alten Anspacher Weg. Von hier sind es ca. 30 Minuten Gehzeit bis zum Hessenpark. www.hessenpark.de

AUF EINEN BLICK

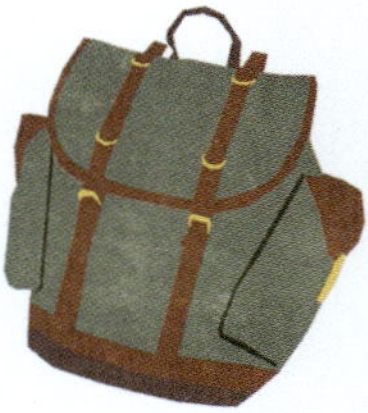

Tour 5: Tour ohne Uhr

Dauer: 3 Std.

Höhenmeter: 140 m

Länge: 12 km

Schwierigkeit: leicht

Tourencharakter: Schöne Wanderung entlang der Felder zum Freilichtmuseum Hessenpark

Ausgangs-/Endpunkt: Bahnhof Wehrheim, **Koordinaten:** 50.296571, 8.567303

Anfahrt: **Bahn/Bus:** Taunusbahn bis Wehrheim und mit dem Bus nach Pfaffenwiesbach.
Auto: A 5 Frankfurt–Gießen bis Ausfahrt Ober-Mörlen, auf der B 275 in Richtung Usingen und vor Usingen links nach Wehrheim-Pfaffenwiesbach.

Einkehr: Café Klatsch, Bahnhofstraße 4, 61273 Wehrheim, Tel. 06081/4493151, www.mein-klatsch.de

Information: Gemeinde Wehrheim, Dorfborngasse 1, 61273 Wehrheim, Tel. 06081/5890, www.wehrheim.de

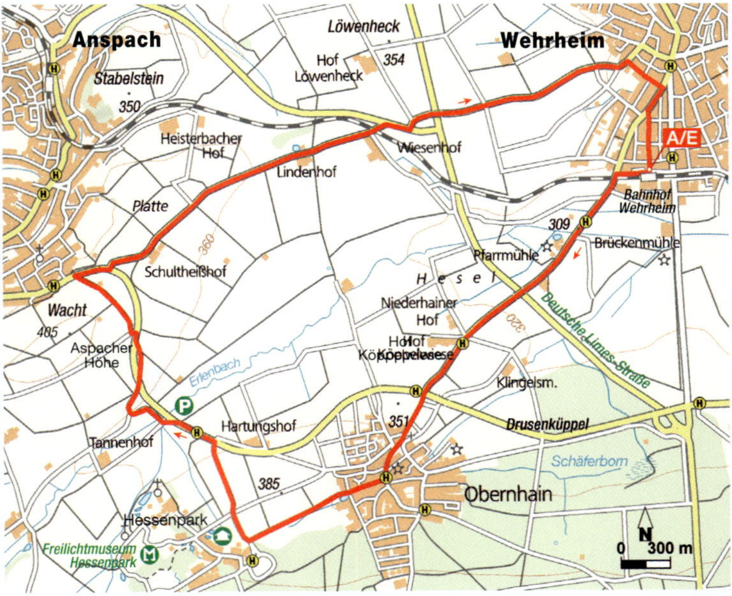

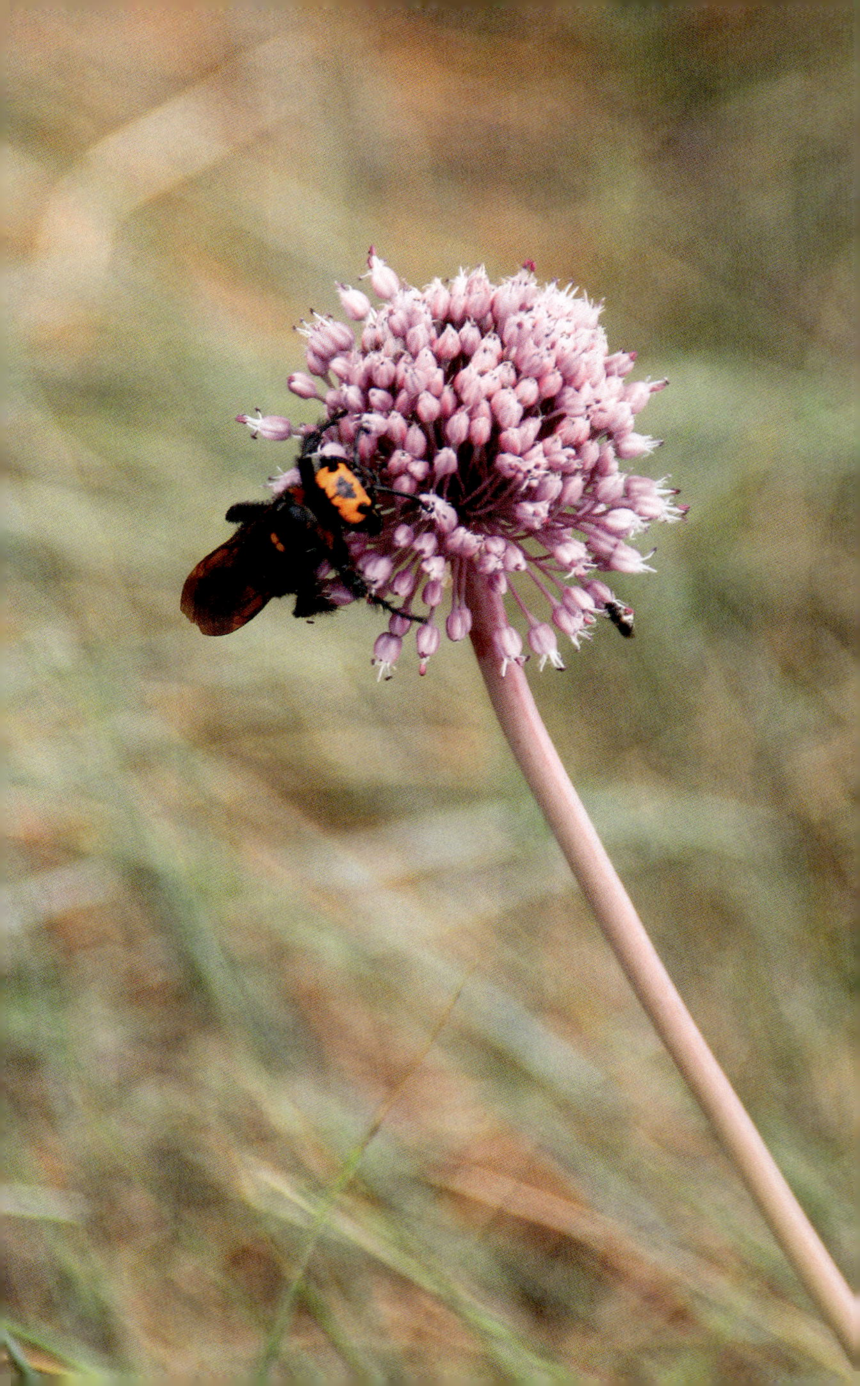

SCHÖNE EINDRÜCKE AUF ANGENEHMEN PFADEN

Tour für
TOUR 6
die Sinne

Auf der Wildschweinroute

Eine entspannte Wanderung bietet die Wildschweinroute in Neu-Anspach. Über Feld, Wald und ein Stück den Bach entlang führt uns die Wildschwein-Wegweisung zu den Bienen und Fledermäusen. Die Stationen vermitteln viel Wissenswertes.

Der Startpunkt befindet sich am Dorfgemeinschaftshaus in Hausen, einem Stadtteil von Neu-Anspach. 15 Stationen laden auf dem Naturerlebnispfad zum Ausprobieren ein. Informationstafeln am Wegrand geben über die verschiedenen Lebensräume Auskunft. Linker Hand vom Dorfgemeinschaftshaus beginnt die kurze Straße Am Sportfeld. An der Feuerwehrstation und dem Sportplatz vorbei ist schon bald die erste Station des Naturerlebnispfades erreicht. An der Station befinden sich »Malsteine« bzw. Schiefer, eine der zwei häufigsten Gesteinsarten im Taunus. Auf bequemem Feldweg mit der Sonne im Gesicht erreicht man eine Station, die sich mit der Lebewelt in Hecken befasst.

Genaues Beobachten ist bei der nächsten Station gefragt. In der sumpfigen Wiese leben allerlei Vögel, Amphibien und zahlreiche Insektenarten. Weiter in Begleitung unseres »Wildschweines« erreichen wir auf immer bequemem Weg den Wald. Das Rauschen der Baumkronen begleitet uns, wenn wir uns am Barfußpfad freudig wie ein Kind der Socken und Schuhe entledigen. Unsere Füße gewöhnen sich schnell an den unterschiedlichen Untergrund, obwohl die Tannenzapfen auch etwas pieksen.

Links: Eine bunte Farbexplosion

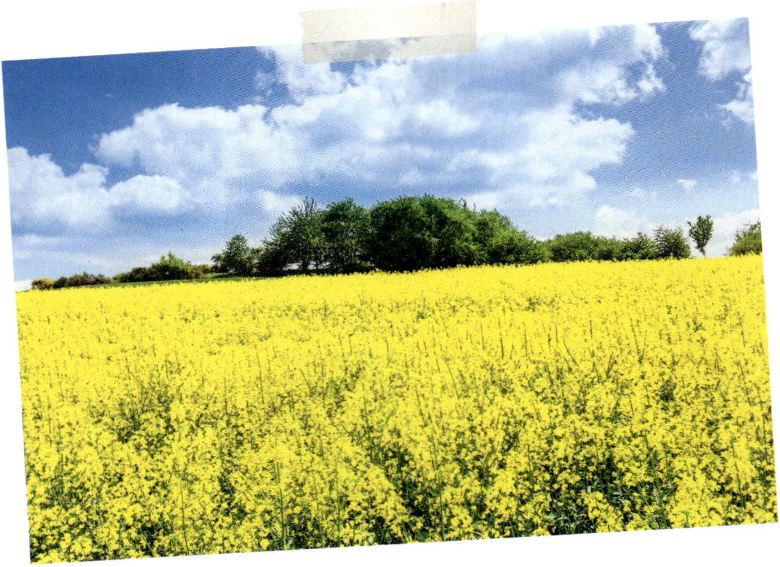

Gelbe Rapsblüten, wohin man auch sieht

Am kleinen Arnsbach weitergehend beschäftigen wir uns mit Fröschen und Molchen, bevor der Fledermaustunnel erreicht wird. Der ehemalige Bergwerksstollen »Gute Hoffnung« beherbergt im Winter Fledermäuse, Feuersalamander, Molche und andere Tiere, die ihren wohlverdienten Schlaf vollziehen. Immer noch im Wald erreichen wir das Holztelefon und Stationen, die sich mit Totholz und Tierspuren beschäftigen. Jetzt verlassen wir wieder den Wald und unternehmen einen Streifzug durch die Streuobstwiesen. Mit dem raschelnden Gras unter den Füßen können wir im Frühjahr die schönen Obstbaumblüten bewundern.

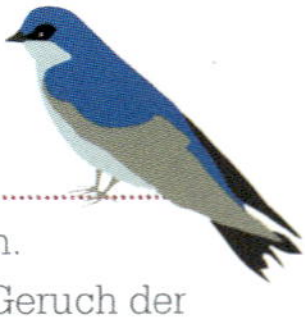

Tipp NATURGENUSS

Mit Gelassenheit durch den Wald streifen. Tief ein- und ausatmen. Den Vögeln bei ihrem Konzert zuhören. Bewusst laufen und den Geruch der Bäume wahrnehmen. Das umgebende Grün auf sich wirken lassen und dem Plätschern des Baches lauschen! Glücklich sein!

AUF EINEN BLICK

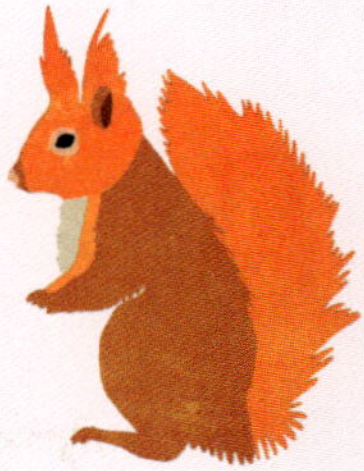

Tour 6: Tour für die Sinne

Dauer: 1 Std.

Höhenmeter: 53 m

Länge: 3 km

Schwierigkeit: leicht

Tourencharakter: Markierter Rundweg durch Wald und Feld für die ganze Familie

Ausgangs-/Endpunkt: Dorfgemeinschaftshaus Hausen, Hauptstraße 67/69, 61267 Neu-Anspach

Anfahrt: **Bahn/Bus:** Regionalbahn bis nach Hausen, dann auf der Hauptstraße bis zur Ortsmitte laufen.
Auto: Über die B 456 in Richtung Usingen, an Wehrheim vorbei, dann links abbiegen nach Neu-Anspach und über zwei Kreisel weiter Richtung Hausen-Arnsbach.

Einkehr: Kastanienhof, Bahnhofstraße 97, 61267 Neu-Anspach, Tel. 06081/448988, www.kastanienhof-anspach.de

Information: Taunus Touristik Service e. V., Taunus-Informationszentrum, Hohemarkstraße 192, 61440 Oberursel (Taunus), Tel. 06171/50780, www.taunus.info

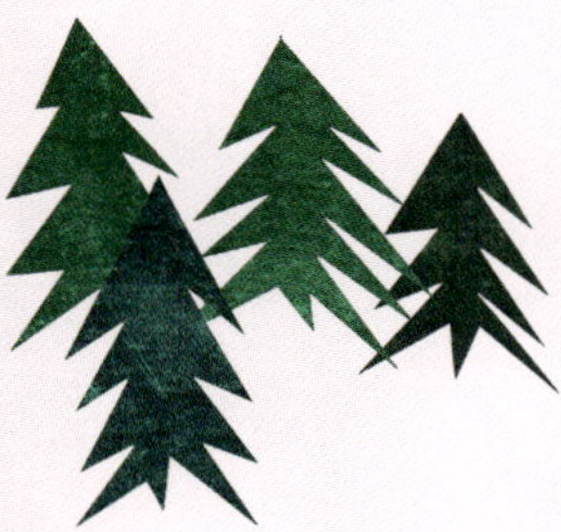

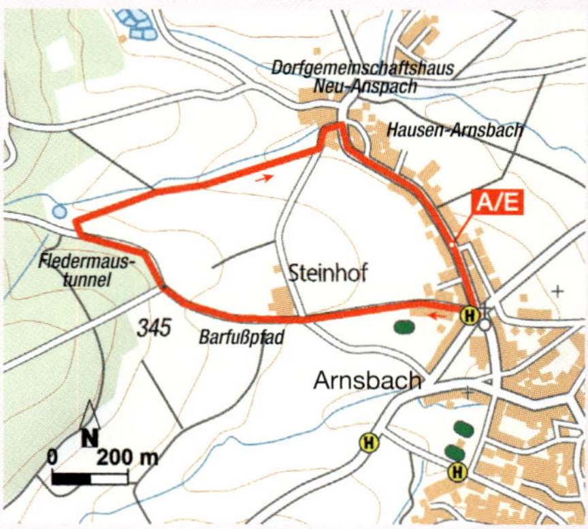

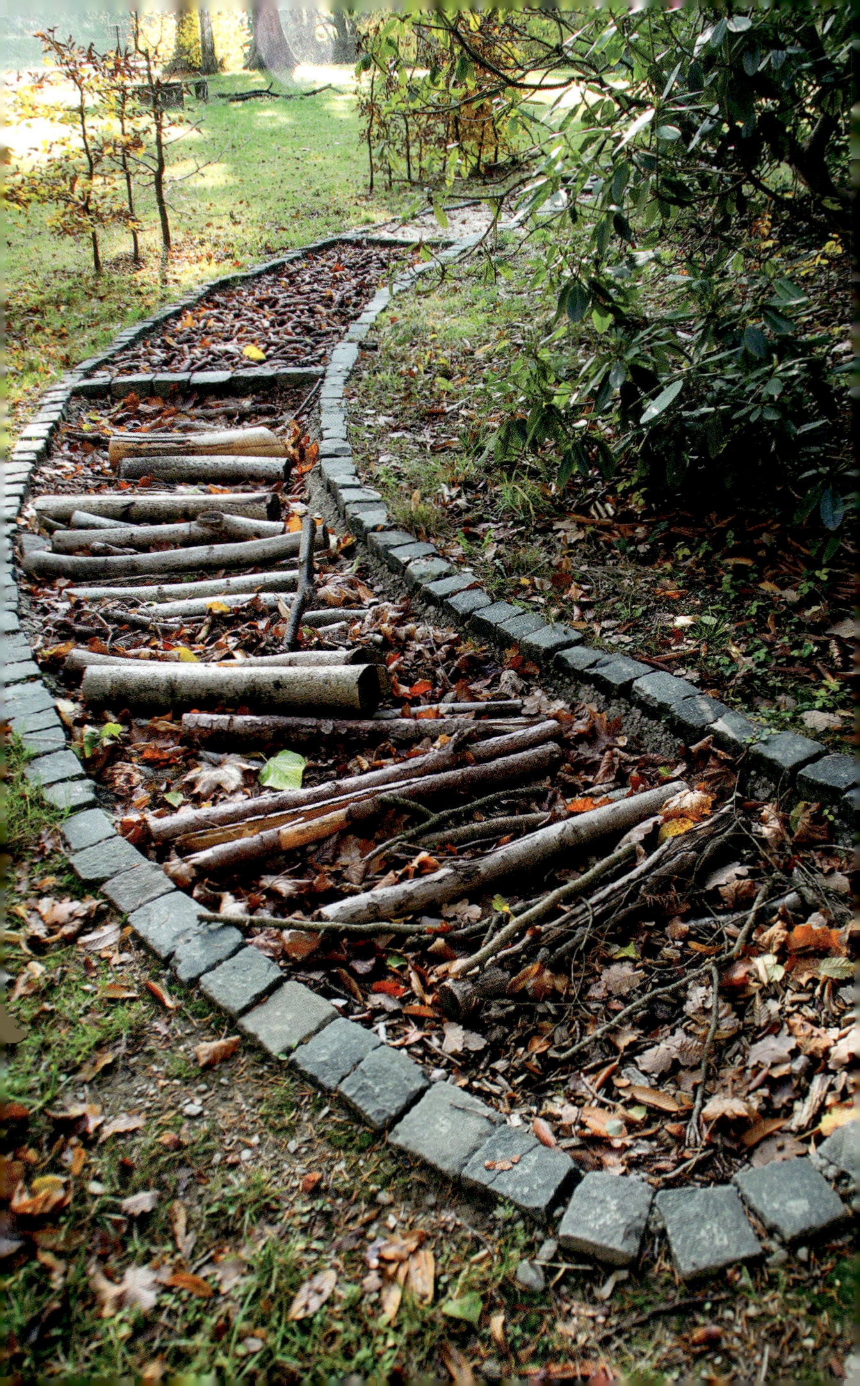

KURZURLAUB AUF DEM BARFUSSPFAD

Tour für
TOUR 7
die Sinne

Der Pfad der Sinne

Der Barfußpfad als erste Station des »Pfads der Sinne« fordert unsere Füße richtig heraus. Nach einem kühlen Fußbad geht es über Hölzer, Steine und auch Tannenzapfen. Hier und da wird es sogar ein richtiger Balanceakt.

Startpunkt ist der Grillplatz in Neuweilnau. Der Pfad der Sinne umfasst viele Stationen von Schmitten durch das Weiltal nach Weilrod. Unter den Stationen befinden sich beispielsweise ein »Ort der Verbundenheit«, der zum Nachdenken anregen soll, ein Hexer- und Heilergarten mit allerlei Kräutlein oder auch der »Garten der Versuchung« mit historischen Rosen und einem Farbenmeer aus betörend duftenden Blüten. Der Barfußpfad, der die erste Station des Erlebnispfades ist, ist das heutige Ziel. Nun heißt es die Schuhe und Socken auszuziehen und den Füßen Frischluft zuzuführen. Hinein in das kalte Wasser können wir die Kälte gleich spüren und ein Frösteln ist am ganzen Körper erlebbar. Kleine Steine drücken sich in die Fußsohlen und es gilt ein wenig die Balance zu halten. Über drei große Stufen steigen wir bequem aus dem Wasser. Je nachdem wie kalt die Luft ist, spüren wir das wohltuende Prickeln. Ein gepflasterter Weg führt uns zu den nächsten Herausforderungen. Warme, weiche, spitze, aber auch kalte und grobe Materialien spüren wir.

Links: Das Barfußlaufen auf unterschiedlichen Materialien macht müde Füße munter.

Von den Steinen geht es nun direkt auf den Pfad mit den Holzstümpfen. Ein wenig Geschick ist nun nötig, um das

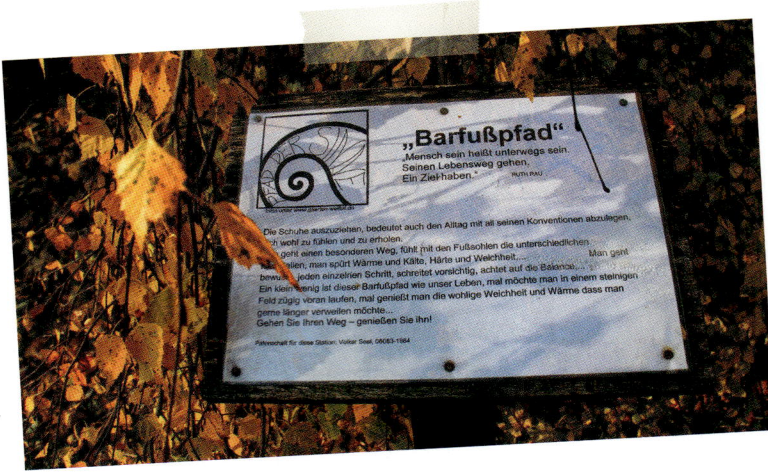

Ein Spaß für große und kleine Leute

Gleichgewicht auf den Hölzern nicht zu verlieren. Wer abrutscht, landet allerdings auf weichem Boden. Als Nächstes geht es zu verschiedenen Materialien, die unsere Füße spüren dürfen. Für die natürliche Akupressur der Fußsohlen sorgen Tannenzapfen, aber auch Kieselsteine. Die Tannennadeln sind etwas gewöhnungsbedürftig. Wie kleine Nadelstiche und manchmal kitzelnd werden sie wahrgenommen.

Als Nächstes dürfen wir über Äste laufen, die das Fußgelenk herausfordern. Der Spaß kommt auf dem Barfußpfad nicht zu kurz, denn wer stand schon einmal auf einem Autoreifen? Nach dem Rundgang genießt es manch einer, nochmals seine Füße in das Wasser zu tauchen.

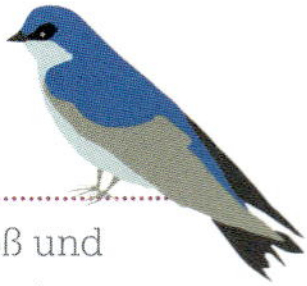

Tipp FUSSGESUNDHEIT

Längst ist es kein Geheimnis mehr, dass das Barfußlaufen für Groß und Klein nicht nur ein wunderbares Gefühl ist. Neben der Förderung einer guten Zehenstellung wird die Sehnenplatte in der Fußsohle zwischen Vor- und Rückfuß trainiert, was die Wirbelsäule entlasten und somit Rückenprobleme mindern kann. Zudem wird der Tastsinn herausgefordert.

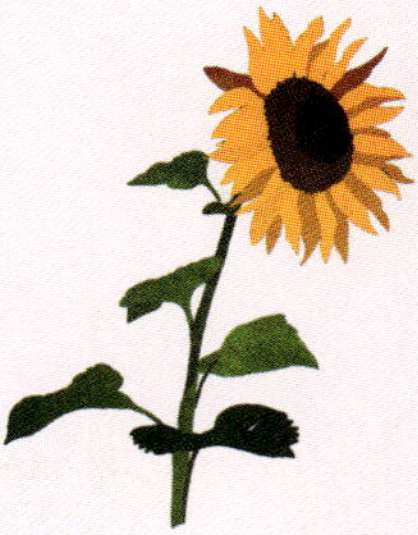

AUF EINEN BLICK

Tour 7: Tour für die Sinne

Dauer: 0,5 Std.

Höhenmeter: –

Länge: 100 m

Schwierigkeit: leicht

Tourencharakter: Abwechslungsreicher Spazierweg für alle Sinne

Ausgangs-/Endpunkt: 61276 Weilrod-Neuweilnau, am Grillplatz,
Koordinaten: 50.317499, 8.407783

Anfahrt: Bahn/Bus: Mit der Taunusbahn zum Bahnhof Usingen und weiter mit dem Bus 61 nach Neuweilnau-Dreieck.
Auto: Über die B 275 Richtung Weilrod, rechts abbiegen nach Neuweilnau.

Einkehr: Espabar, Schloßstraße 1, 61276 Weilrod, Tel. 06083/940273

Information: Offene Gärten Oberes Weiltal, www.gaerten-weiltal.de/pfad-der-sinne

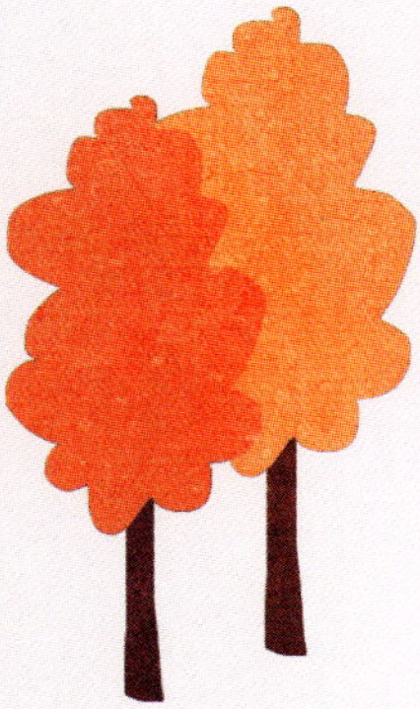

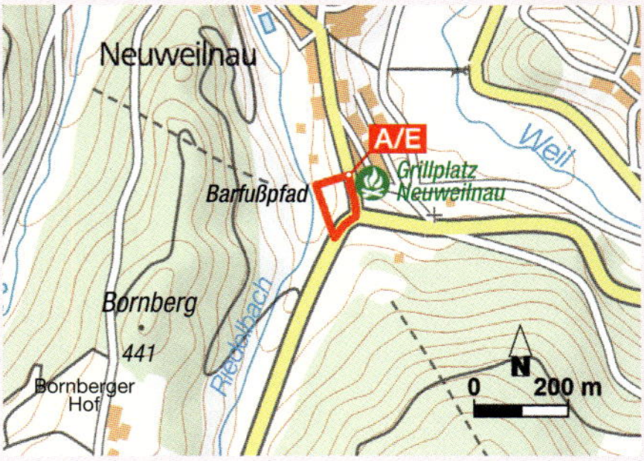

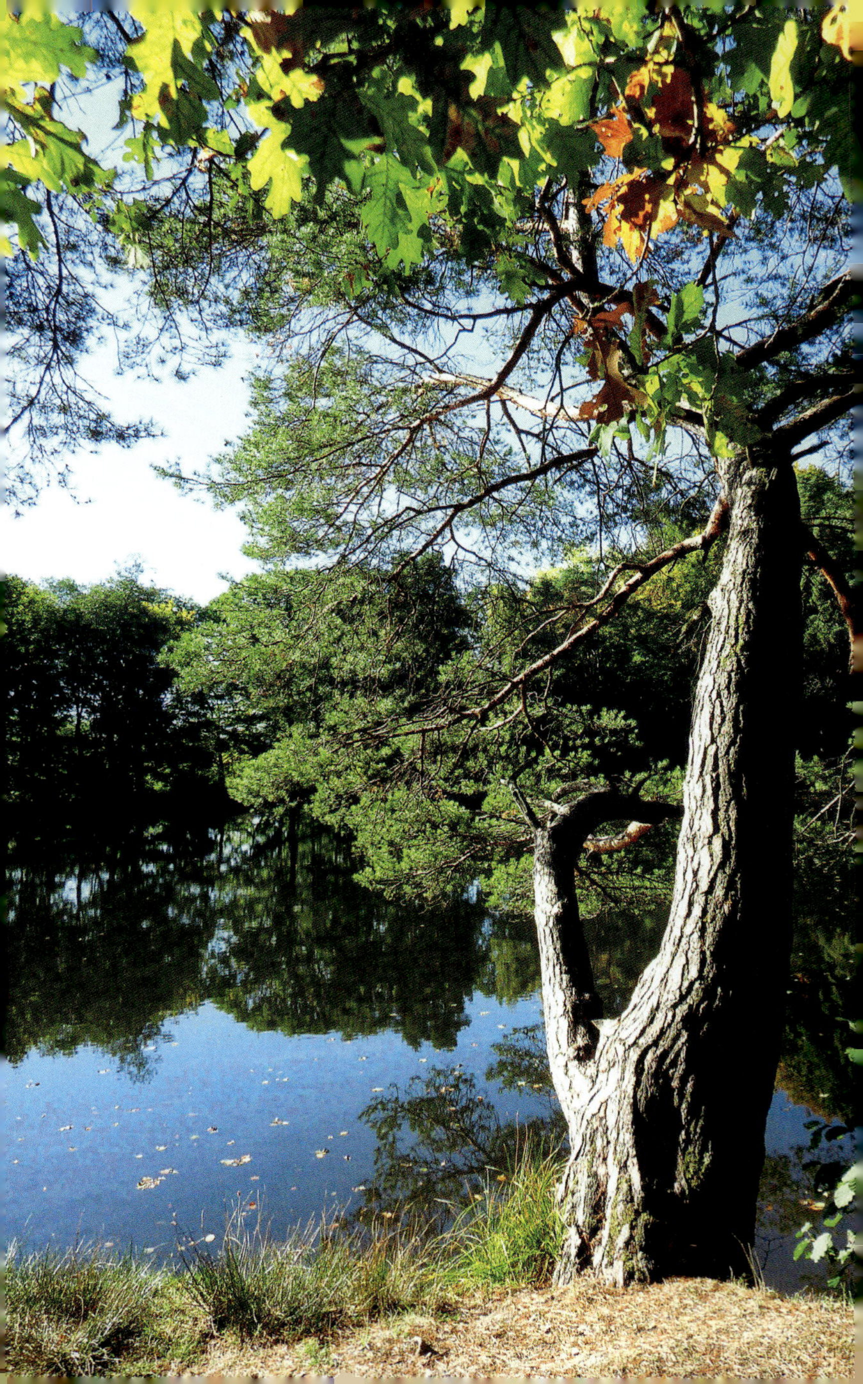

Tour
TOUR 8
ohne Uhr

FASZINIERENDE AUSSICHT GANZ OHNE ANSTRENGUNG

Zu den Hundertstufen

Den schwierigen schweißtreibenden Weg bzw. den eigentlichen Hundertstufenweg sparen wir uns heute. Ganz ohne Mühen erreichen wir den Aussichtspunkt, der uns einen wundervollen Ausblick auf Altweilnau und Umgebung ermöglicht.

Der Parkplatz Meerpfuhl befindet sich an der Bundesstraße 275 und ist unser Startpunkt. Hier zwischen Neuweilnau und Usingen beginnt die etwa zweistündige Wanderung. Als Erstes empfängt uns der Meerpfuhlweiher mit seiner glatten Wasseroberfläche. 1,6 Hektar ist der Teich groß. Besonders sehenswert ist die große Eiche, die schon viele Jahre zählt. Mehrere Informationstafeln geben uns Auskunft zur Umgebung. Nun empfängt uns die Stille des Waldes. Außer dem Knacken von einzelnen Ästen ist nichts zu hören. Auf der kurvenreichen Wegführung geht es direkt zu den Hundertstufen.

Der Abzweig auf den Hundertstufenweg bringt uns zu einem wunderbaren Aussichtspunkt. Dieser befindet sich auf einem Felsen und ermöglicht uns einen fantastischen Blick über Altweilnau. Altweilnau zeichnet sich durch einen allerliebst anheimelnden Ortskern aus. Hier trifft man in den kleinen Gässchen immer wieder auf entzückende Fachwerkhäuser. Einst gehörte den Grafen von Diez der Ort, welcher 1208 erstmals urkundlich erwähnt wurde. Damals hießen die Herren auch die Grafen von Weilnau. Aus dem Jahr 1340 stammt ein Torturm als Teil der Stadtbefestigung.

Links: Knorrige Eiche am Weiher

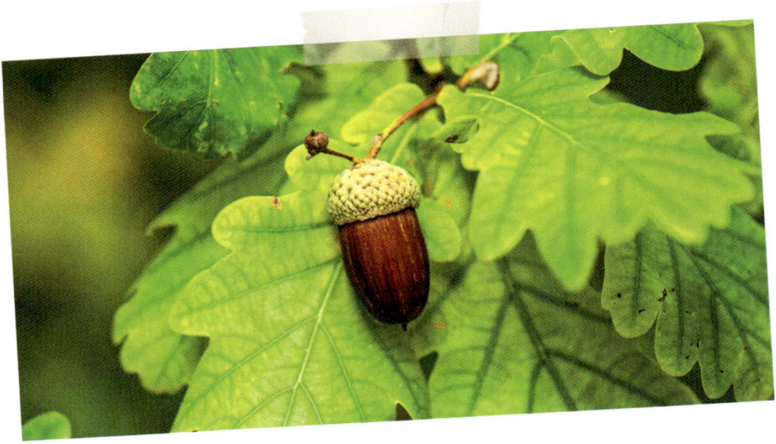

Eichhörnchens Lieblingsnahrung

Anschließend geht es weiter, bis der Hundertstufenweg wieder auf die herkömmliche Route trifft. Die Markierung des Hirschkäfers leitet uns nun durch den Wald. Schon bald ist der Ortsrand von Altweilnau erreicht. Danach erreichen wir den Sportplatz, wo man dem Treiben der Sportler zusehen kann. Alsbald sind der Parkplatz Am Heinzenberg und der Parkplatz Friedwald zu sehen.

Über einen Wiesenweg führt die Route am Rand des Waldes entlang. Die Markierungen Richtung Jagdhaus sind dafür hinweisgebend. Schon bald erreichen wir wieder den Wald und kommen über einen schon vom Anfang bekannten Forstweg, am Meerpfuhlweiher vorbei, zum Parkplatz zurück.

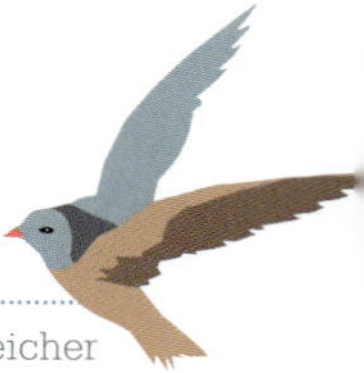

Info DER MEERPFUHLWEIHER

Der Teich wurde erstmals 1550 erwähnt. Einst war er ein Wasserspeicher für die Weiltaler Mühlen. Bis 1977 galt das Gewässer als Heimat für viele seltene Pflanzen und Tiere, bis der unsachgemäße Einsatz eines Herbizids die Lebewelt zerstörte. Heute wird der als Kulturdenkmal unter Denkmalschutz stehende Weiher hauptsächlich zum Angeln genutzt.

AUF EINEN BLICK

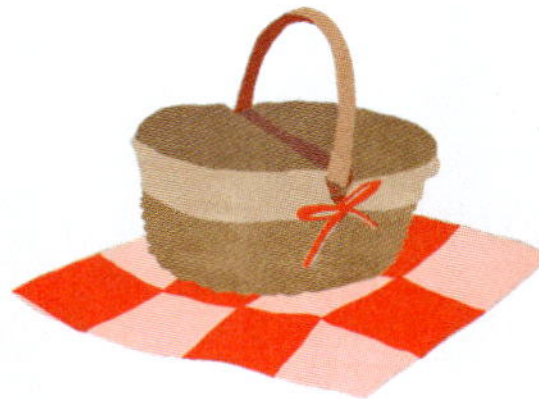

Tour 8: Tour ohne Uhr

Dauer: 2 Std.

Höhenmeter: 250 m

Länge: 7 km

Schwierigkeit: leicht

Tourencharakter: Entspannte Tour vom Meerpfuhlweiher durch den Wald zu einem schönen Aussichtspunkt

Ausgangs-/Endpunkt: Naturparkplatz Meerpfuhl an der B 275, **Koordinaten:** 50.315336, 8.450348

Anfahrt: Bahn/Bus: Mit der Bahn bis Bahnhof Usingen und weiter mit dem Bus 62 bis Merzhausen-Weilstraße, von dort 250 m zu Fuß.
Auto: A 5 Frankfurt–Gießen bis Ausfahrt Ober-Mörlen, auf der B 275 über Usingen nach Merzhausen, oder von der A 3 Ausfahrt Idstein auf die B 275 und dorthin.

Einkehr: Branko's Restaurant, Merzhäuser Str. 29, 61276 Weilrod-Altweilnau, Tel. 06083/950512, www.brankos.de

Information: Touristinformation Schmitten, Hollerecke 4, 61389 Schmitten, Tel. 06084/948133, www.meinschmitten.de

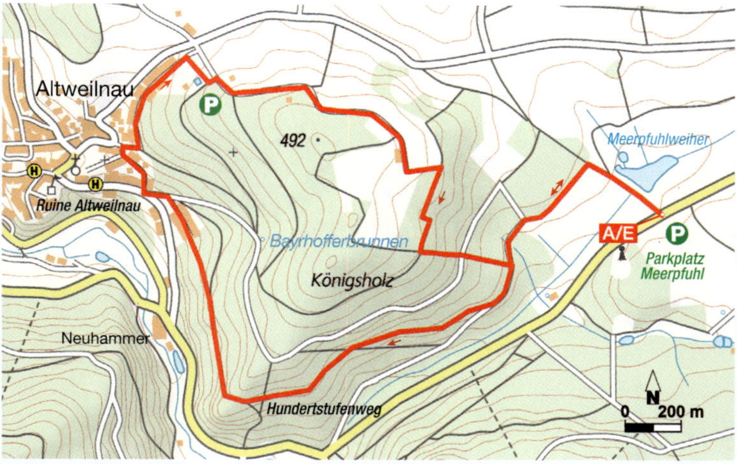

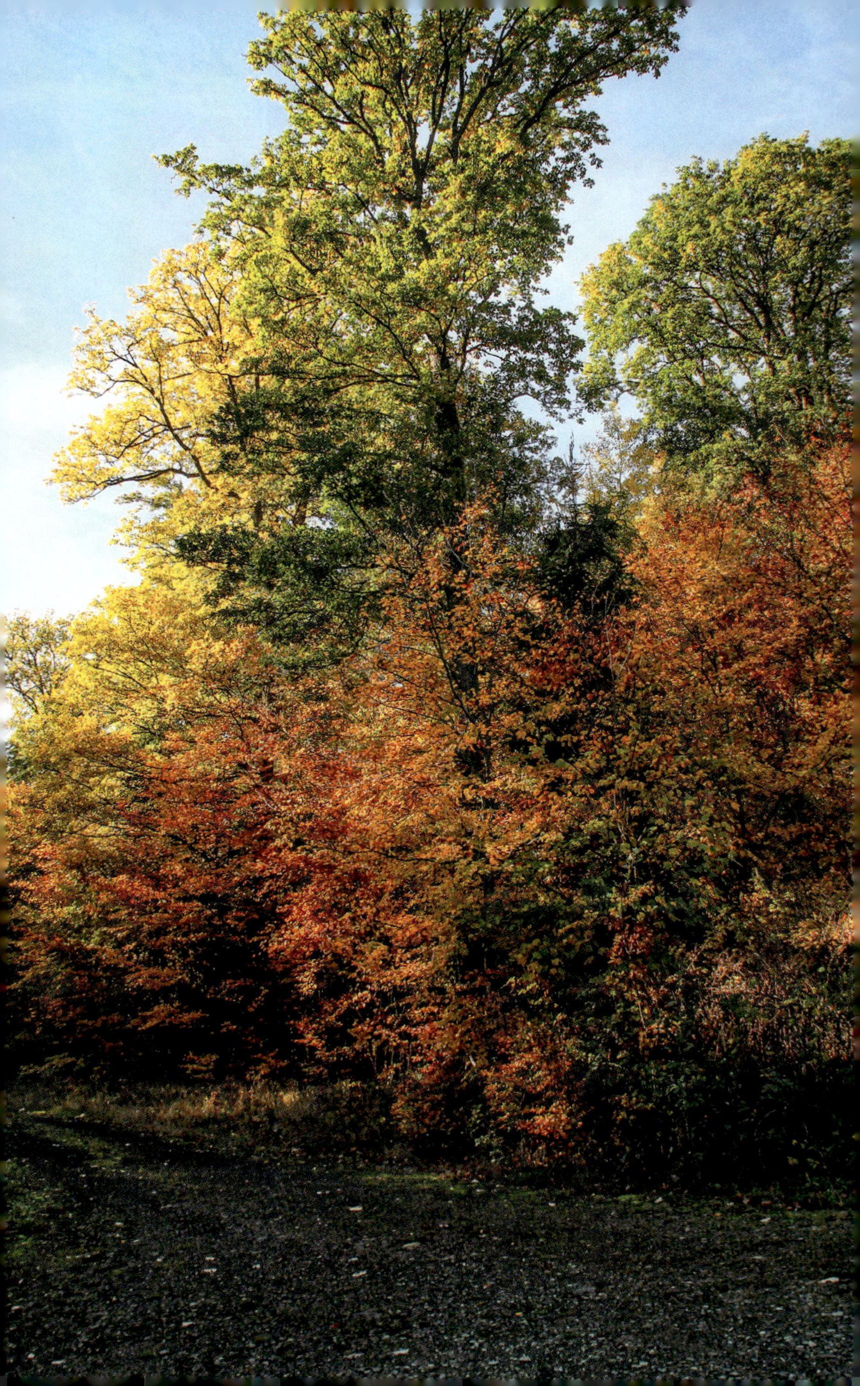

DURCH DEN HOCHWALD ZUM URIGEN WALDGASTHAUS

Tour für den Genuss
TOUR 9

Der Eichelbacher Hof

Durch den Hochwald führt die Tour nach Cratzenbach, einen Ortsteil von Weilrod. Anschließend gelangen wir auf unserer Route über Feld und Wald zum Eichelbacher Hof, wo sich eine Einkehr lohnt.

Der Wanderparkplatz Kuhbett an der Landstraße 3030 dient als Ausgangspunkt dieser idyllischen Wanderung. Diesen finden wir von Schwickershausen kommend Richtung Rod an der Weil auf der rechten Seite. Der Markierung mit dem roten Fuchs folgend geht es vorerst leicht bergab in den ruhigen Wald.

Auf dem kurvenreichen Weg geht es weiter durch den Wald, bis wir den Ort Cratzenbach erreichen. Cratzenbach ist ein Ortsteil von Weilrod und wurde im Jahr 1412 erstmals erwähnt. Sehenswert in Cratzenbach ist die Alte Schule von 1861. Bis 1962 wurde das Fachwerkgebäude in der Hauptstraße als Volksschule genutzt. Viele Kinder haben hier Lesen und Schreiben gelernt. Wenige Häuser weiter in der Hauptstraße befindet sich zudem das hübsch anzusehende Rathaus, ebenfalls ein Fachwerkbau.

Der Wegweiser leitet nun über das Feld. Danach tauchen wir wieder in den Wald ein, wo unser nächstes Zwischenziel der Eichelbacher Hof ist. Hier gibt es die Gelegenheit, eine ausgedehnte Pause zu machen und die hausgemachten Gerichte sowie den Kuchen – ganz wie Großmutter ihn gebacken hat – zu probieren. Der Eichelbacher Hof ist eine

Links: Auf weichem Waldboden gemütlich zum Wanderparkplatz

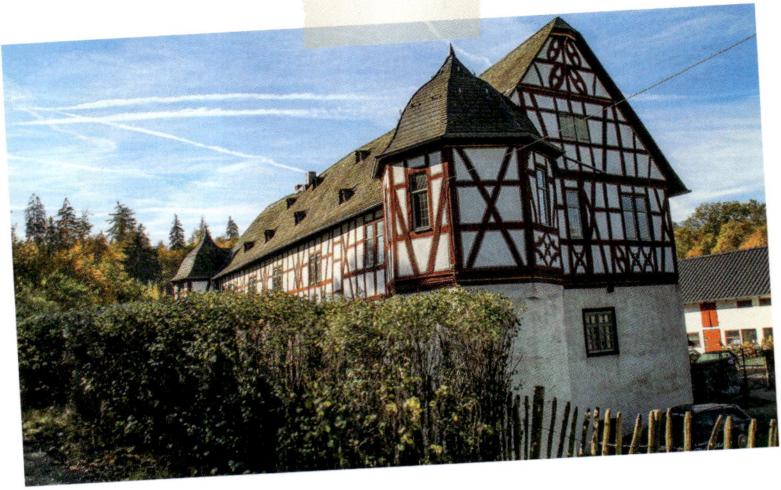

In der ehemaligen Wasserburg kann man sich herrlich stärken.

ehemalige Wasserburg, die um 1213 entstanden ist. Später verfiel die Burg und wurde im Jahr 1706 von Fürst Wilhelm Heinrich zu Nassau-Usingen gekauft. Später war sie Sitz der Forstverwaltungen, bis sie in den Besitz des Landes Hessen überging. Nach einer Sanierung in den Jahren 2000 bis 2004 gehört das anmutige Gebäude heute zu den schönsten Bauernhöfen der Region und ist ein beliebtes Ausflugslokal.

Nach der Rast machen wir uns gut gestärkt auf und folgen unserer lieb gewonnenen Fuchs-Markierung. Diese führt uns über den Eichelbach und wieder durch den Hochwald. Leicht aufwärts gehend erreichen wir dann unseren Wanderparkplatz.

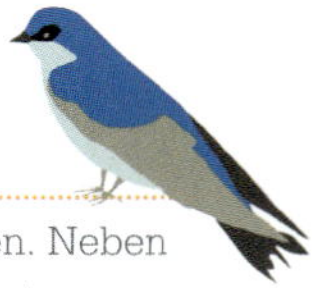

Tipp DER EICHELBACHER HOF

Im urigen Ambiente kann man im Eichelbacher Hof köstlich essen. Neben dem Gasthaus gibt es auch Sitzplätze auf der Terrasse und im Garten. Der Eichelbacher Hof hat in der Regel mittwochs und sonntags ab 12 Uhr geöffnet. Ab Dezember ist das beliebte Ausflugslokal geschlossen.

AUF EINEN BLICK

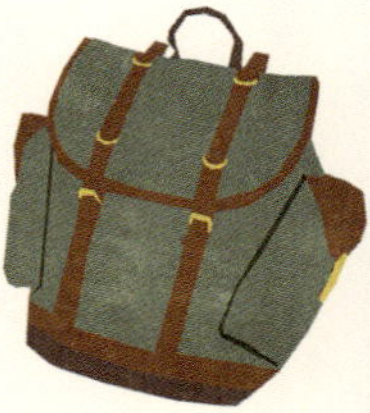

Tour 9: Tour für den Genuss

Dauer: 2 Std.

Höhenmeter: 200 m

Länge: 8 km

Schwierigkeit: leicht

Tourencharakter: Beschilderte familientaugliche Wanderung auf einer hügeligen Strecke

Ausgangs-/Endpunkt: Wanderparkplatz Kuhbett, L 3030 zwischen Schwickershausen und Rod an der Weil, **Koordinaten:** 50.326102, 8.336858

Anfahrt: **Bahn/Bus:** Mit der Bahn bis zum Bahnhof Usingen und weiter mit dem Bus 62 bis Hasselbach-Vogelburg, von dort ca. 650 m zu Fuß.
Auto: A 3 Ausfahrt Bad Camberg, über die B 8 und auf der Weilstraße (L 3030) in Richtung Weilrod.

Einkehr: Eichelbacher Hof, Eichelbacher Hof, 61276 Weilrod, Tel. 06083/2467, www.eichelbacherhof.jimdofree.com

Information: Gemeinde Weilrod, Am Senner 1, 61276 Weilrod, Tel. 06083/95090, www.weilrod.de

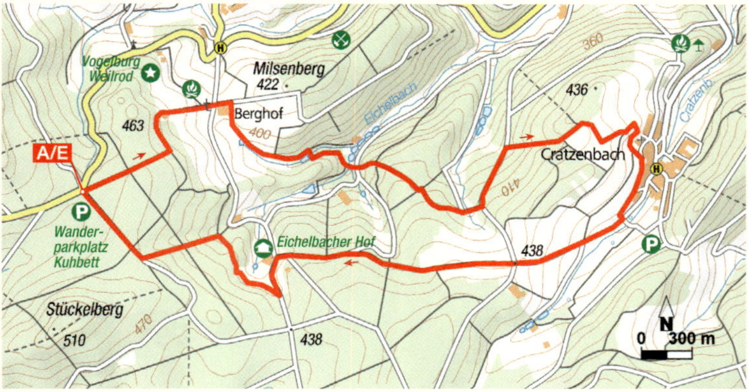

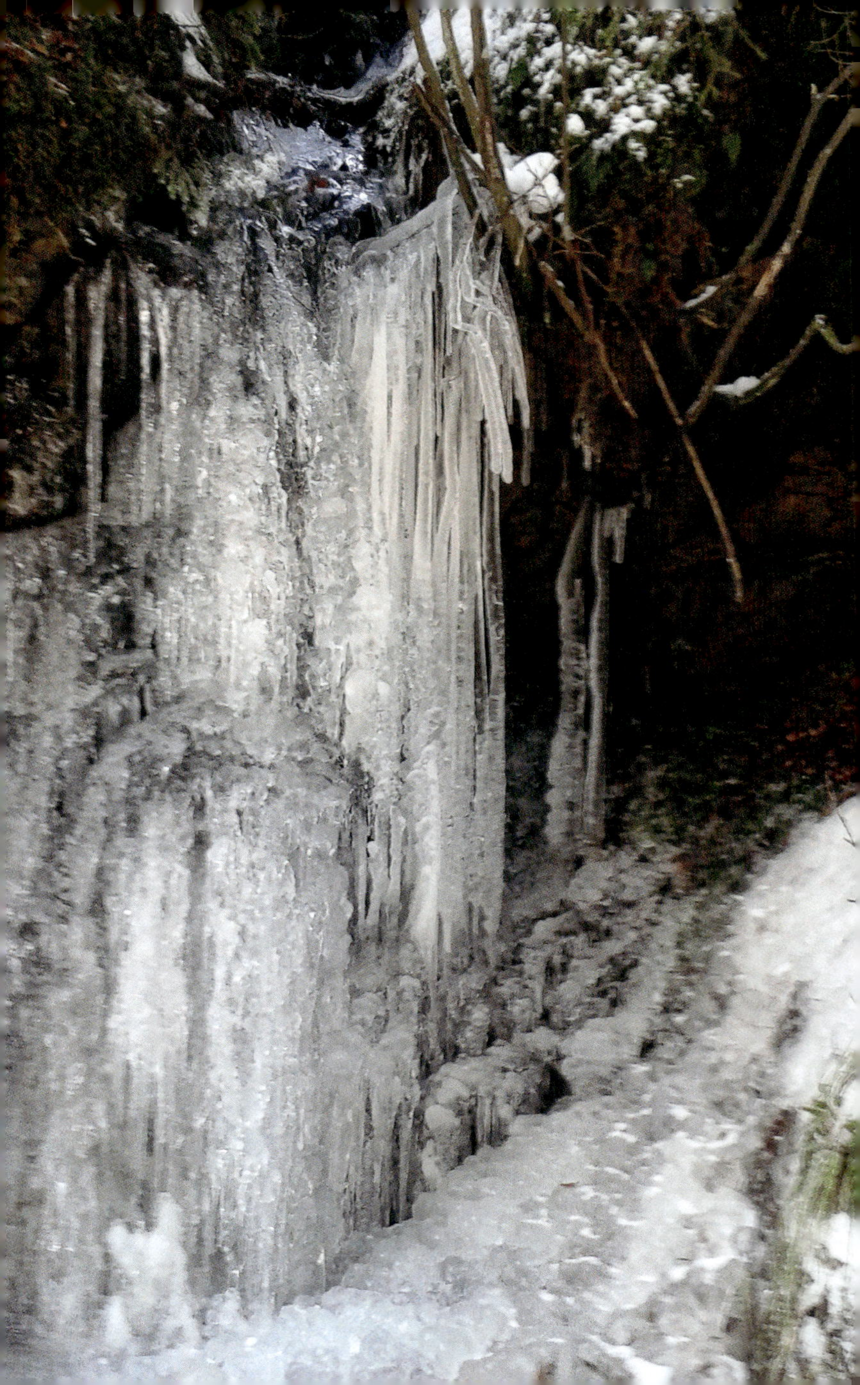

ZU BEZAUBERNDEN AUSSICHTEN

Tour
TOUR 10
ohne Uhr

Burgberg Altweilnau

Die Rundwanderung von der Landsteiner Mühle nach Altweilnau ist für geschichtlich interessierte Wanderer interessant. Die etwas länger dauernde Tour bietet wunderbare Ausblicke auf das Weiltal, bekannte Berge und umliegende Gemeinden.

Die Landsteiner Mühle an der Kreisstraße 750 ist der Startpunkt dieser Rundwanderung. Die Mühle wurde 1480 erstmals urkundlich erwähnt und diente schon in diesen Zeiten als Mühle wie auch Schänke. Auch danach war sie viele Jahre ein Anziehungspunkt für Ausflügler und Wanderer, die sich unterwegs stärken wollten. Direkt daneben befindet sich die Kirchturmruine der einstigen Liebfrauen-Wallfahrtskirche der Wüstung Landstein. Die Mauern strahlen immer noch eine besondere Atmosphäre aus.

Ein Stück an der B 275 entlang biegen wir nach einer Weile, nachdem die Hochtaunusstraße auf die B 275 trifft, rechts ab. Leicht bergauf erreichen wir den Wald, durchstreifen ihn und erreichen nach Verlassen des Waldes die Hirschberger Anhöhe, von der wir einen wunderbaren Blick auf den Großen Feldberg, den höchsten Berg im Taunus, haben.

Jetzt geht es wieder in den lauschigen Wald hinein, bis wir die K 740 queren. Noch ein weiteres Stück ist nun zurückzulegen, bevor wir an der Straße Am Wald in Merzhausen eintreffen. Diese Taunusgemeinde ist ein Ortsteil von Usingen und wurde 1293 erstmals urkundlich erwähnt. Der

Links: Bizarre Gebilde in frostigen Zeiten

Oben links: Der Bergfried der Burg Altweilnau

Oben rechts: Bunter Schmetterling im Sommer

Unten: Ich habe dich lieb!

Name Merzhausen stammt von Mertinshusen ab. In Merzhausen befindet sich das Alte Rathaus, welches um 1530 erbaut wurde. In seinen Räumen wurde in längst vergangenen Zeiten Gericht gehalten. Heute steht das Fachwerkgebäude unter Denkmalschutz und wird als Gemeindehaus genutzt.

Über die Schmittener Straße und den Hinterweg queren wir die Weilstraße und wandern ein Stück die K 741 entlang. Weiter auf der Strecke ist der Ort Oberlauken das nächste Ziel. Man passiert den Lindenhof und kann den schönen Blick auf die Landschaft eine ganze Zeit lang genießen. Oberhalb des Ortes befindet sich das Wahrzeichen Oberlaukens. Die kleine evangelische Kapelle stammt aus dem 17. Jahrhundert und ist von sechs Linden umgeben.

In dem Ortskern können alte Fachwerkhäuser wie auch der Dorfbrunnen bestaunt werden. Nach dem Durchstreifen des Ortes bieten sich wieder wunderbare Ausblicke an. Nun ist es der Pferdskopf, ein 662,6 Meter hoher Berg, der sich dem Auge aufdrängt. Nach wenigen Kilometern ist endlich über den Lauker Weg der Ort Altweilnau mit seiner Burg erreicht. Ein Abstecher zur Burg ist durchaus lohnenswert. Die Burg Altweilnau wurde ursprünglich von den Grafen von Diez um 1200 erbaut. Nach mehreren Erweiterungen wurde die Burg bis 1563 bewohnt und dann aufgegeben. Im Zuge des Dreißigjährigen Krieges verfiel sie schließlich. Heute noch zu sehen sind der runde Bergfried, Reste der Ringmauer sowie ein Torturm. Von der Aussichtsplattform kann man einen weiten Blick über das Weiltal und die Nachbarorte ge-

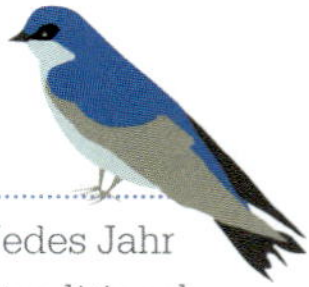

Tipp DAS PFLASTERFEST

Das Pflasterfest ist das wohl älteste Straßenfest im Hochtaunus. Jedes Jahr findet es im Sommer in den Gassen Altweilnaus statt. Nach dem traditionellem Pflasterlauf gibt es Gegrilltes, »Dicke Supp« und natürlich auch Kuchen. Kinderspiele und ein musikalisches Angebot runden das Spektakel ab.

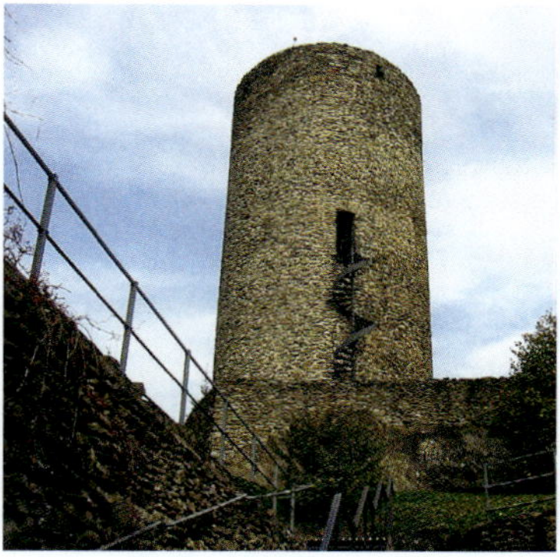
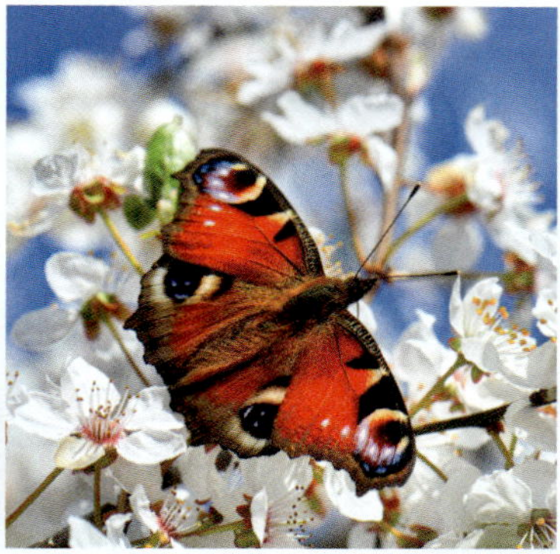
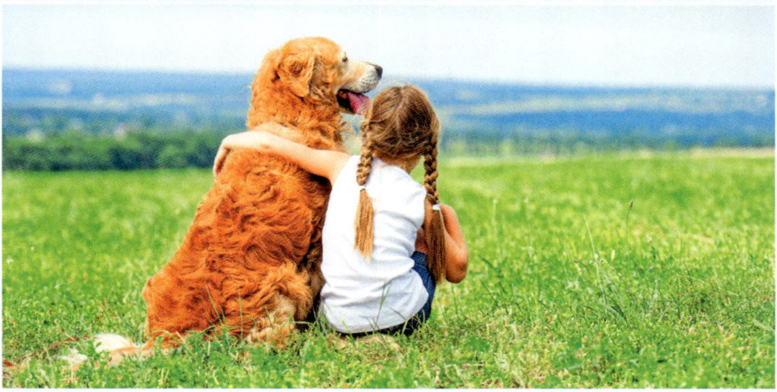

»Wer sich nach ewiger Schönheit sehnt,
der wird sie haben und genießen.«

Bettina von Arnim, deutsche Dichterin (1785–1859)

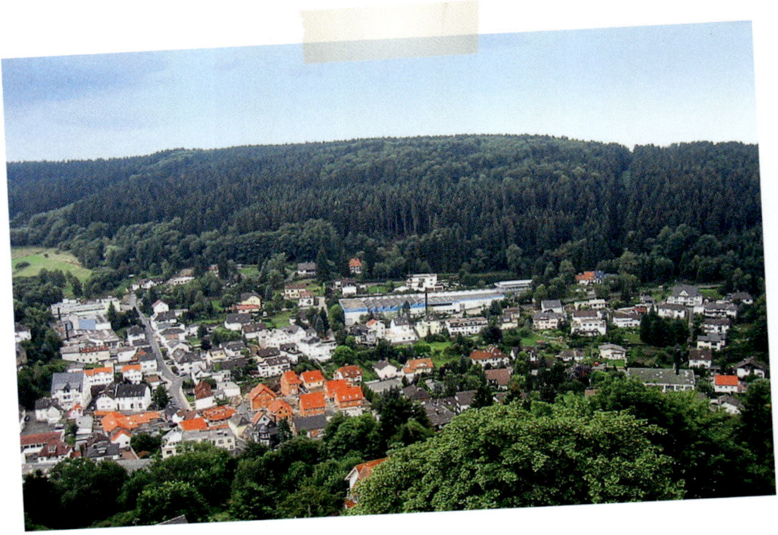

Weiter Blick über das Taunusörtchen vom Burgberg aus

nießen. Ebenfalls sehenswert ist der historische Ortskern mit den Fachwerkhäusern aus dem 16. und 17. Jahrhundert. Hier stechen besonders das Rathaus mit Glockenturm und das Backhaus aus dem Jahre 1909 hervor. Über die Weilnauer Straße bzw. der Markierung des Weiltalweges folgend geht es nun über waldige und hügelige Abschnitte zurück zum Ausgangspunkt, der Landsteiner Mühle.

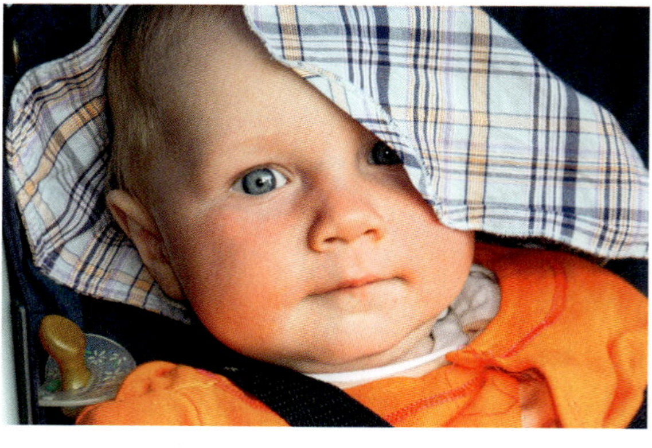

Ich bin mit von der Partie.

AUF EINEN BLICK

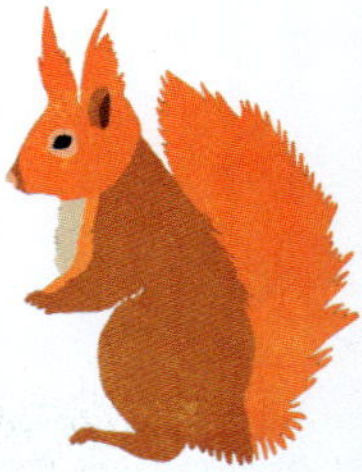

Tour 10: Tour ohne Uhr

Dauer: 3,5 Std.

Höhenmeter: 417 m

Länge: 13 km

Schwierigkeit: mittel

Tourencharakter: Mittelschwere Wanderung, die nicht durchgängig markiert ist. Ein guter Orientierungssinn und Kondition sind notwendig. Dafür gibt es wunderbare Ausblicke!

Ausgangs-/Endpunkt: Landsteiner Mühle, Bornwiesenstraße 7, 61276 Weilrod/Altweilnau

Anfahrt: **Bahn/Bus:** Mit der Bahn bis zum Bahnhof Neu-Anspach und mit dem Bus 82 bis Altweilnau-Landstein.
Auto: A 3 Ausfahrt Idstein, weiter über die B 275 Richtung Weilrod nach Altweilnau, in die Weilstraße abbiegen, dann rechts in die Bornwiesenstraße.

Einkehr: Mehrere Einkehrmöglichkeiten in allen Ortschaften

Information: Gemeinde Weilrod, Am Senner 1, 61276 Weilrod, Tel. 06083/95090, www.weilrod.de

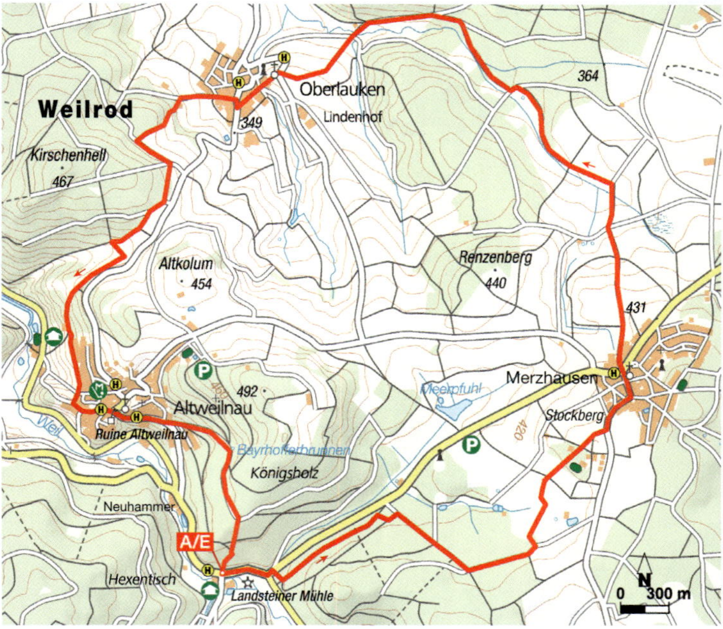

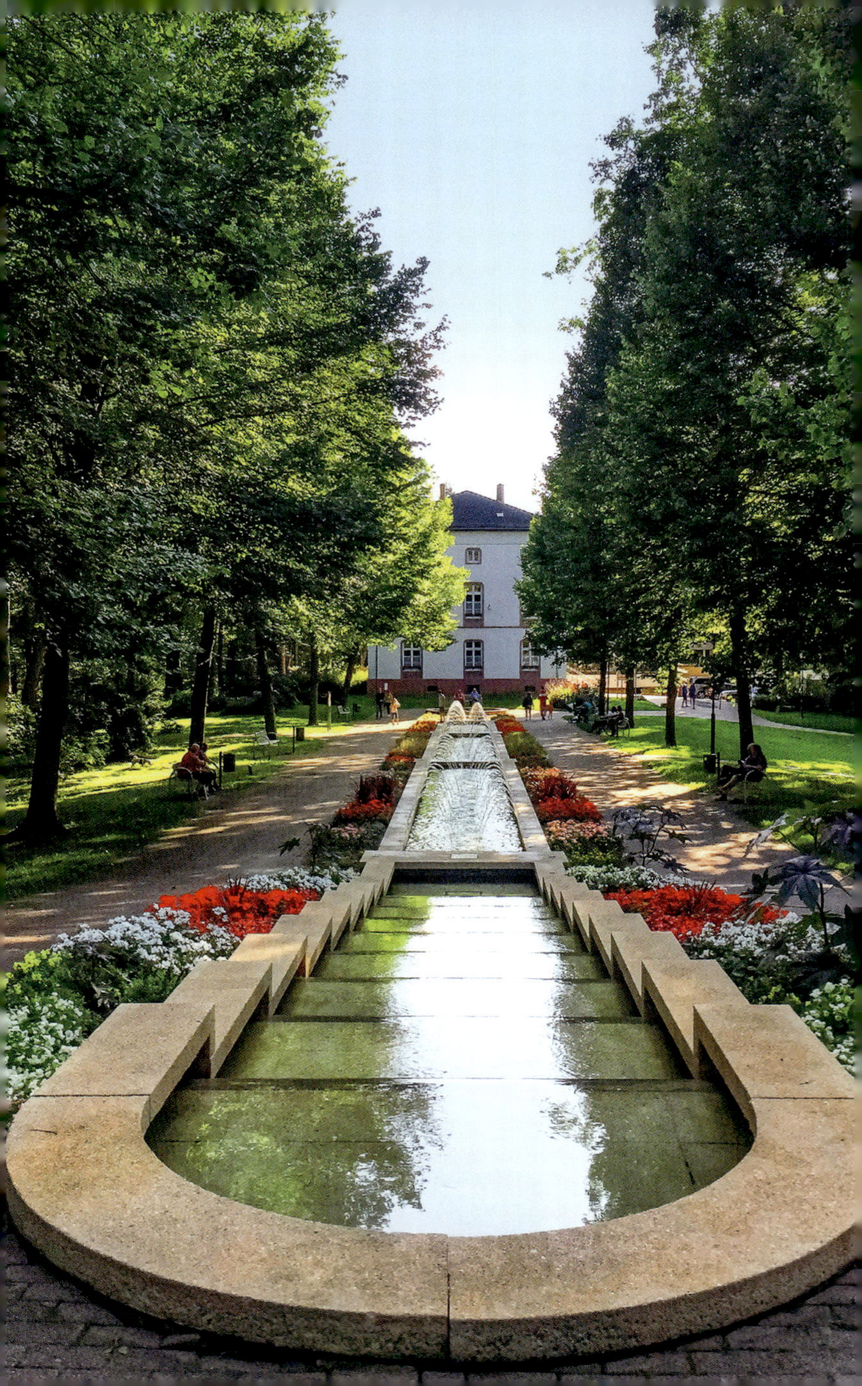

Tour der Stille

TOUR 11

EINE WOHLTAT FÜR KÖRPER UND SEELE

Der Kneipp-Kurpark Bad Camberg

Beim Durchstreifen des Kneipp-Kurparkes in Bad Camberg macht das Herz einen kleinen Hüpfer. Die wunderschöne Anlage hält einiges zum Ausprobieren bereit. Ein absolutes Highlight und auch etwas für das Auge ist der Kräutergarten.

Der Kneipp-Rundweg beginnt am Kneipp-Kräutergarten in Bad Camberg. Die Wanderung gleicht eher einem besinnlichen Spaziergang. In dem fünf Hektar großen Kneipp-Kurpark gibt es nicht nur schöne gepflegte Beete mit Blumen, sondern auch einen alten Baumbestand. 49 Baumarten können auf der Anlage entdeckt werden.

Die gleichnamige Markierung führt uns zur ersten Kneipp-Säule, die uns zu dem Thema der Heilpflanzen informiert. Auf sanften Pfaden geht es nun an den verschiedensten Kräutlein vorbei. Angenehme Gerüche der Kräuter hängen in der Luft und sind eine Wohltat für unsere Nasen – Liebstöckel oder Rosmarin, auch Thymian, die Königskerze oder Echtes Seifenkraut können entdeckt werden. Mit der nächsten Säule »Wasser« haben wir auch die Wassertretanlage erreicht. Nach dem Abstreifen der Socken und Schuhe können wir gleich ausprobieren, wie das kalte Wasser auf unseren Körper wirkt, und das Kribbeln der Hautzellen genießen. Erfrischt und entspannt folgen wir weiter dem Rundweg.

Die nächste Säule ist die »Bewegung«, die uns Wissenswertes zu dem Wechselspiel von Leistung und Ausruhen

Links: Den Wasserspielen im Kurpark lauschen

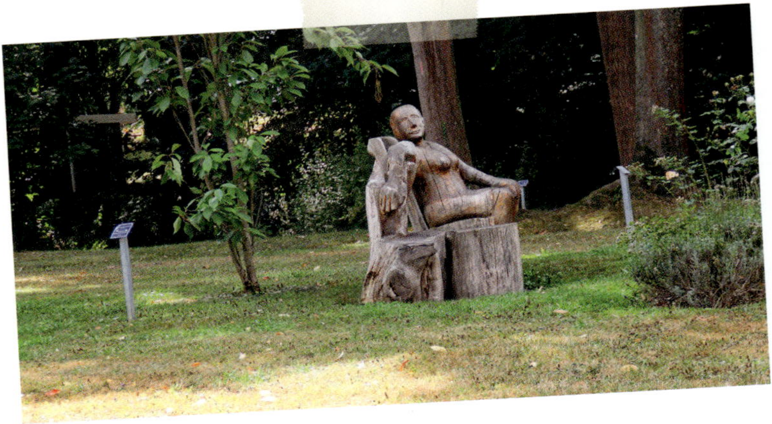

Verschiedene Statuen laden zum Nachdenken ein.

vermittelt. Rechts und wieder rechts haltend erreichen wir die Minigolf- und Boulebahnen. Wer möchte, kann hier ein kleines Spiel wagen. Durch eine kleine Allee streifend werden wir mit der vierten Säule, der »Lebensordnung« konfrontiert. Hier erfahren wir, wie Körper, Geist und Seele sich gegen Stress stärken können.

Links nach einer Kurve weitergehend bestaunen wir eingehend die interessanten Plastiken und machen eine Liegeprobe in den Holzliegen. Entspannt blicken wir gen Himmel und lauschen den Vogelstimmen im Kurpark. Anschließend beschäftigen wir uns mit der Ernährung nach Kneipp und passieren den Spielplatz. Dann erreichen wir noch einmal Wasserspiele, bevor es wieder zum Ausgangspunkt geht.

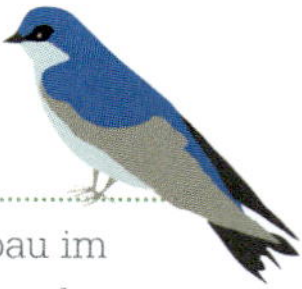

Tipp DER AMTHOF

Der Amthof in Bad Camberg verfügt über den größten Fachwerkbau im früheren Regierungsbezirk Wiesbadens. 140 Meter lang ist der Komplex, in dem sich Geschäfte, Wohnungen und Galerien befinden. Zudem gibt es im historischen Innenhof des Amthofes ein Glockenspiel, welches um 10:01 Uhr, 12:01 Uhr, 15:01 Uhr, 17:01 Uhr und 19:01 Uhr erklingt.

AUF EINEN BLICK

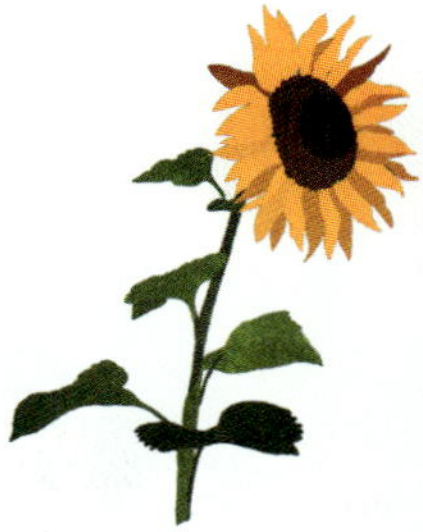

Tour 11: Tour der Stille

Dauer: 0,75 Std.

Höhenmeter: –

Länge: 1,5 km

Schwierigkeit: leicht

Tourencharakter: Genüssliche Tour auf markierten Wegen

Ausgangs-/Endpunkt: Kräutergarten, Badehausweg, 65520 Bad Camberg, **Koordinaten:** 50.296309, 8.272974

Anfahrt: Bahn/Bus: Vom Bahnhof Bad Camberg mit dem Bus bis zur Haltestelle Obertor.
Auto: A3 Ausfahrt Bad Camberg in Richtung Stadtmitte, dann rechts auf die B8, links in die Strackgasse und Obertorstraße abbiegen.

Einkehr: Café und Konditorei Im Amthof, Obertorstraße 10, 65520 Bad Camberg, Tel. 06434/4500, www.amthofcafe-bad-camberg.de

Information: Touristinformation im Bürgerhaus Kurhaus Bad Camberg, Chambray-lès-Tours-Platz 2, 65520 Bad Camberg, Tel. 06434/202411, www.bad-camberg.de

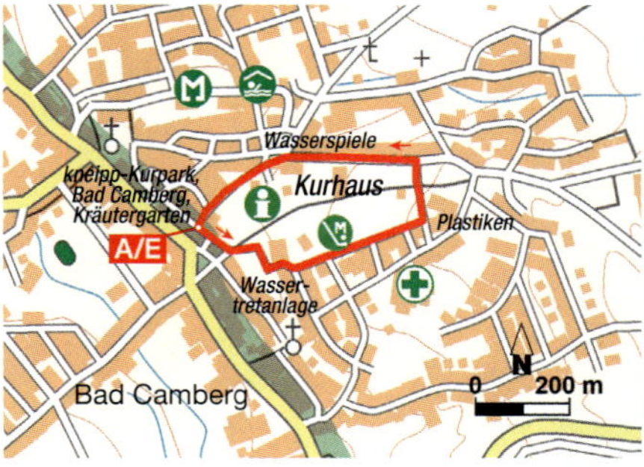

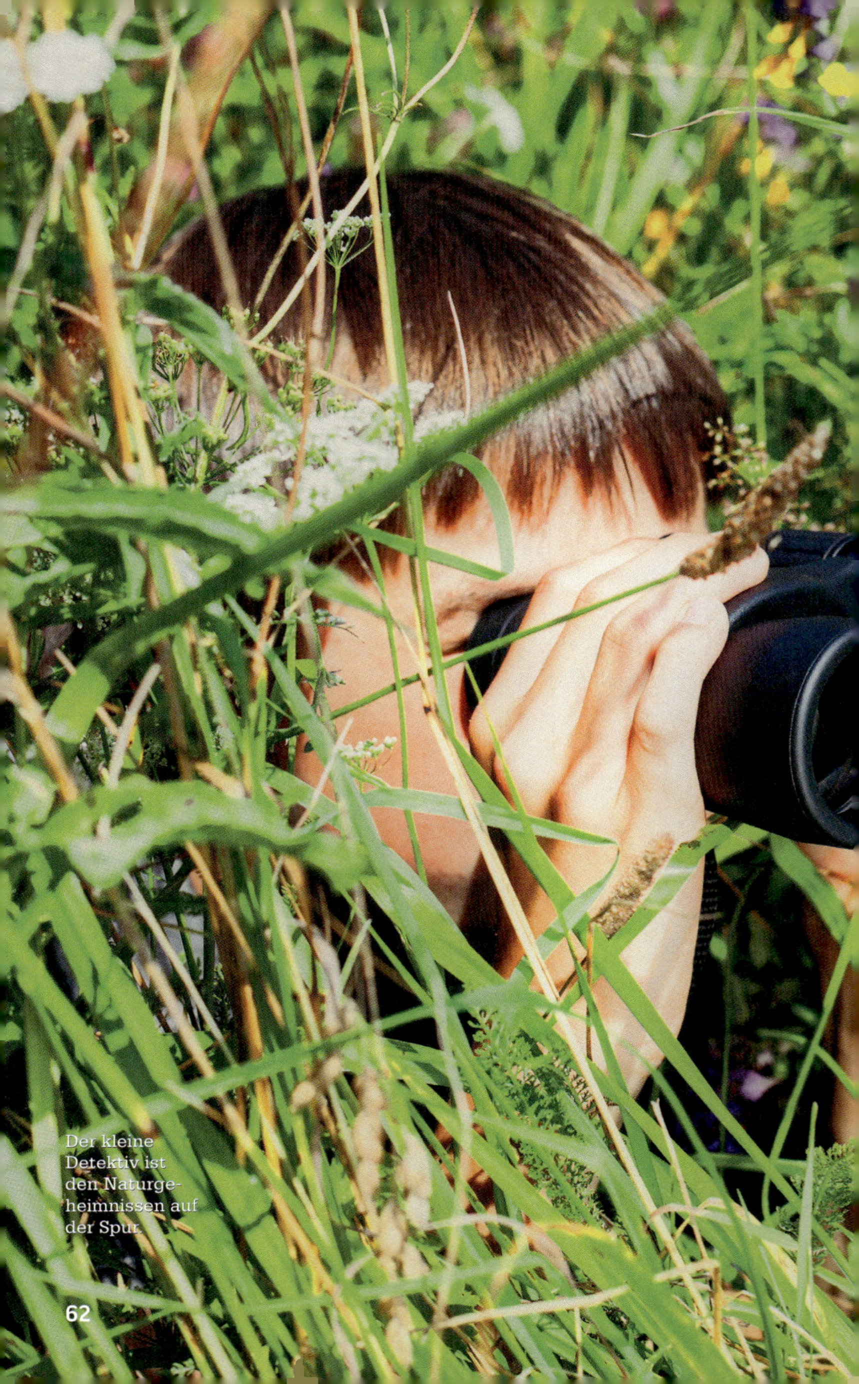

Der kleine Detektiv ist den Naturgeheimnissen auf der Spur.

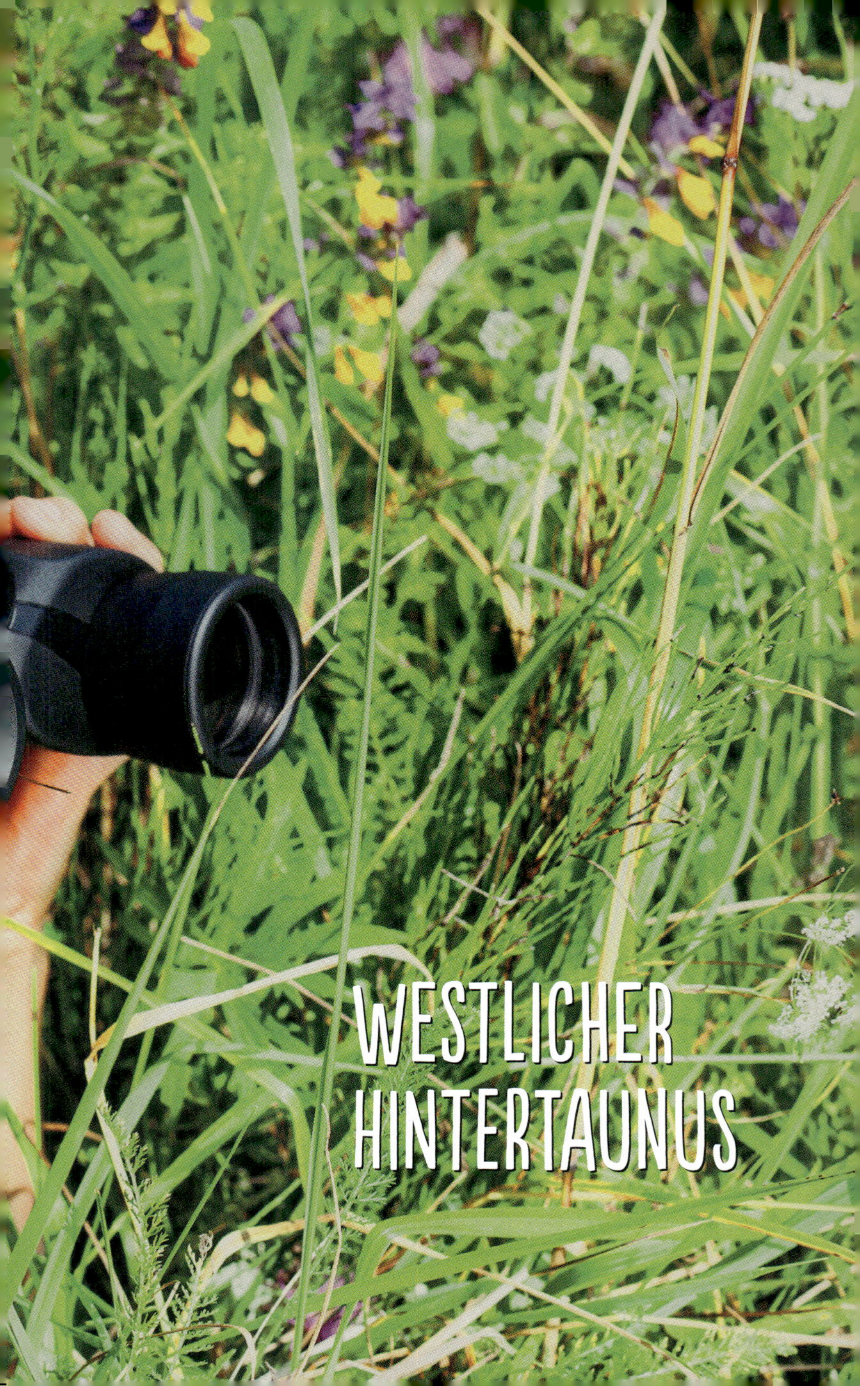

WESTLICHER HINTERTAUNUS

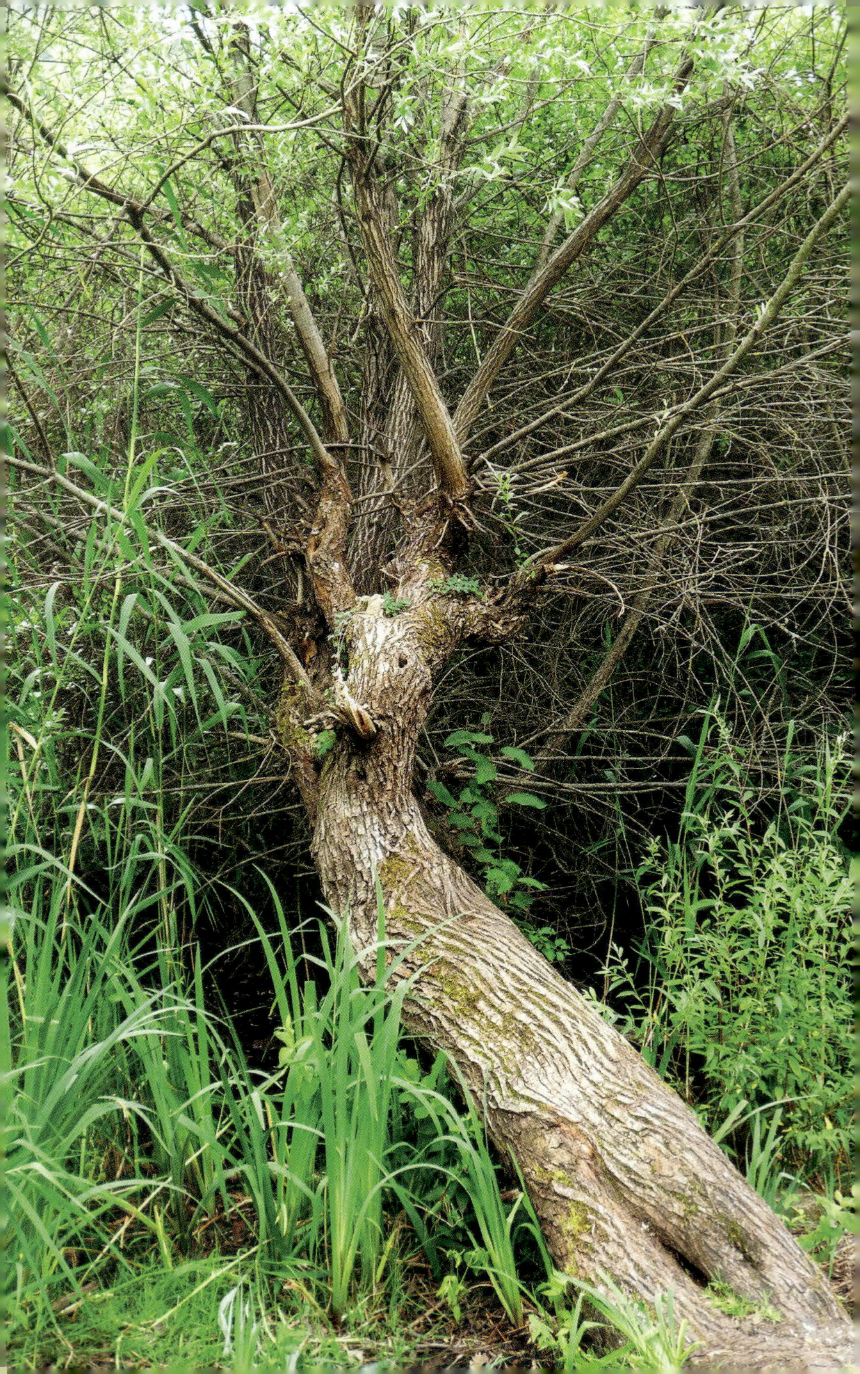

AUF TUCHFÜHLUNG MIT DEM PALMBACHTAL

Tour
TOUR 12
ohne Uhr

Der Walderlebnispfad Panrod

Der Walderlebnispfad führt durch das idyllische Palmbachtal. Der Erlebnisweg lädt ein, Neues zu erfahren und Vergessenes aufzufrischen. Zudem gibt es die Möglichkeit, sich an den Stationen auszuprobieren und seine Sinne zu schärfen.

Heute führt uns die Tour nach Aarbergen bzw. in die direkte Nähe von Panrod, Ketternschwalbach und Burgschwalbach. An der K525 zwischen Panrod und Burgschwalbach befindet sich unser Parkplatz. Hier verläuft auch die Grenze zwischen Hessen und Rheinland-Pfalz, wobei sich unsere Tour noch in Hessen befindet.

Am Parkplatz Palmbachtal beginnt die Wanderung auf dem Erlebnispfad in das schöne Palmbachtal hinein. Um die richtige Wegführung müssen wir uns keine Sorgen machen. Ganz entspannt folgen wir dem Hinweisschild mit der Eule. Leicht aufwärts geht es nun am Rande des Waldes entlang, bis die Route rechts in den Wald weiterführt.

Im Wald tief durchatmend genießen wir die frische Luft und die Grünschattierungen der Bäume. Immer wieder sind Vogelstimmen zu hören. Zudem treffen wir auf unserer Strecke auf Informationstafeln und verschiedene Experimentierstationen, wo sich jedermann ausprobieren kann. Insgesamt sind es elf Stationen auf dem Erlebnispfad, u.a. eine Insektenwand, eine Akustikhütte wie auch Klanghölzer. Da lässt sich für jeden etwas entdecken!

Links:
Vom Sturm gebeutelt

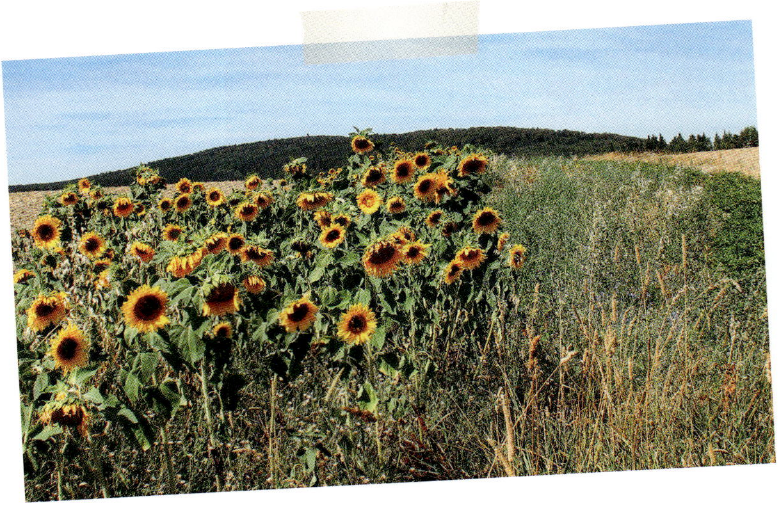

Die Sonnenblume steht für Lebensfreude, Fröhlichkeit und Wärme.

Schon bald ist das geheimnisvolle »Altschloss« in direkter Nähe sichtbar. Die heutige Ruine, die auch unter dem Namen Rudolfschloss bekannt ist, wurde als einstige Niederungsburg im 8. bis 10. Jahrhundert erbaut. Nach einer kleinen Pause geht es wieder weiter links haltend und leicht bergab, bis wir zu einem Fischteich gelangen. Die Markierung führt uns nun rechts bis zum Seelbach. Nach der Überquerung des Baches halten wir uns nun links. Am Waldrand bietet sich dem Betrachter ein schöner Blick in das Seelbachtal. Bei der nächsten Gelegenheit folgen wir dann dem Weg nach links. Nun geht es nochmals über den Seelbach und wir sind in Kürze zurück am Parkplatz.

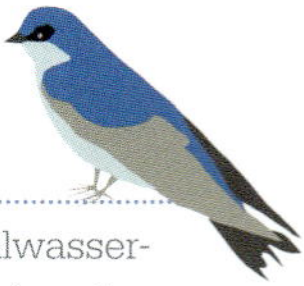

Tipp DER SPRUDELWEG

Ein weiterer Wanderweg mit zahlreichen »Sauerbrunnen« (Mineralwasserbrunnen) auf der Strecke ist der Sprudelweg. Die Sauerbrunnen haben ihren Ursprung in der Römerzeit, was zum Teil auch an ihren Namen zu erkennen ist. Der Sprudelweg beginnt am Zollhaus und führt über Aarbergen bis nach Marienfels. www.aarbergen.de

AUF EINEN BLICK

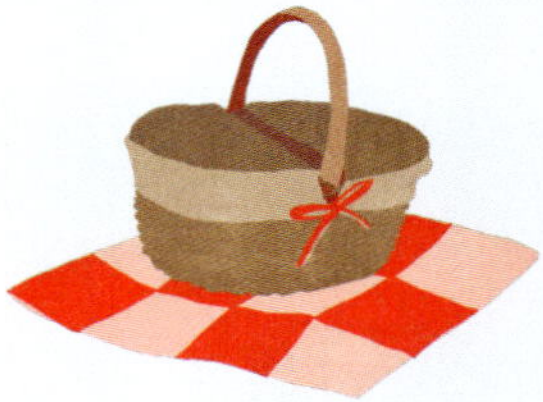

Tour 12: Tour ohne Uhr

Dauer: 1 Std.

Höhenmeter: 112 m

Länge: 3 km

Schwierigkeit: leicht

Tourencharakter: Gemütliche Tour für neugierige Entdecker auf herrlichen Waldwegen

Ausgangs-/Endpunkt: Wanderparkplatz an der K 525 zwischen Panrod und Burgschwalbach, **Koordinaten:** 50.268393, 8.117834

Anfahrt: **Bahn/Bus:** Von Wiesbaden oder Limburg mit dem Bus bis nach Panrod, von dort zu Fuß bis zum Parkplatz.
Auto: Von Wiesbaden über die B 417 bis zum Hofgut Hühnerkirche, ab dort über die L 3275 bis nach Hennethal, weiter auf der K 690 nach Panrod, schließlich auf der Palmbachtalstraße bis zum Parkplatz Palmbachtal.

Einkehr: Gasthof Felsenkeller, Bahnhofstraße 4, 65558 Burgschwalbach, Tel. 06430/7157, www.burgschwalbach.de

Information: Naturpark Rhein-Taunus, Tel. 06126/43 79, www.naturpark-rhein-taunus.de

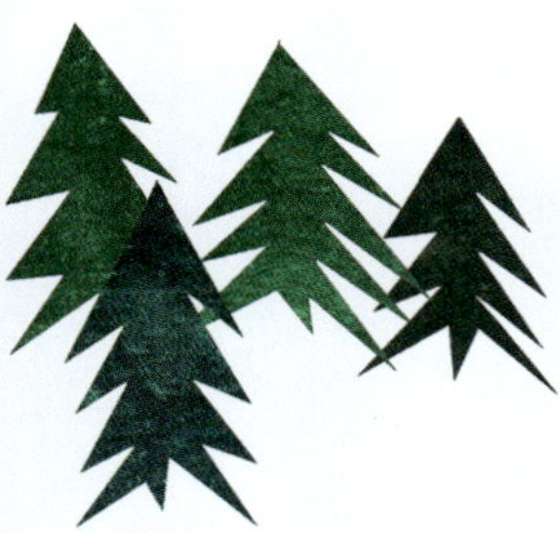

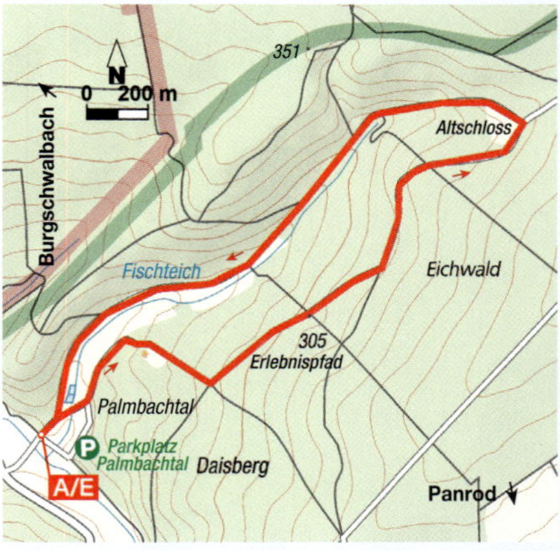

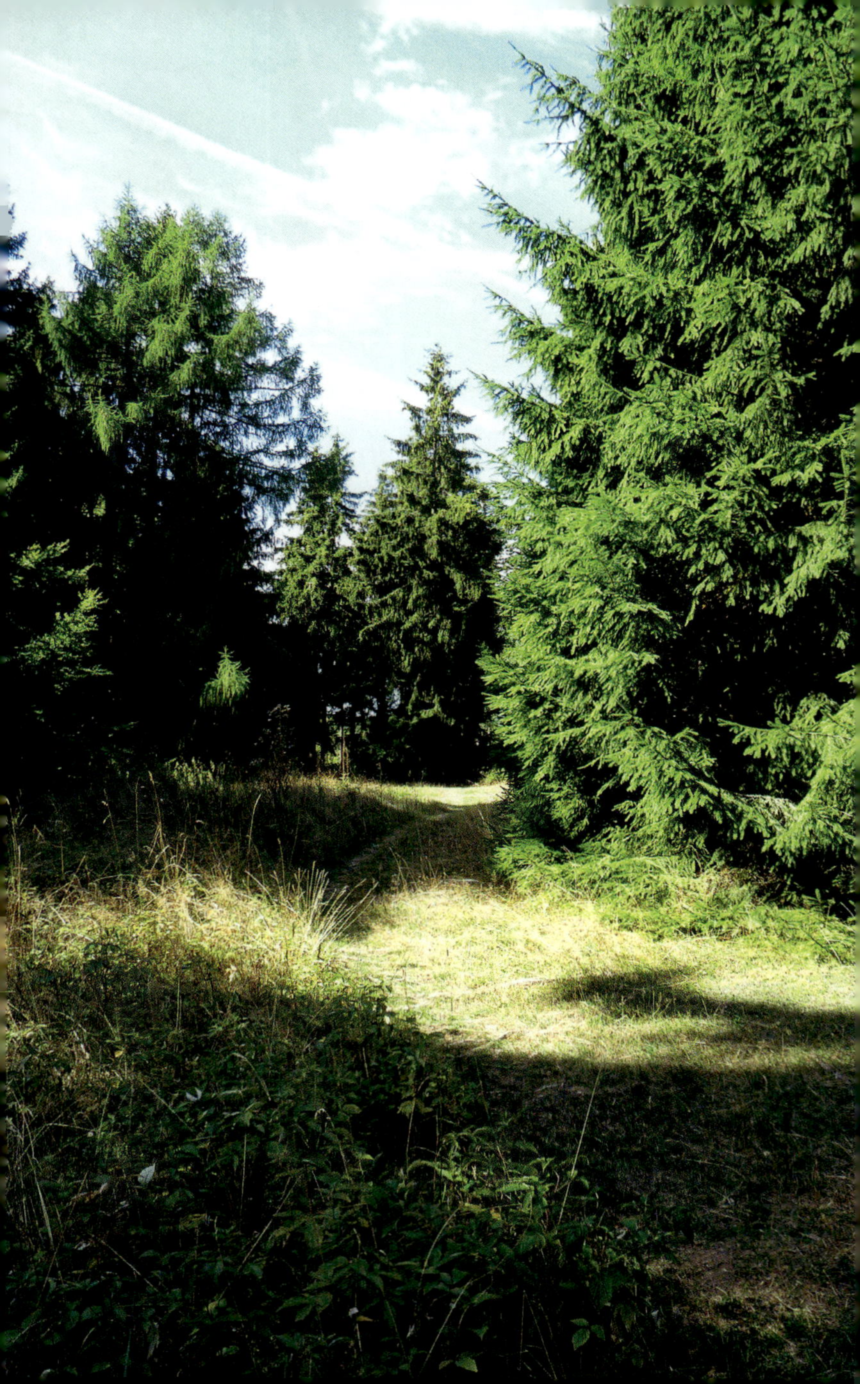

UNTERWEGS MIT DEM »EICHHÖRNCHEN«

Tour
TOUR 13
ohne Uhr

Rund um Breithardt

Erholungssuchenden bietet dieser Rundweg gemütliche Pfade und vor allem schöne Ausblicke. Die Markierung mit dem Eichhörnchen sorgt dafür, dass wir keine Schwierigkeiten mit der Wegführung haben.

Am Ende des Parkplatzes Kreuzweg führt uns ein kleiner Weg, markiert mit dem Eichhörnchen, direkt durch den ruhigen grünen Wald. Schon nach kurzer Zeit erreichen wir auf sanften Pfaden den Waldrand, wo wir eine wundervolle Aussicht auf Steckenroth haben. Steckenroth ist ein Ortsteil von Hohenstein und befindet sich im westlichen Taunus. Im Jahr 1345 wurde die Gemeinde als »Steckinrod« erstmals erwähnt. Die Ortskirche der Gemeinde ist sofort sichtbar. Um 1400 wurde die Kapelle auf einen Felsvorsprung am Ortsrand von Steckenroth erbaut. Ganz nach alten Traditionen reckt sie sich in den Himmel. Ganz nah zu Steckenroth liegt Breithardt. Breithardt ist ein Dorf, welches im Jahr 1260 unter dem Namen »Bretterthe« erwähnt wurde. Dies wird mit »breiter Wald« oder »weites bebautes Land« übersetzt. Einheimische nennen ihr Dorf auch gern »Braadert«. Ebenso interessant wie der Ortsname ist der Name der Ortseinwohner – denn die Breithardter führen den Spitznamen »Speckmäus«.

Besonders dominant in der Aussicht ist der große Kirchturm Steckenroths. Um 1228 erbaut misst er 28 Meter an Höhe. Wie es früher Tradition war, wurde der Altar in der Kirche Richtung Osten errichtet. Das Haupt der hübschen

Links: Schattenspendende Bäume in der Mittagshitze

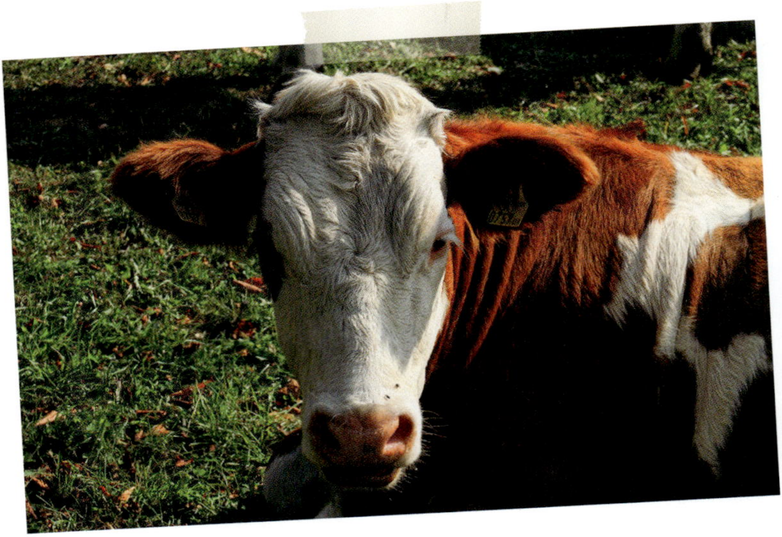

Die Kuh steht für Weiblichkeit und gilt als Ernährerin allen Lebens.

Kirche krönt ein Zwiebelturm, der sich anmutig in die Luft reckt. Nachdem wir uns an der Aussicht sattgesehen haben, schnüren wir wieder unsere Rucksäcke. Links weiter am bezaubernden und grünen Waldrand entlang erreichen wir ein Jagdhaus.

Unsere vertraute Markierung leitet uns nun zum Römersberg. Nach einer linken Abbiegung geht es über weitere Kurven auf dem Wanderweg bis zum Fuchsweg. Auf dem Fuchsweg gilt es, sich nun links zu halten. Nach einer weiteren Gehstrecke führt die Route jetzt leicht aufwärts und dann wieder abwärts zum Parkplatz zurück.

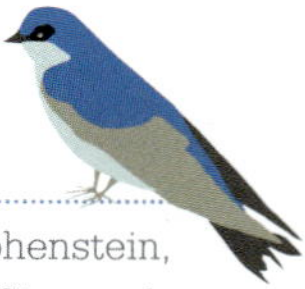

Tipp BURG HOHENSTEIN

In der Nachbargemeinde von Breithardt befindet sich die Burg Hohenstein, die zu den schönsten und größten Burgruinen der Region gehört. Sie wurde 1190 von den Grafen von Katzenelnbogen erbaut. Das Wahrzeichen kann von April bis September besichtigt werden.

AUF EINEN BLICK

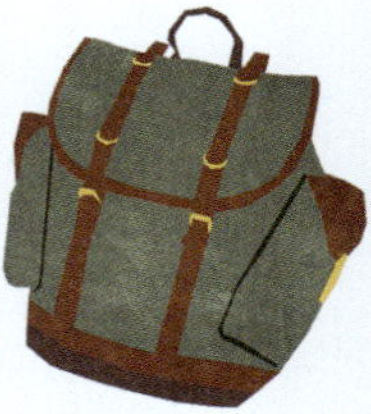

Tour 13: Tour ohne Uhr

Dauer: 1 Std.

Höhenmeter: 65 m

Länge: 2,5 km

Schwierigkeit: leicht

Tourencharakter: Leichte Tour durch Wald mit durchgängiger Markierung

Ausgangs-/Endpunkt: Parkplatz Kreuzweg bei der B 54 zwischen Adolfseck und Breithardt, **Koordinaten:** 50.181512, 8.088713

Anfahrt: Bahn/Bus: Von Taunusstein oder Bad Schwalbach mit dem Bus bis Breithardt. Von dort entlang der Straße bis zum Parkplatz (ca. 750 m).
Auto: Von Wiesbaden auf die B 54, zwischen Adolfseck und Burg Hohenstein auf die Schwalbacher Straße in Richtung Breithardt abbiegen.

Einkehr: Treffpunkt Acht-Eck, Römersberg 9, 65329 Hohenstein-Breithardt, Tel. 06120/1397, www.treffpunkt8eck.de

Information: Gemeinde Hohenstein, Schwalbacher Str. 1, 65329 Hohenstein, Tel. 06120/290, www.hohenstein-hessen.de

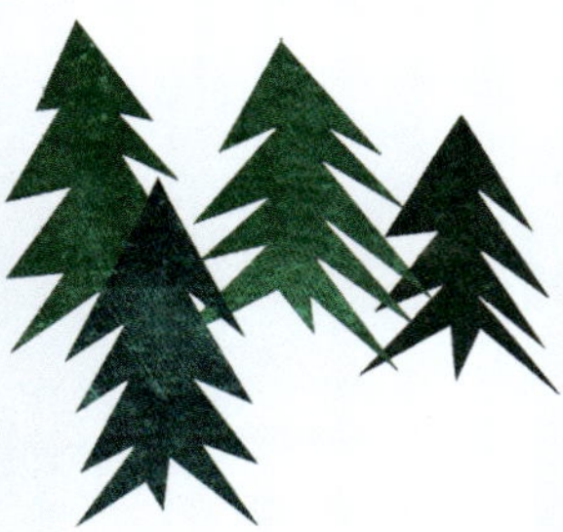

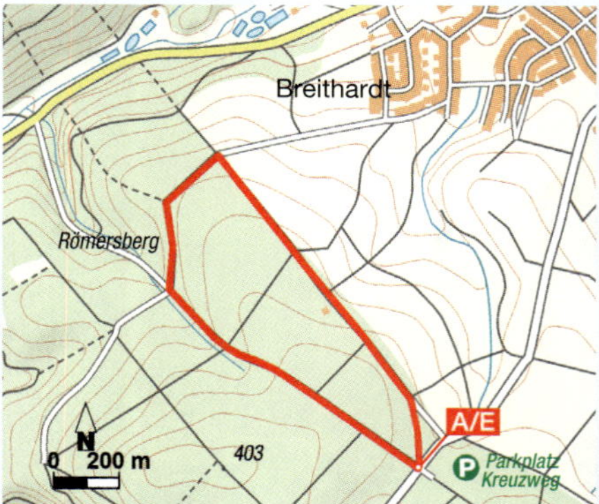

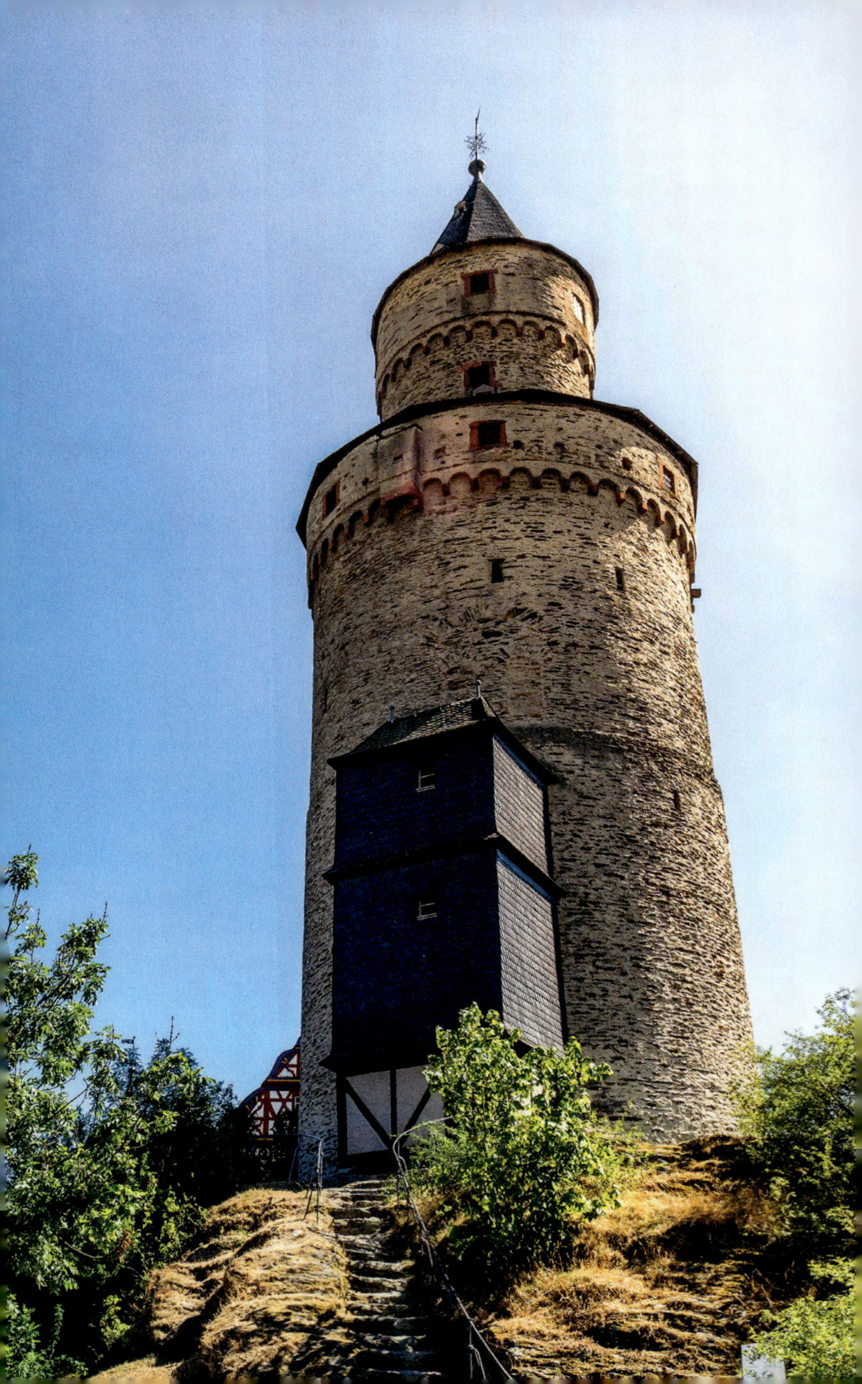

DÖSEN AUF DEM HAUSBERG

Tour der Stille
TOUR 14

Zum Rosenkippel Idstein

Die Wanderung auf den Rosenkippel eignet sich perfekt für einen Sonntagsspaziergang oder einfach nur eine kleine Atempause. Umgeben von Wiesen und Feldern bietet der Rosenkippel eine fantastische Sicht über die ehemalige Residenzstadt.

Die heutige Wanderung eignet sich hervorragend für eine kleine Auszeit vom stressigen Alltag und findet in Idstein statt. Schon von Weitem ist unser Ziel, der Rosenkippel, zu sehen. Die ehemalige Residenzstadt ist ein bezaubernder Ort zum Genießen. In der Altstadt können Fachwerkhäuser aus dem 15. bis 18. Jahrhundert bestaunt werden. Diese wurden zum Teil mit beeindruckenden Schnitzereien versehen. Im Zentrum befindet sich der König-Adolf-Platz. Umgeben von Fachwerkhäusern war er stets ein Treffpunkt der hiesigen Bewohner. Am Platz befindet sich auch das Rathaus aus dem Jahr 1698 und neben ihm das Schiefe Haus, welches einst vom Major der Stadtmiliz Nicolay im Jahr 1728 errichtet wurde.

Vom Stadtzentrum Idsteins aus befindet sich der Startpunkt für diese entspannte Tour auf den Rosenkippel in Richtung Autobahn beim Schnellimbissrestaurant McDonald's. Hier gehen wir rechts in die Auroffer Straße hinein und erreichen eine Brücke mit Unterführung. Die asphaltierte kleine Straße bringt uns direkten Weges auf den höchsten Punkt des Rosenkippels. Der »Kippel«, was sozusagen Gipfel bedeutet, ist 379 Meter hoch. Die Wiesen auf dem Rosenkippel laden gleich zu einer Pause ein. Gern machen es sich Spaziergänger im Sommer auf ihnen mit einer Picknickdecke gemütlich und nutzen den Aufenthalt auf

Links: Der legendäre Hexenturm in Idstein

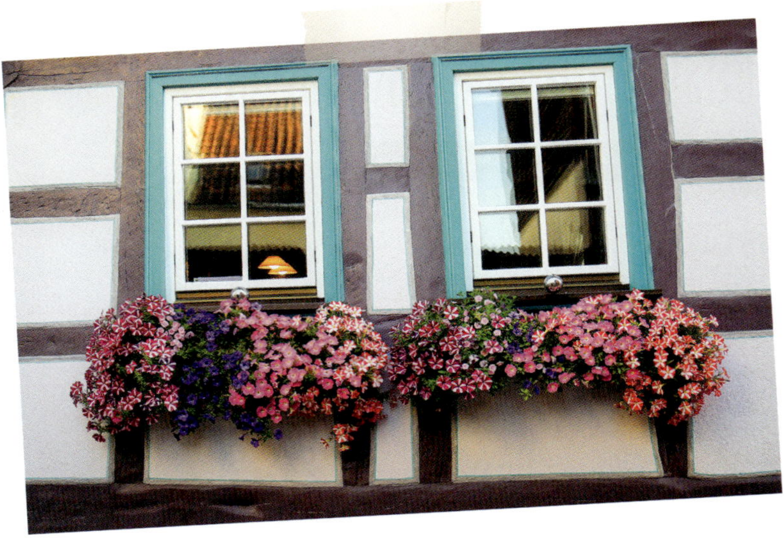

Bezaubernde Fenster in der Altstadt

dem Kippel für eine Auszeit. Im Winter und bei geeigneten Schneeverhältnissen zieht es die Erwachsenen wie auch Kinder hierher, um auf dem Schlitten eine lustige Rodelpartie zu unternehmen.

Von der höchsten Stelle am Rosenkippel haben wir einen exzellenten Blick auf Idstein, seine Fachwerkhäuser und die Umgebung. Bei schönem Wetter können wir sogar bis zum Feldberg sehen. Zurück geht es auf der gleichen Strecke entlang von Wiesen und Feldern, bis der Ausgangspunkt erreicht ist.

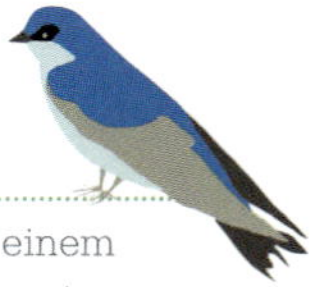

Tipp DER HEXENTURM IDSTEIN

Der Hexenturm, das Wahrzeichen Idsteins, steht im Zentrum auf einem Felsrücken und seine Spitze ist schon von Weitem sichtbar. Neben einem Türmerzimmer verfügt der Turm über das Angstloch, was als Zugang zu dem Verlies diente. Interessierte können sich bei der Touristinformation den Schlüssel ausleihen, um sich im Hexenturm umzusehen.

AUF EINEN BLICK

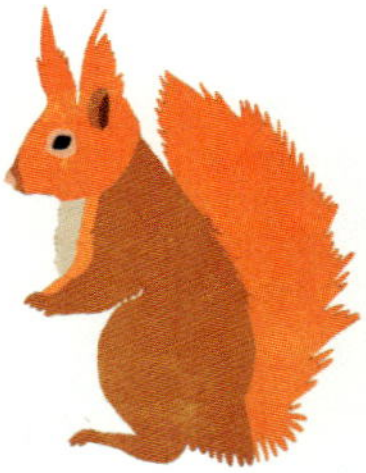

Tour 14: Tour der Stille

Dauer: 1 Std.

Höhenmeter: 50 m

Länge: 2 km

Schwierigkeit: leicht

Tourencharakter: Idyllische Wanderung zu einem beliebten Aussichtsplatz am Rande der Stadt

Ausgangs-/Endpunkt: McDonald's an der Autobahn, Auroffer Straße 2, 65510 Idstein

Anfahrt: **Bahn/Bus:** Mit der Bahn bis zum Bahnhof Idstein.
Auto: A3 Ausfahrt Idstein, weiter auf die L3274 in die Stadtmitte von Idstein, dann links in die Auroffer Straße.

Einkehr: Café Zum Löwen, König-Adolf-Platz 1, 65510 Idstein, Tel. 06126/1280, www.cafezumloewen-idstein.de

Information: Fremdenverkehrsamt Idstein, König-Adolf-Platz 2, 65510 Idstein, Tel. 06126/78620, www.idstein.de

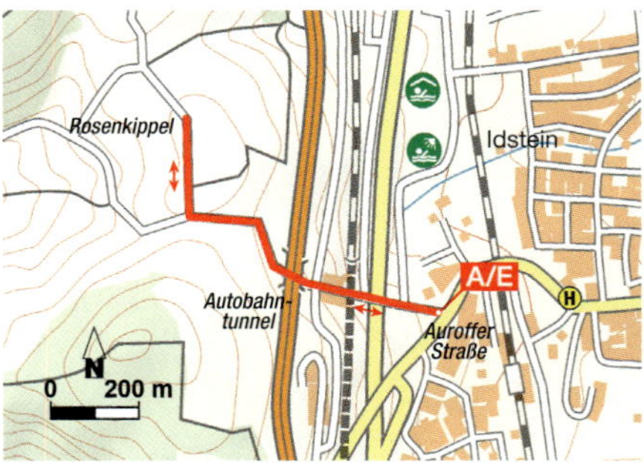

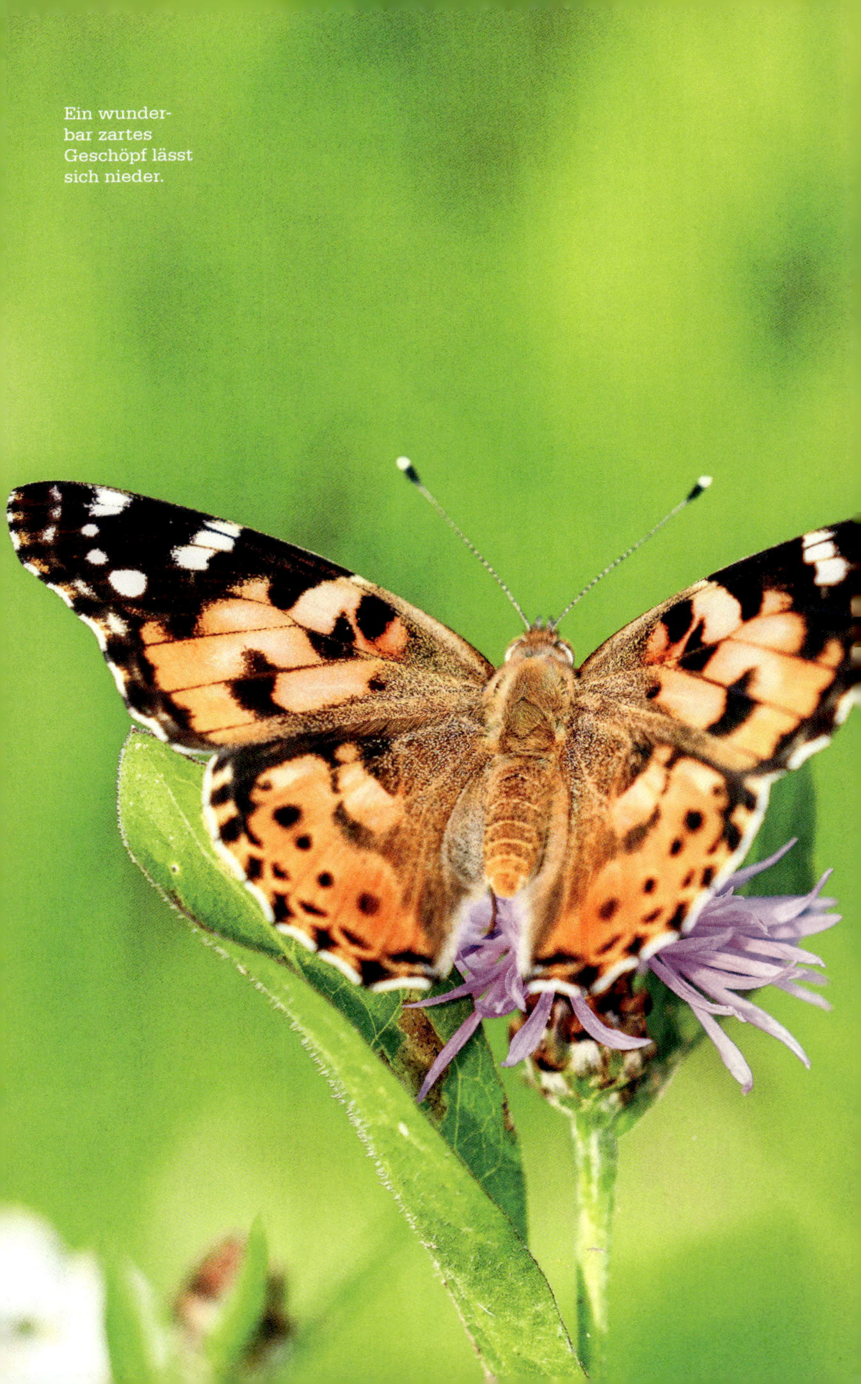

Ein wunderbar zartes Geschöpf lässt sich nieder.

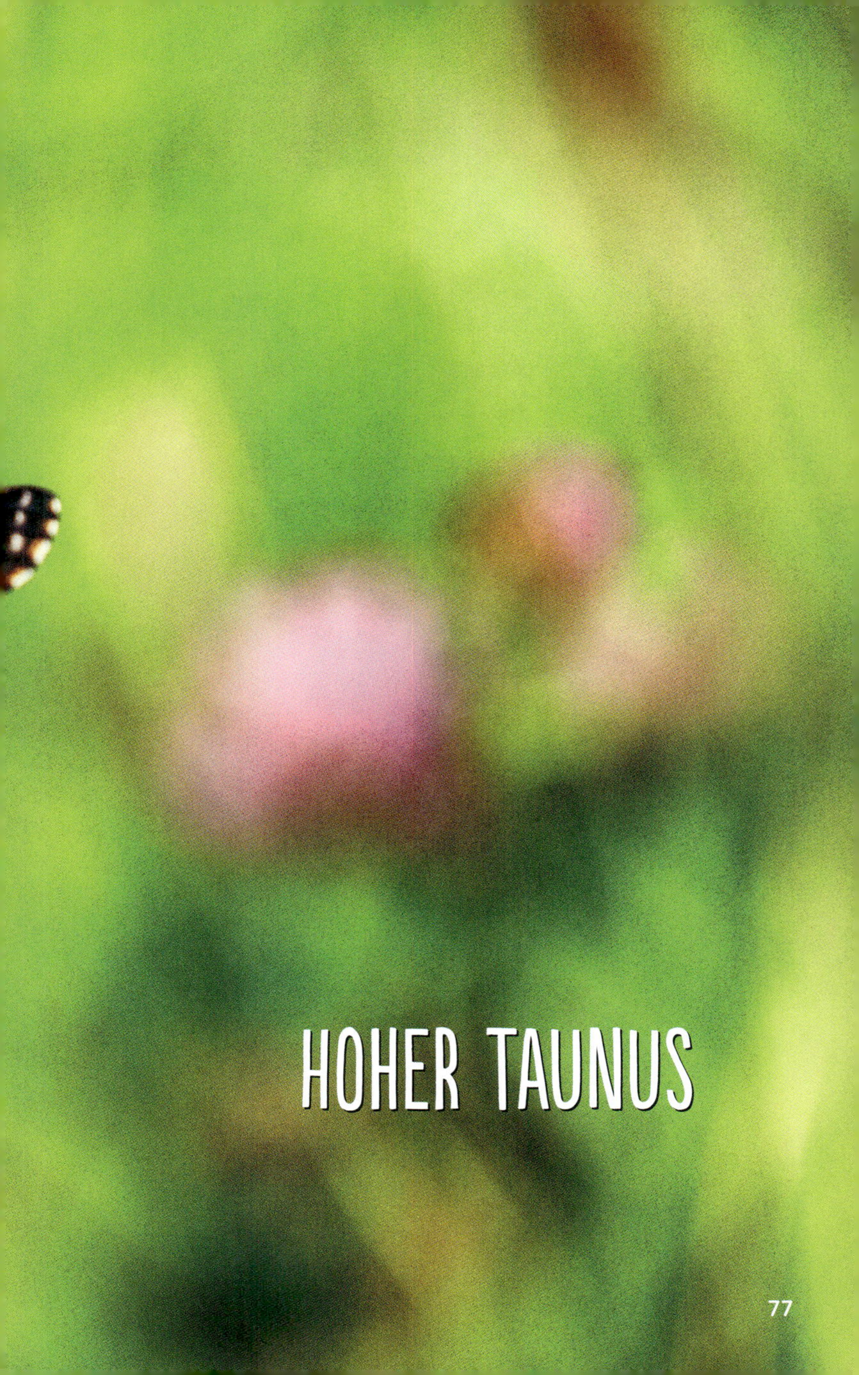

HOHER TAUNUS

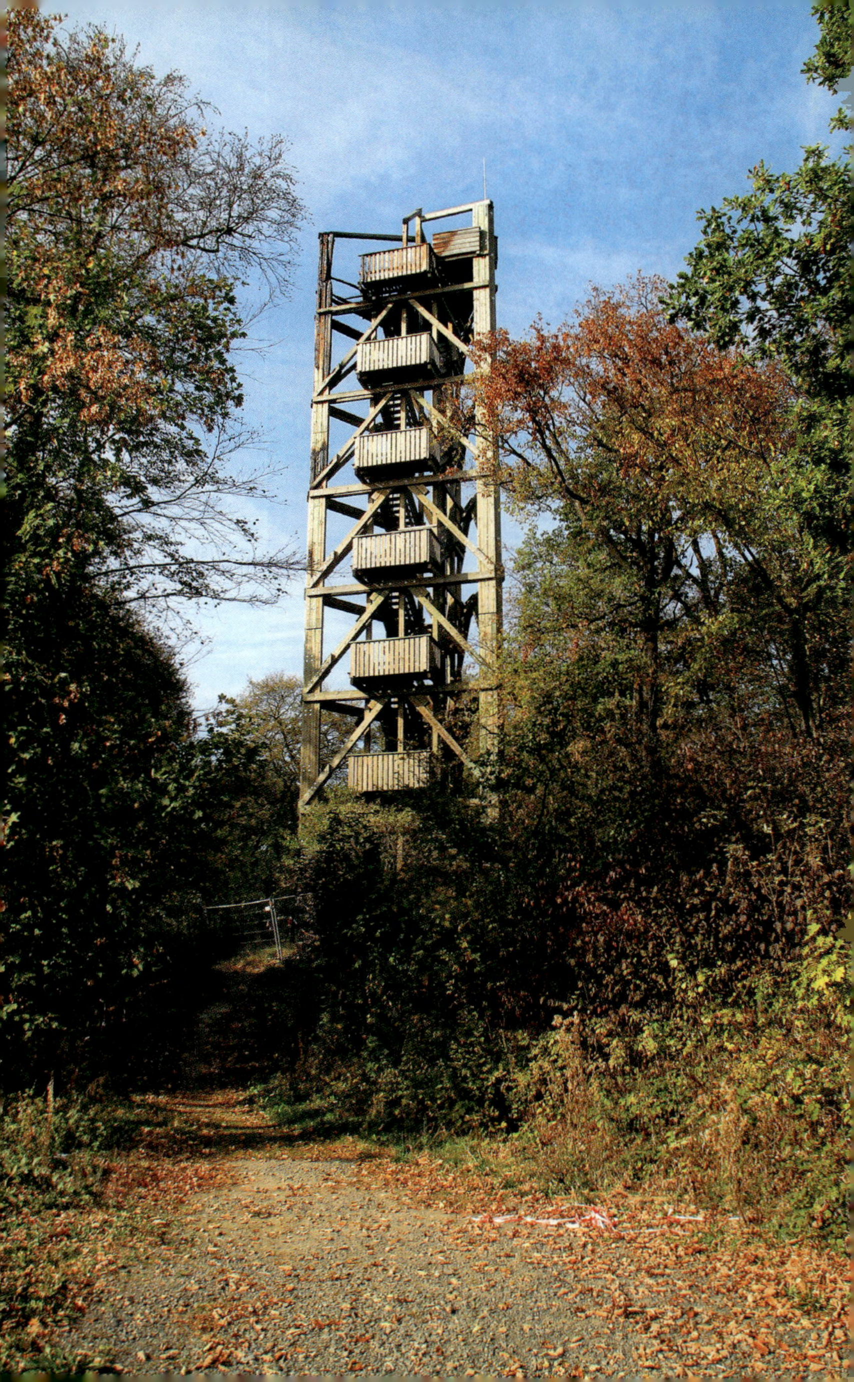

TRÄUMEREIEN AUF DEM TURM

Tour für TOUR 15 die Sinne

Der Aussichtsturm auf dem Pferdskopf

Treisberg ist ein idyllischer Ortsteil von Schmitten im hessischen Hochtaunuskreis. Hier beginnt die Wanderung zum Aussichtsturm auf dem Pferdskopf, der nicht nur mit Fernblicken verzaubert, sondern dessen Konstruktion auch ein Hingucker ist.

Nach dem Ortseingangsschild von Treisberg halten wir uns links zum großen Wanderparkplatz des Schmittener Ortsteils Treisberg. Noch sitzen wir gemütlich im Auto und genießen den Ausblick auf die Landschaft. Nachdem wir uns motiviert haben, werfen wir noch einen kleinen Blick auf die große Karte am Wanderparkplatz.

Nun gehen wir auf dem breiten bequemen Weg in den Wald hinein. Die Markierung hilft uns, auf der richtigen Route zu bleiben. Nach ungefähr 600 Metern durch den Wald biegen wir rechts ab. Nun laufen wir auf einem kleineren idyllischen Waldweg geradewegs und leicht aufwärts zum Aussichtsturm. Der Holzturm steht auf der Spitze des Pferdskopfes (662 m). 1987 wurde dieser errichtet, wobei die offene Holzfachwerkkonstruktion besonders sehenswert ist. Um die Aussichtsplattform des ca. 34 Meter hohen Turms zu erreichen, sind allerdings 178 Stufen zu bewältigen. Als Lohn für die Mühen kann der Wanderer sich an den herrlichen Weitblicken erfreuen. Hier und da bietet sich bei der Aussicht ein Ratespiel an. Welcher Gipfel ist jener oder welcher Ort ist dieser? Wer es ganz genau wissen möchte, sieht einfach auf das Holzgeländer, wo angebrachte Metallplatten

Links: Traumhafte Ausblicke vom Aussichtsturm

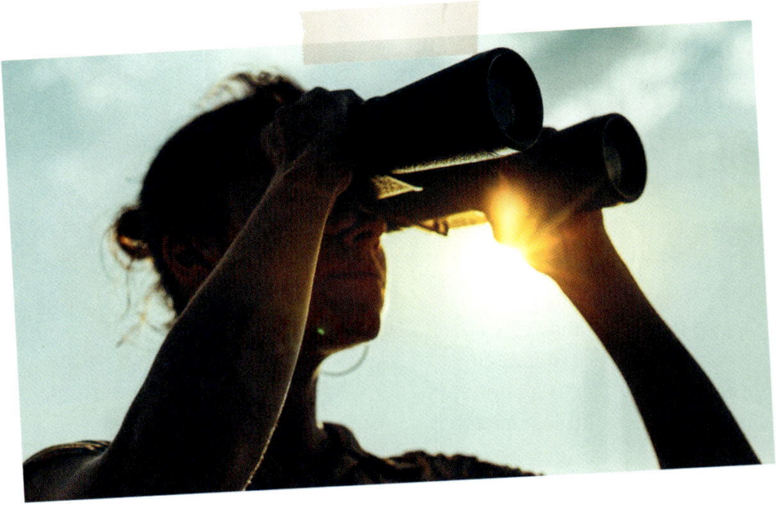

Die Welt von klein auf groß zoomen

die Namen der markanten Gipfel preisgeben. Wer ein Fernglas dabeihat, kann sogar Usingen, Neu-Anspach und Wehrheim erspähen. Bei Schnee ist allerdings der Aussichtsturm gesperrt, da die Rutschgefahr sehr hoch ist.

Wem heute nicht der Sinn danach steht, sich sportlich beim Treppenlaufen zu bewähren, kann sich entspannt auf eine der Bänke, die um den Turm herum stehen, setzen. Das mitgebrachte Picknick auf dem Holztisch drapiert schmeckt auch denjenigen, die die Höhenluft genossen haben. Zurück laufen wir wieder auf dem Weg, den wir schon kennen. Jetzt erfreuen wir uns an dem leichten Abstieg und an den absolvierten hundert Höhenmetern.

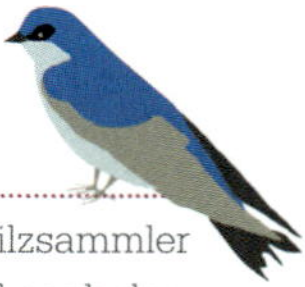

Tipp HERBSTZEIT – PILZZEIT

Im Herbst ist diese Wanderung rund um Treisberg sehr beliebt. Pilzsammler aus dem gesamten Rhein-Main-Gebiet begeben sich auf die Jagd nach der Köstlichkeit, welche Soßen oder andere Gerichte verfeinert. Aber Obacht! Nicht alle Pilze sind essbar und wer unsicher ist, sollte lieber den Pilzberater aufsuchen.

AUF EINEN BLICK

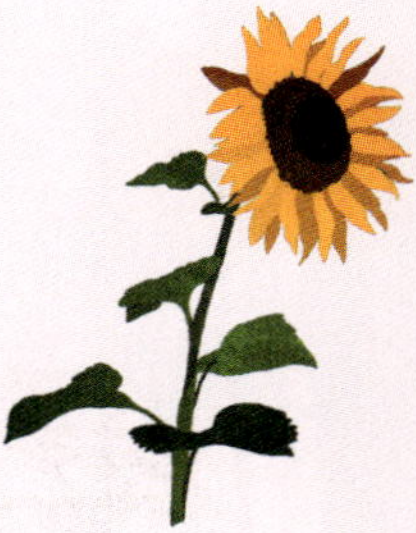

Tour 15: Tour für die Sinne

Dauer: 1 Std.

Höhenmeter: 120 m

Länge: 4 km

Schwierigkeit: leicht

Tourencharakter: Schöne Waldtour zu einem der schönsten Aussichtspunkte im Taunus

Ausgangs-/Endpunkt: Wanderparkplatz Treisberg,
Koordinaten: 50.294746, 8.436953

Anfahrt: Bahn/Bus: Mit der Bahn bis zum Bahnhof Neu-Anspach und weiter mit dem Bus Nr. 82 bis Schmitten-Treisberg.
Auto: A 5 Frankfurt–Gießen bis Ausfahrt Ober-Mörlen, auf die B 275 oder von der A 3 Ausfahrt Idstein auf die B 275 und zwischen Weilrod und Merzhausen auf die Weilstraße in Richtung Hunoldstal abbiegen und rechts nach Treisberg.

Einkehr: Gasthaus Taunushöhe, Hunoldstaler Straße 9, Schmitten, Tel. 06084/2366, www.restaurant-taunushoehe.de

Information: Gemeindeverwaltung Schmitten, Parkstraße 2, 61389 Schmitten, Tel. 06084/460, www.schmitten.de

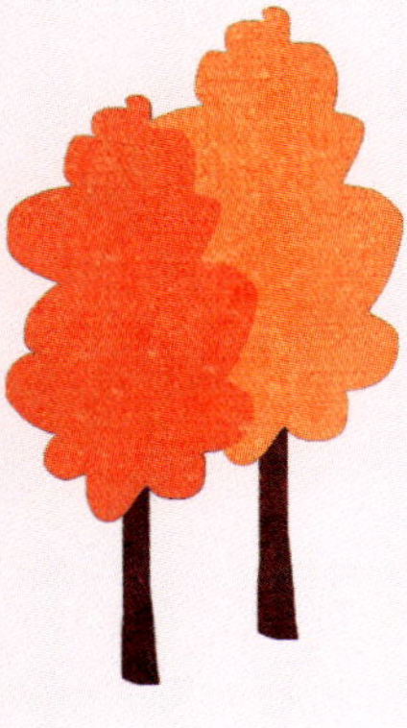

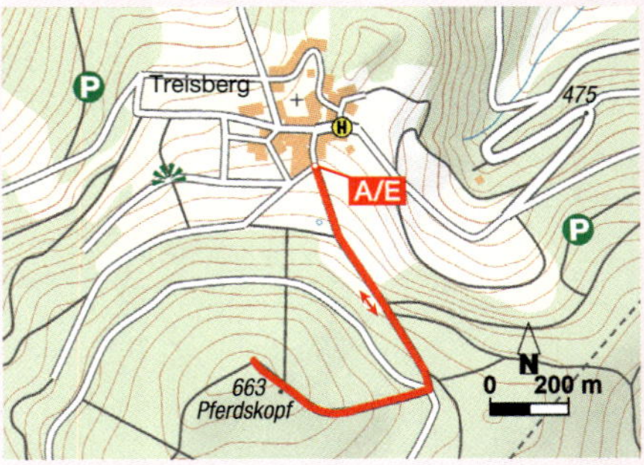

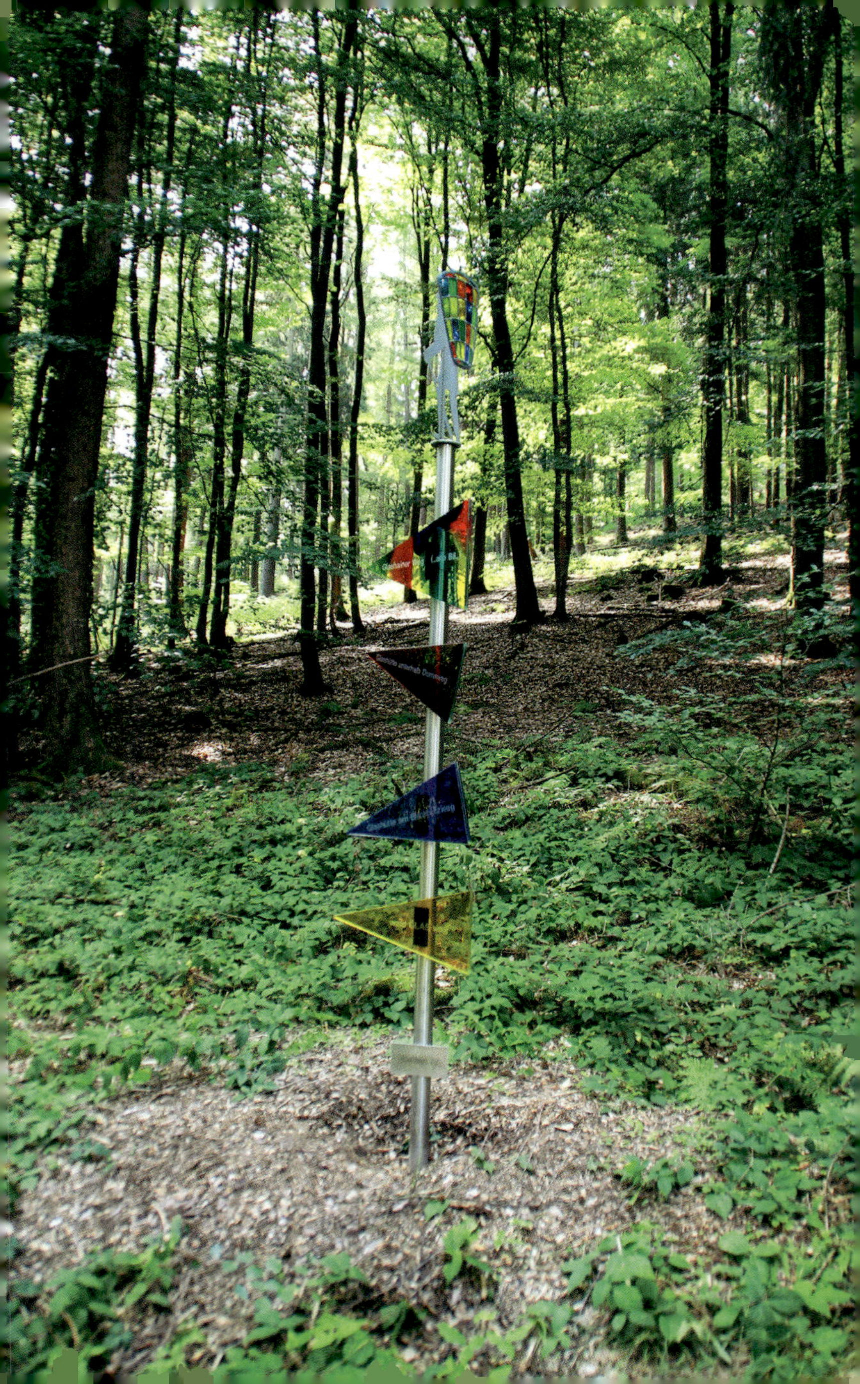

Tour
TOUR 16
ohne Uhr

VON RÖMERN UND GLASMACHERN

Zum Römerkastell Kleiner Feldberg

Der Weg von Glashütten durch die herrliche Emsbachschlucht führt uns zu geschichtlich interessanten Sehenswürdigkeiten. Darunter befindet sich auch das im Wald liegende Kastell Kleiner Feldberg, was wahrlich beeindruckend ist.

Die Taunusgemeinde Glashütten liegt im Naturpark Taunus und in direkter Nähe zu Königstein. Am Waldfriedhof befindet sich der Informationspavillon, wo man Informationen zum Limes und zum Limeserlebnispfad erhalten kann. Nachdem wir uns auf die Wanderung eingestimmt haben, begeben wir uns direkt zum Friedhof bzw. zum angrenzenden WaldGlasWeg. Farblich werden wir hier gleich auf Kommendes vorbereitet, denn die erste Station des Weges präsentiert sich in farbig zusammengesetzten Mosaiksteinen. Über etwa anderthalb Kilometer wird der WaldGlasWeg nun unser Begleiter sein.

Ein gut befestigter Weg führt uns danach direkt in das Emsbachtal hinein. Immer wieder begegnen wir Objekten aus Glas, die den Vorbeikommenden die frühere Glasherstellung in Glashütten näherbringen. Umgeben von hohen Bäumen wirken diese Objekte wie der Tisch oder auch der Wegweiser aus Glas sehr beeindruckend. Weiterhin befindet sich auf der rechten Seite des Weges die riesige Gottschalk-Fichte mit Rastplatz. Dieser lädt zum Verweilen ein. Hier erfährt der Wanderer auf einer Informationstafel, dass der Name auf den 1956 bis 1979 amtierenden Bürgermeister

Links: Ein bunter Wegweiser aus Glas

Oben: Die Reste einer ehemaligen Glashütte

Unten links: Der WaldGlas-Weg führt durch die Emsbach-schlucht.

Unten rechts: Mein Begleiter und ich gönnen uns eine Abkühlung.

von Glashütten zurückgeht. Weiter auf unserem Weg entlang kommen wir immer tiefer in die Emsbachschlucht hinein, bis wir die letzte Station auf dem WaldGlasWeg erreichen. Hier befand sich auf einem Gebiet von etwa 300 Quadratmetern eine Waldglashütte, die während der ersten Hälfte des 15. Jahrhunderts betrieben wurde. Nach der Besichtigung der Überreste wird es nun kurz etwas mühsam. Ein steiles Stück bringt uns zur Limesstraße, die wir zügig überqueren.

Auf der anderen Seite erwartet uns das Rote Kreuz aus Sandstein. Diese Stelle war um 1730 eine historisch vermerkte Begegnungsstätte zwischen Reifenberg und Königstein. Hier folgen wir dem Wegweiser zum Römerkastell Kleiner Feldberg, was wir auch in wenigen Minuten erreichen. Idyllisch liegt das Kastell auf einer Höhe von 700 Metern mitten im Wald. Einst sicherten die Soldaten den Feldbergpass am Roten Kreuz. Nach einem Streifzug an den Grundmauern entlang wenden wir uns wieder dem Tor zu und können jetzt wählen, ob wir noch kurz einen Abstecher zur Weilquelle unternehmen. Diese befindet sich nur 200 Meter neben dem Kastell und diente früher der Wasserversorgung. Ein lauschiges Plätzchen, das zum Hinsetzen und Verweilen einlädt!

Auf dem bekannten Weg zurück erreichen wir bald wieder das Rote Kreuz. Hier ist es empfehlenswert, sich im gleichnamigen Gasthaus zu stärken, bevor der Rückweg angetreten wird. Das Gasthaus mit einem urigen Garten bietet

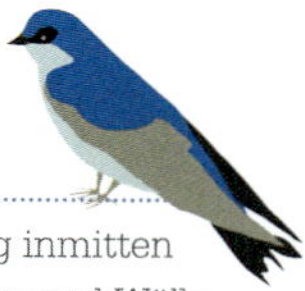

Tipp DER LIMES

Der Limes hat sich zwischen dem Feldbergkastell und der Saalburg inmitten der Taunuswälder gut erhalten. Immer wieder kann man auf Gräben und Wälle treffen und diesen folgen. Neben den größeren Kastellen gibt es zudem mehrere Kleinkastelle und etliche Wachtürme.

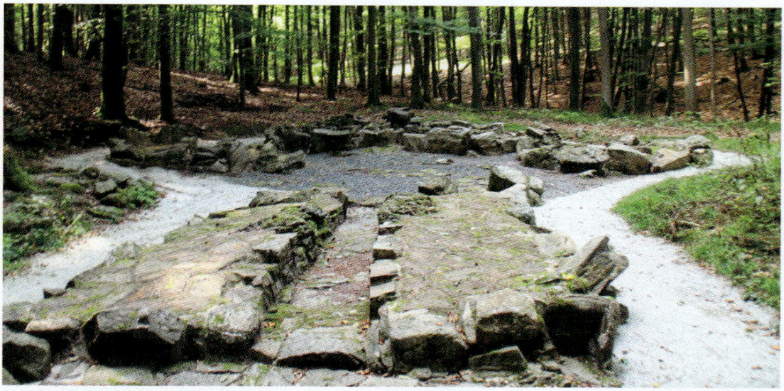

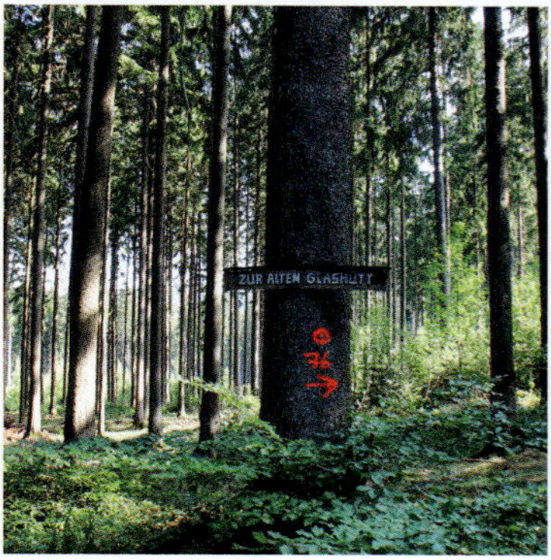

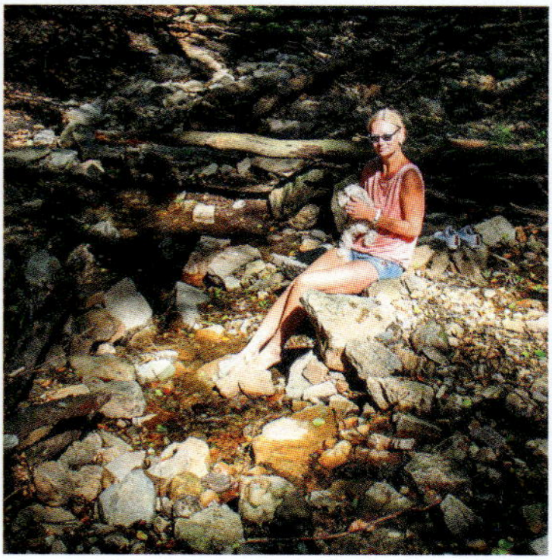

»Die einzige Welt, in der einer ganz er selbst sein kann, ist die Natur.«

Boris Pasternak, russ. Schriftsteller (1890–1960)

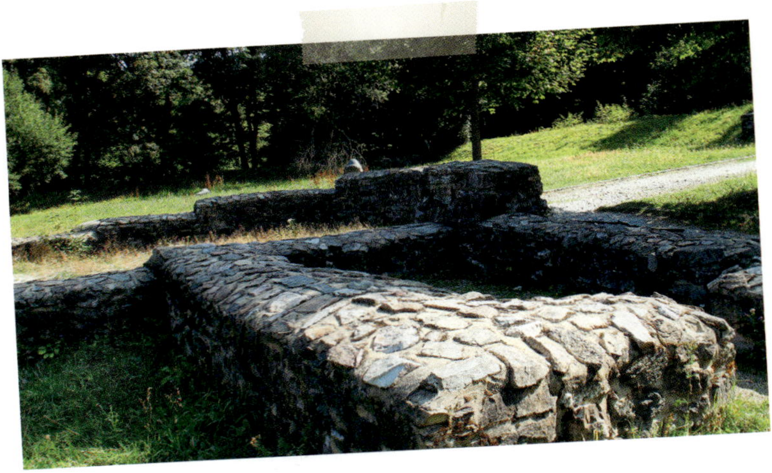

Kastell Kleiner Feldberg

ganztägig warme und kalte Gerichte an. Ganz nach hessischer Art stehen hier Grüne Soße oder auch Handkäs‘ auf der Speisekarte. Nach einer entspannten Pause überqueren wir wieder die Straße und wandern auf dem uns bekannten Weg durch die Emsbachschlucht. Jetzt geht es hauptsächlich bergab, bis der WaldGlasWeg wieder erreicht ist. Noch einmal können wir die Glasobjekte bestaunen, die je nachdem, wie die Sonne durch das Dach des Waldes dringt, die schönsten Farben zaubert. Schon bald haben wir das Ende des Waldweges erreicht und sind wieder am Startpunkt.

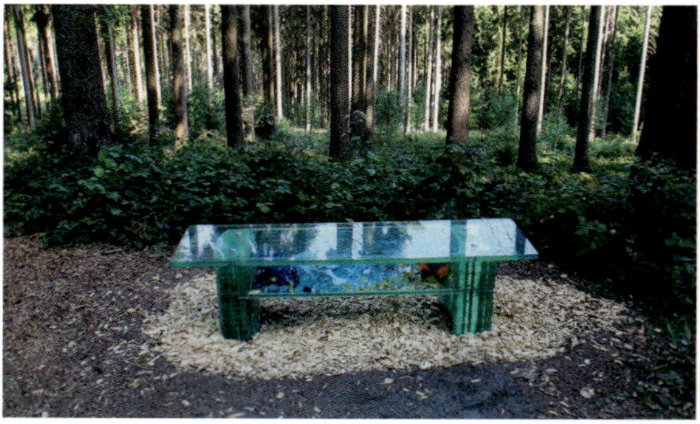

Ein Tisch aus Glas

AUF EINEN BLICK

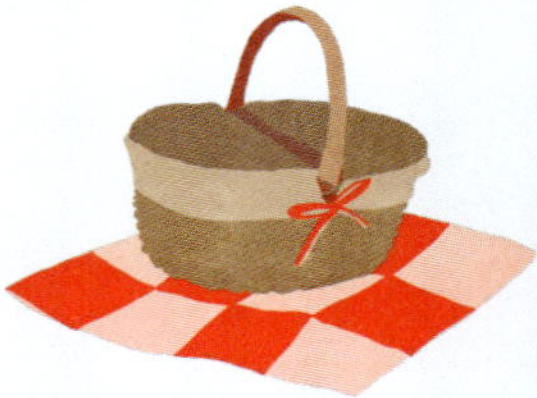

Tour 16: Tour ohne Uhr

Dauer: 2 Std.

Höhenmeter: 250 m

Länge: 7 km

Schwierigkeit: mittel

Tourencharakter: Wunderschöne Wanderung durch das Emsbachtal zum Römerkastell Kleiner Feldberg

Ausgangs-/Endpunkt: Waldfriedhof Glashütten, Am Dornsweg, 61479 Glashütten

Anfahrt: **Bahn/Bus:** Mit der Taunusbahn bis Bahnhof Neu-Anspach und weiter mit dem Bus Richtung Königstein bis Glashütten.
Auto: A 3 Ausfahrt Idstein, weiter über B 275 und B 8 nach Glashütten und am nördlichen Ortsausgang bei den Supermärkten abbiegen zum Friedhof.

Einkehr: Gasthaus Zum Roten Kreuz, 61389 Schmitten/Glashütten, Tel. 06174/969408, www.gasthauszumrotenkreuz.de

Information: Tourismus- und Kulturverein Schmitten e. V., Parkstraße 2, 61389 Schmitten, Tel. 0608/4623

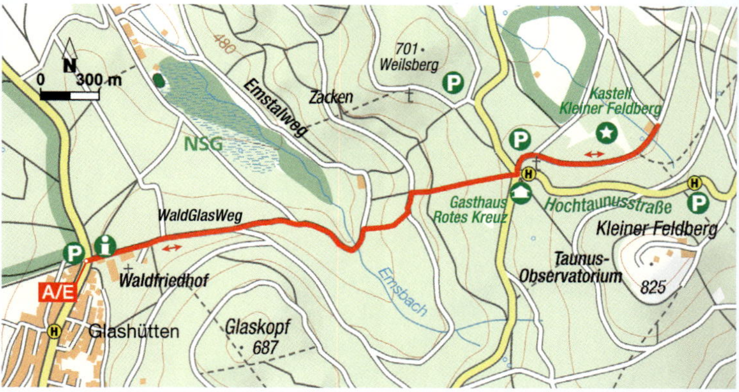

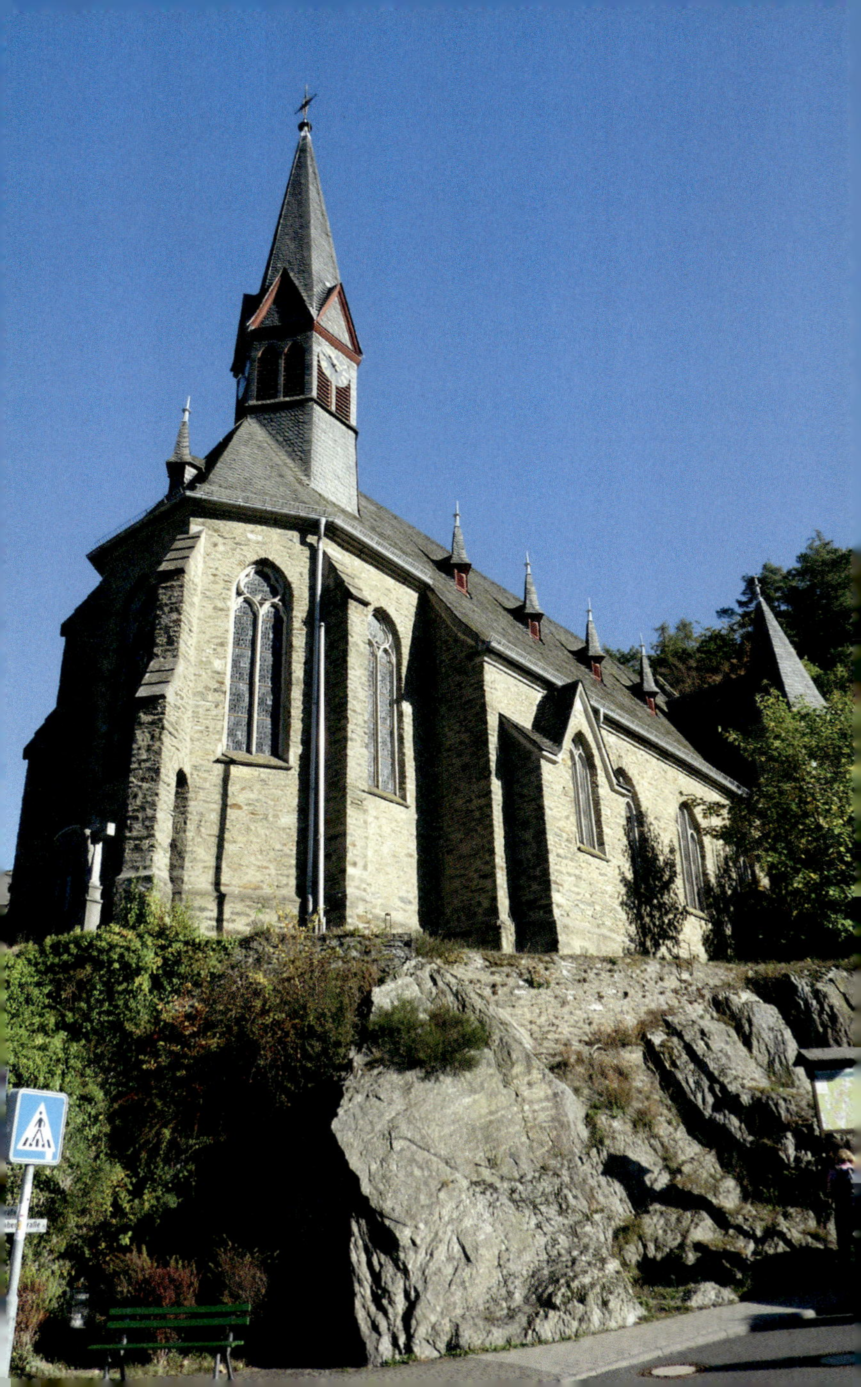

DER LETZTE RITTER

Tour der Stille
TOUR 17

Von Schmitten nach Oberreifenberg

Diese kleine Rundtour führt von dem Taunusörtchen Schmitten über Arnoldshain nach Oberreifenberg. Die Gertrudiskapelle lädt zu einer Pause ein, bevor es über den idyllisch gelegenen Bärenfichtenweiher wieder zurückgeht.

Von unserem Parkplatz in Schmitten folgen wir ein Stück der Schillerstraße, bevor wir rechts in die Feldbergstraße abbiegen. Nach einer Weile sehen wir den Treppenpfad, den wir rechts aufwärtssteigen. Schon bald sind wir im Wald und können uns entspannen. Immer tiefer tauchen wir in die grüne Natur ein und vergessen in Kürze den Alltag.

Nach einer Weile erreichen wir Arnoldshain. In der Mitte des Ortsteiles von Schmitten befindet sich ein Brunnen mit einer Skulptur, die einen Schmied darstellt. Dieser soll an die Tradition des eisenverarbeitenden Handwerks in den Dörfern im Taunus erinnern. In direkter Nähe befindet sich das Rathaus, welches um 1800 erbaut wurde. Neben der Funktion als Rathaus diente es als Gemeindebackhaus. Bis zum Jahr 1822 war in dem Gebäude zudem die Schule untergebracht.

Wir streifen den Ortsrand und folgen nun einem schmalen Trampelpfad. Dieser wird von einem Waldweg abgelöst. Nach einem guten Stück erreichen wir letztendlich Oberreifenberg. Über den Kellerbornsweg geht es links in die Straße Galgenfeld und rechts in die Dillenbergstraße. Danach stoßen wir auf die Siegfriedstraße, auf der wir rechts weitergehen. Dieser folgen wir, bis wir links in die Feldbergstraße und gleich wieder rechts in den Brunhildensteg einbiegen

Links: Stolz reckt sich die Felsenkirche in Schmitten dem Himmel entgegen.

Links: Vor der Gertrudiskapelle

Rechts: Ein Beispiel tadelloser Handwerkerkunst

können. Weiter an der Oberreifener Weide erreichen wir die Gertrudiskapelle. In ihr wurde 44 Jahre nach seinem Tod Philipp Ludwig von Reiffenberg, der letzte Ritter aus dem Geschlecht der Reifenberger, bestattet.

Schon von Weitem ist diese hübsche kleine Kapelle zu sehen. Nach einer kurzen Pause machen wir uns wieder auf den Weg. Über einen Treppenpfad gelangen wir erneut in den Ort und biegen bald links in die Siegfriedstraße ein. Am Café Waldschmitt vorbei machen wir einen kurzen Abstecher zum Bassenheimer Palais. Das Bassenheimer Palais wird auch als Bassenheimer Schlösschen bezeichnet. Forschungen besagen, dass das Gebäude zwischen 1764 und 1768 als Renthof für Johann Maria Rudolf Waldbott von Bassenheim (1731–1805) erbaut wurde. Der Baumeister soll Johann Friedrich Sckell aus Weilburg gewesen sein. Später wurde das Anwesen von der Familie Waldbott von Bassenheim verkauft. Später diente es als Hotel, dann als Sitz der Hessischen Forstverwaltung. Heute ist es wieder in Privatbesitz.

Nun folgen wir dem Arnoldshainer Weg bis in den Wald. Am Weilborn treffen wir auf den Weiltalweg, auf dem wir nun weiterwandern. Auf schönen Wegen durch den Wald überqueren wir zweimal den Heckenrain, bevor wir den Schmittgrundweg parallel zum Bach entlanggehen. Bei unserem Weg streifen wir den Heckenhainweiher und den Trippelweiher, bis wir den großen, idyllisch gelegenen Bärenfich-

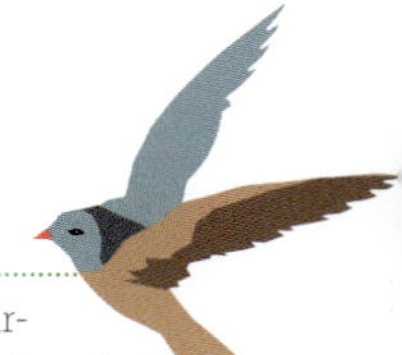

Info FRÜHER EINE NAGELSCHMIEDE

Mit »Waldschmidt« wurde Schmitten das erste Mal im Jahr 1399 urkundlich genannt. Der Name geht auf eine Nagelschmiede im Wald zurück, die der Burg Hattstein (1215 erwähnt) angegliedert war. Anscheinend waren die damaligen Hattsteiner Ritter (»Hazechenstein«) mit den Reifenbergern (»Riffinberg«) verwandt bzw. identisch.

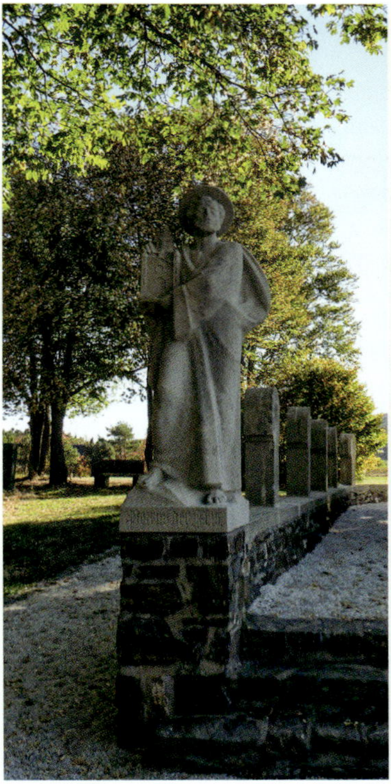

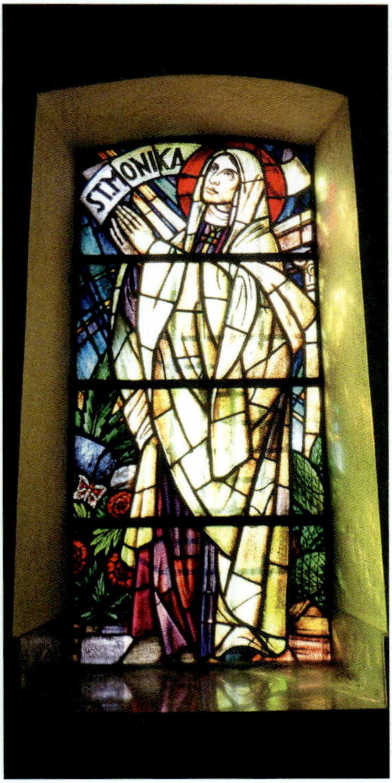

»Das Geheimnis des Vorwärtskommens besteht darin,
den ersten Schritt zu tun.«

Mark Twain, US-amerik. Schriftsteller (1835–1910)

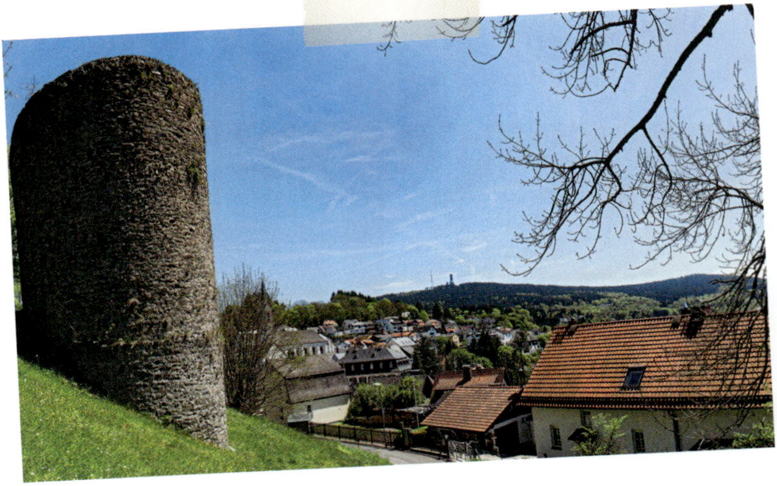

Der Feldbergturm wacht am Horizont.

tenweiher mit einer Größe von 0,9 Hektar erreichen. Dieses wunderbare Fleckchen Natur ist nicht nur ein Ziel für die Wanderer. Auch Angler kommen regelmäßig hierher, um ihr Glück zu versuchen. Zudem leben hier neben Fischen auch Frösche oder Krebse.

Auf unserem Weiltalweg weiter geht es auch teils über kleine Pfade bis nach Schmitten. Über den Philosophenweg erreichen wir schnell wieder unseren Ausgangsort in Schmitten.

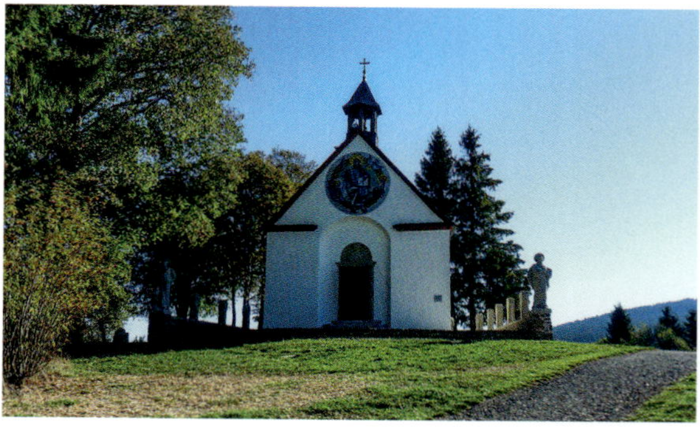

Im Volksmund wird sie auch die Bassenheimer Grabkapelle genannt.

AUF EINEN BLICK

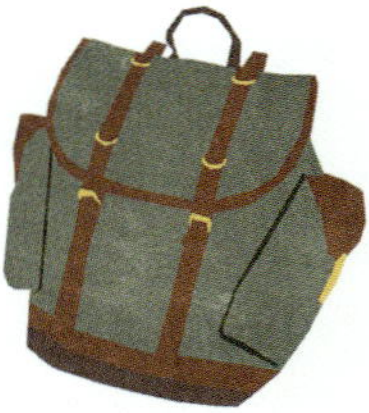

Tour 17: Tour der Stille

Dauer: 3 Std.

Höhenmeter: 389 m

Länge: 10 km

Schwierigkeit: mittel

Tourencharakter: Mittelschwere Wanderung durch die Natur und zu geschichtlich interessanten Bauwerken

Ausgangs-/Endpunkt: Parkplatz, Ecke Schillerstraße, 61389 Schmitten, **Koordinaten:** 50.268996, 8.442299

Anfahrt: **Bahn/Bus:** Mit der Bahn bis Usingen oder Bahnhof Neu-Anspach, weiter mit dem Bus 82 nach Schmitten-Hunoldstal, umsteigen in den Bus 51, dann bis zur Schillerstraße in Schmitten.
Auto: Von der B 275 über die Weilstraße oder von der B 456 westlich nach Neu-Anspach und Schmitten.

Einkehr: Café Waldschmitt, Siegfriedstraße 7, 61389 Schmitten, Tel. 06082/427

Information: Tourismus- und Kulturverein Schmitten e. V., Parkstraße 2, 61389 Schmitten, Tel. 06084/4623

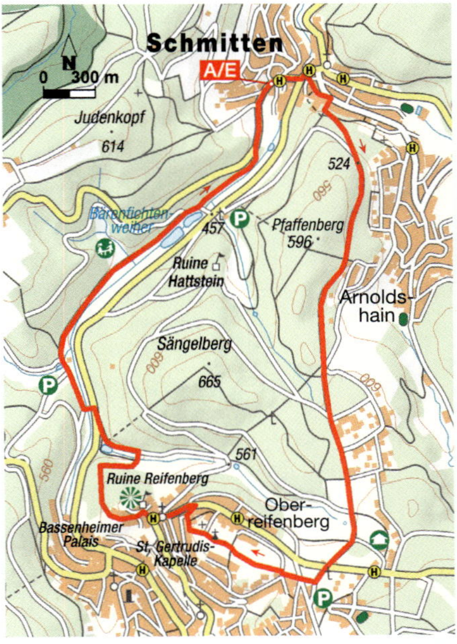

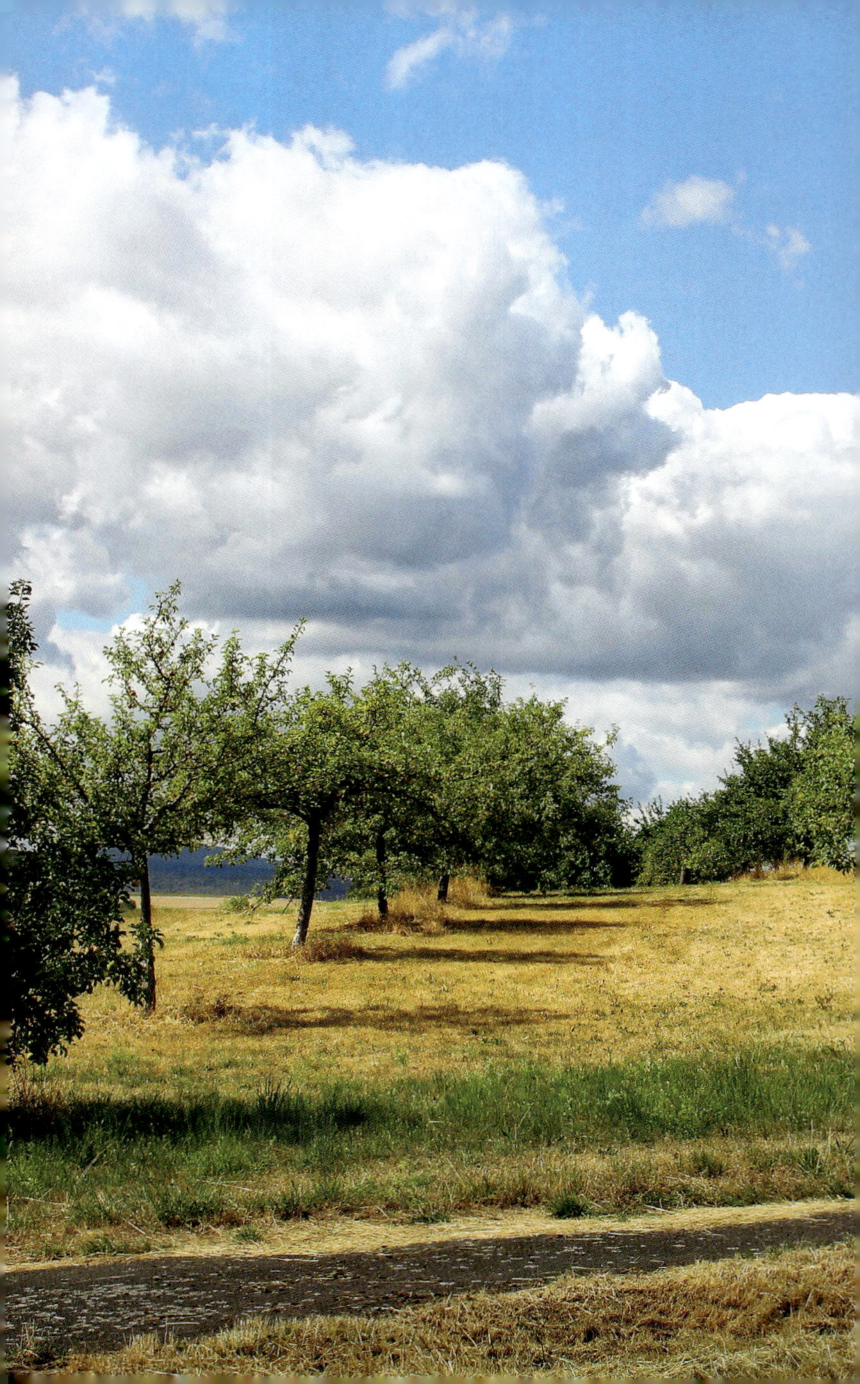

»STÖFFSCHE« IM WALD

Tour für
TOUR 18
den Genuss

Zum Fuchstanz

Auf geradem Weg durch den Wald führt die Wanderung zu einem beliebten Ausflugsziel im Hohen Taunus. Hier, wo sich viele Wege kreuzen, befinden sich zwei Waldgaststätten mit einer langen Historie, die die Vorbeikommenden gern verköstigen.

Der Parkplatz in der Großen Kurve an der Kanonenstraße (L 3004) zwischen Arnoldshain und Oberursel ist der Ausgangspunkt zu diesem beliebten Ausflugsziel inmitten des Waldes. Nach Überquerung der Straße folgen wir nun dem breiten bequemen Weg mithilfe der Markierung durch den Wald.

Der Fuchstanz ist ein Pass (662 m) und er befindet sich unterhalb des Großen Feldberges. Etwa einen Kilometer weiter erhebt sich der Altkönig (798 m), der bereits um 400 v. Chr. von den Kelten besiedelt wurde. Die ringförmigen Steinwälle auf dem Gipfel sind heute noch sichtbar. Später wurde der Fuchstanz-Pass von den Römern genutzt, die damals in der Nähe des Limes mehrere Kastelle besaßen. Hier wurde Material für den Bau bzw. Ausbau des Limes oder auch zur Versorgung der Kastelle transportiert. Ende des 18. Jahrhunderts siedelte sich am Fuchstanz eine Köhlerei an. Später gab es im Jahr 1882 eine Schutzhütte auf dem Fuchstanz, die auch bald bewirtschaftet wurde. Die zweite Schutzhütte, in der eine Gaststätte eröffnete, wurde um 1920 errichtet.

Nach etwa 1,7 Kilometern haben wir auf unserem Weg die zwei Gaststätten erreicht. Hier kreuzen sich eine Vielzahl von Wanderwegen, die gern von Radfahrern und Wanderern genutzt werden. Im Winter dagegen kann man kleine und große Schlittenfahrer oder sogar Skifahrer beobachten.

Links: Hier wachsen die Äpfel für den beliebten »Ebbelwoi«.

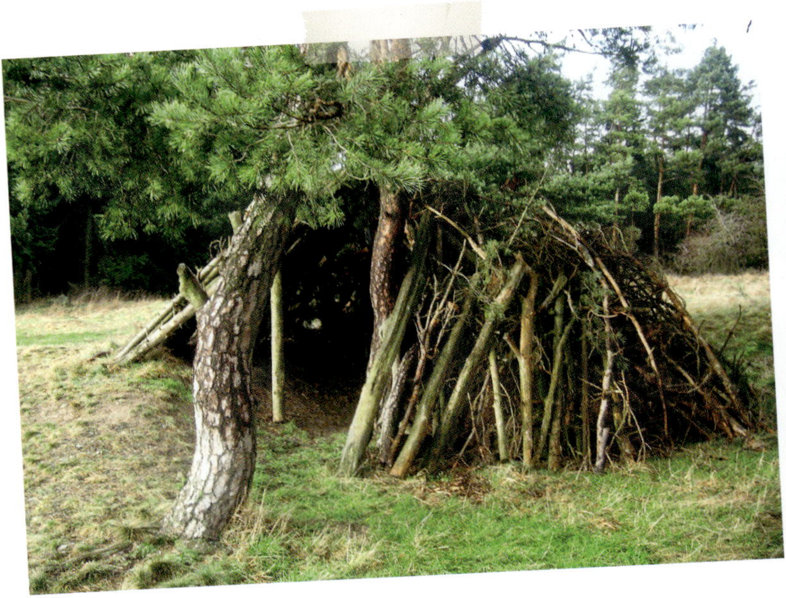

Ein mit viel Mühe gebautes »Waldhaus«

Im Waldgasthaus wie auch in der Waldgaststätte lässt es sich herrlich speisen. Egal zu welcher Jahreszeit verwöhnen die Küchen den hungrigen Naturfreund. Rührei mit oder ohne Speck zum Frühstück, mittags einen Flammkuchen oder auch ein Schnitzel – der Tisch wird auf Wunsch reich gedeckt. Bei warmen Temperaturen ist zudem der Biergarten geöffnet, in dem gern ein »Stöffsche« mit einem Stück selbst gebackenem Kuchen zu sich genommen wird. Zurück geht es wieder auf der gleichen Strecke, diesmal leicht bergab, zum Wanderparkplatz.

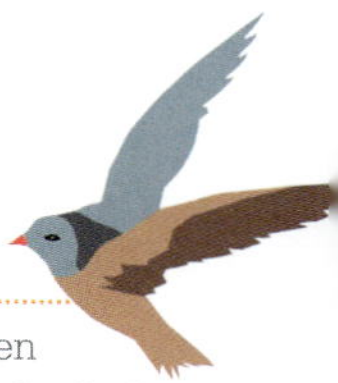

Info DAS »STÖFFSCHE«

Die Herstellung des Apfelweins war schon den Römern und Griechen bekannt. Als »Ebbelwoi«, »Äbbelwoi« oder auch »Ebbelwei« ist das »Stöffsche« im Frankfurter Raum bekannt. Ob sauer oder süß, gespritzt oder pur, kalt oder warm, der Apfelwein erfreut sich in der Region großer Beliebtheit.

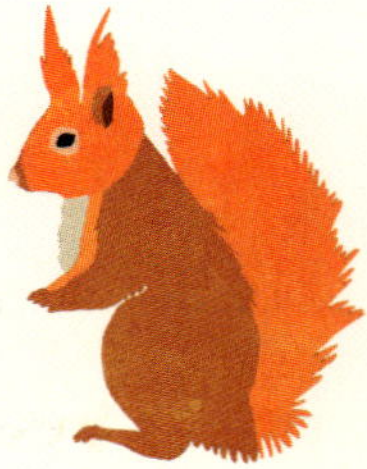

AUF EINEN BLICK

Tour 18: Tour für den Genuss

Dauer: 1 Std.

Höhenmeter: 100 m

Länge: 3,4 km

Schwierigkeit: leicht

Tourencharakter: Entspannte Wanderung zu einem beliebten Ausflugsziel

Ausgangs-/Endpunkt: Parkplatz Große Kurve (L 3004), 61440 Oberursel,
Koordinaten: 50.226310, 8.478313

Anfahrt: **Bahn/Bus:** Mit der U 3 bis Haltestelle Oberursel-Hohemark und weiter mit dem Bus Nr. 50 bis Oberursel–Große Kurve.
Auto: Von der B 455 auf die L 3004 in Richtung Schmitten abbiegen und zum Parkplatz Große Kurve.

Einkehr: Anitas Fuchstanz, Tillmannsweg 1, 61462 Königstein im Taunus, www.anitas-fuchstanz.de, Tel. 06174/21281; Waldgasthaus Fuchstanz, Tillmannsweg, 61462 Königstein im Taunus, Tel. 06174/21223, www.fuchstanz-meister.de

Information: Tourismus- und Kulturverein Schmitten e. V., Parkstraße 2, 61389 Schmitten, Tel. 0608/4623

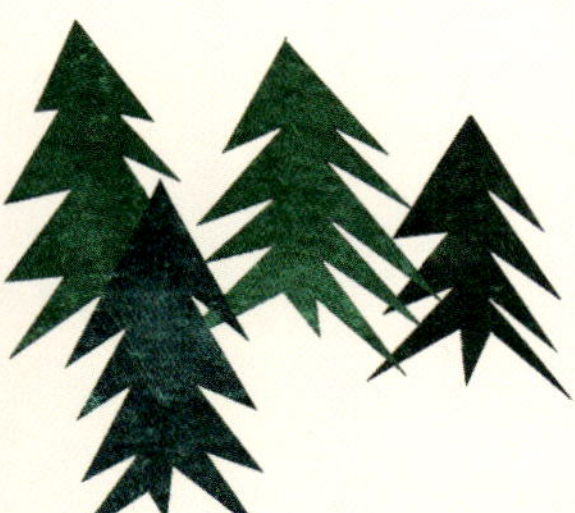

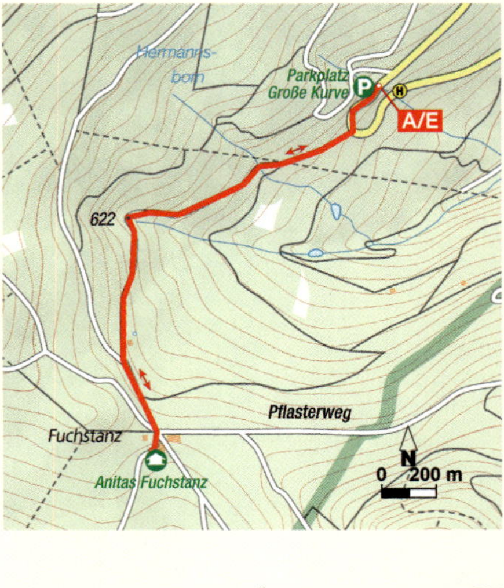

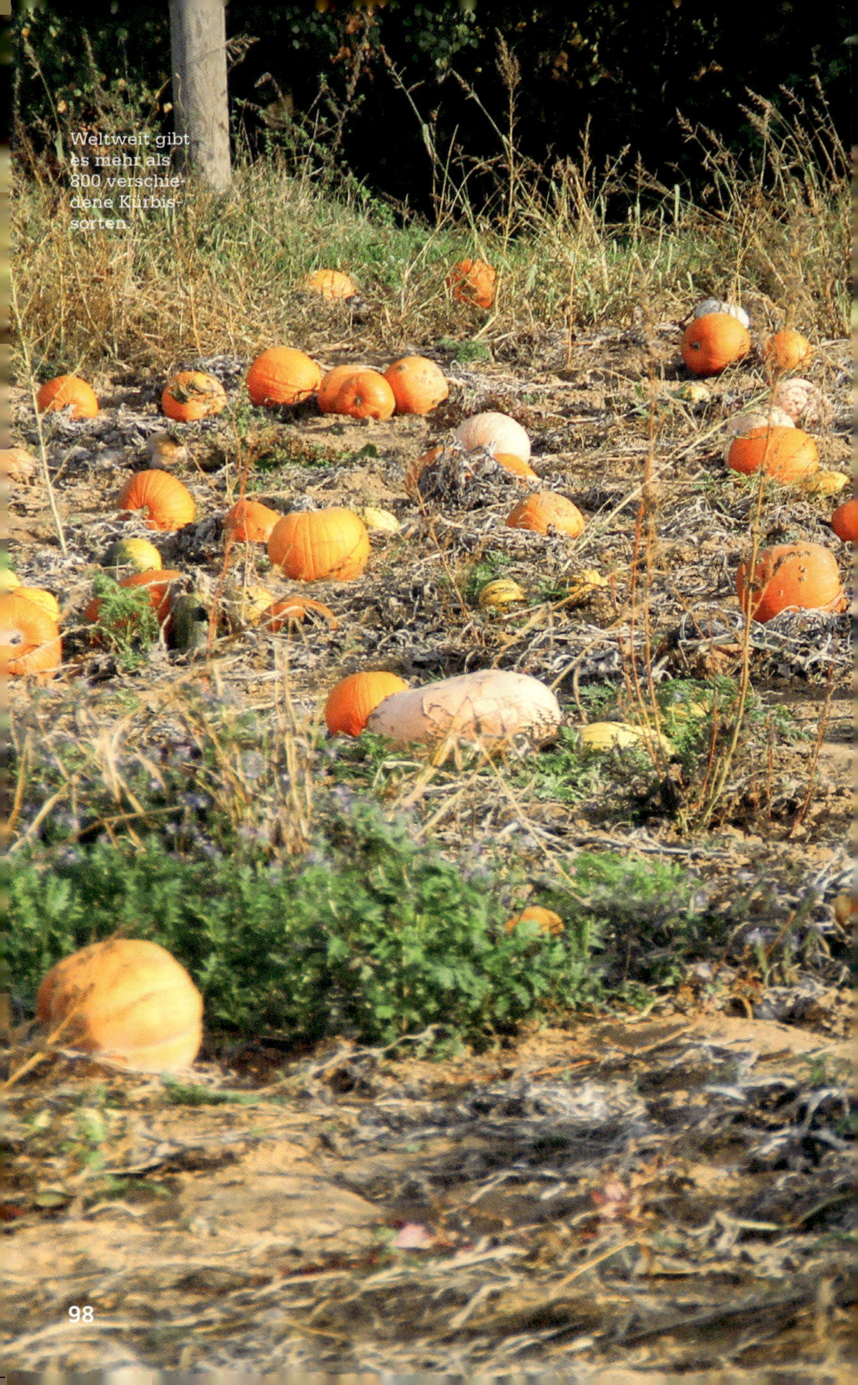

Weltweit gibt es mehr als 800 verschiedene Kürbissorten.

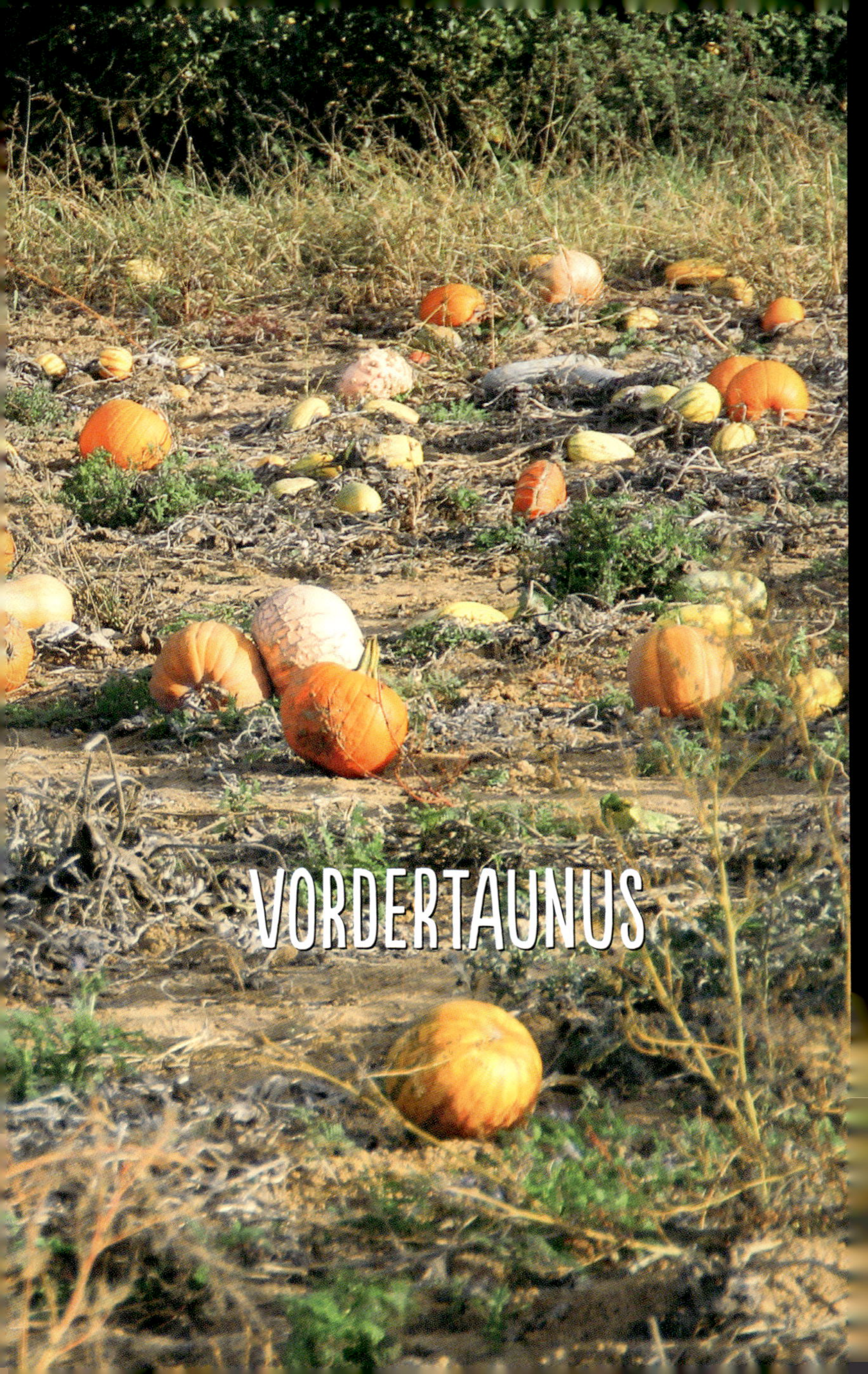

VORDERTAUNUS

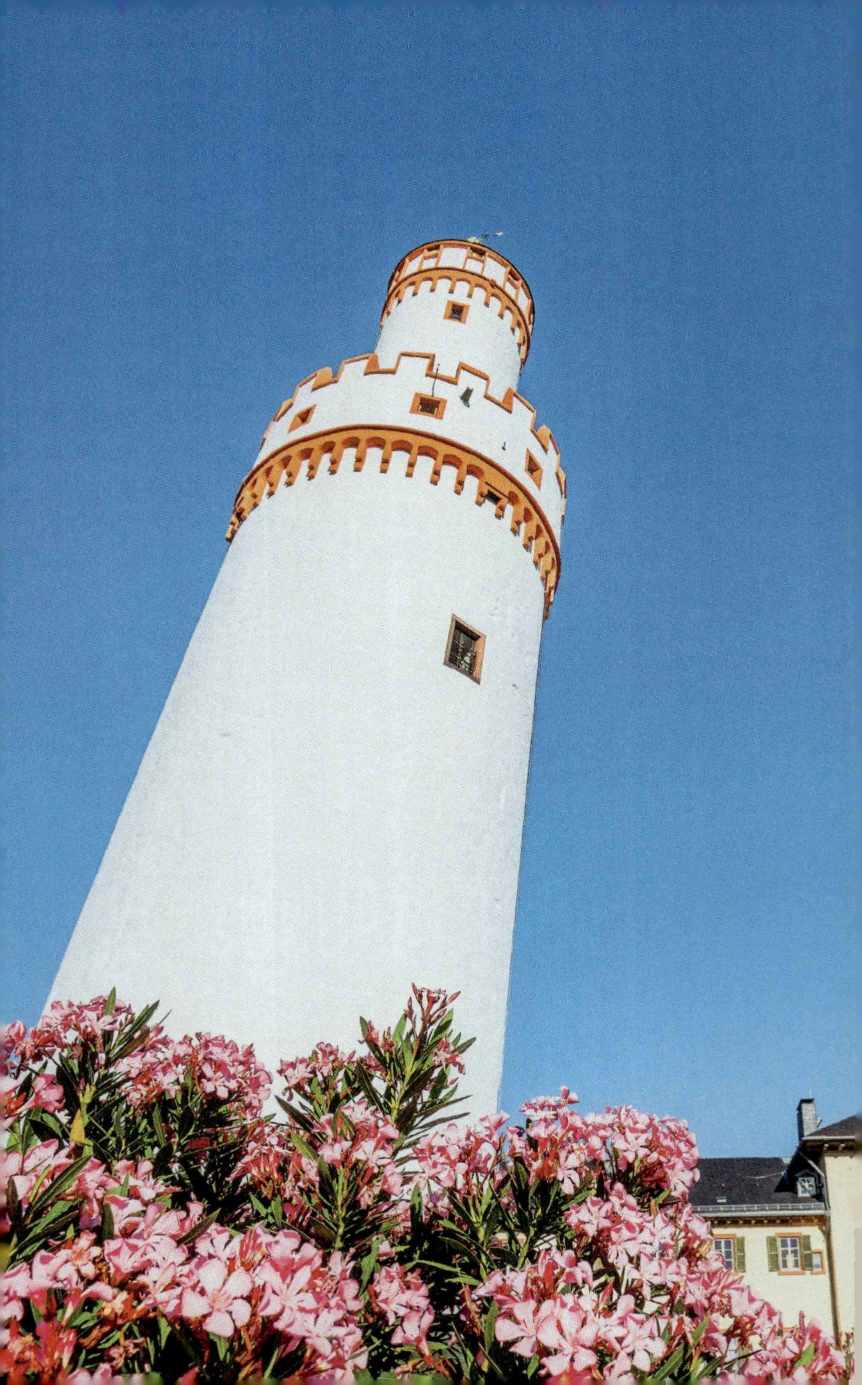

WANDERUNG FÜR MEHRERE TAGE

Tour für TOUR 19 den Genuss

Rund um Bad Homburg

Die Wanderung rund um und in Bad Homburg führt zu vielen historischen Anlagen und Stätten. Sanfte Wege, Vogelgezwitscher und Wasserplätschern kommen dabei nicht zu kurz. Allerdings lohnt es sich, die Strecke in mehrere Etappen aufzuteilen.

Für ein relaxtes Wandererlebnis und viel Genuss bietet es sich an, die Wanderung nicht an einem Stück, sondern auf mehrere Tage verteilt durchzuführen. Die erste Etappe ist 2,3 Kilometer lang und beginnt am Historischen Kurpark in Bad Homburg. Auf den geschwungenen Wegen kommen wir auf der Brunnenallee an mehreren Quellen vorbei. Noch heute erfrischen sich Vorbeikommende an dem kühlen Nass. Von dem Kurpark aus gelangen wir in den Sülzertalweg, der 1876 bis 1879 errichtet wurde. Der Weg führt uns direkt zu dem Waldfriedhof. Dieser Friedhof ist der jüngste in Bad Homburg und wurde erst 1918 bis 1920 angelegt.

Am Waldfriedhof beginnt die zweite Etappe mit einer Länge von 5,7 Kilometern. Von hier aus geht es zum Pelagiusplatz (360 m), der ein beliebter Aussichtspunkt auf der Saalburg ist. Seinen Namen hat er angeblich von der früheren Pelagius-Wandergesellschaft. Eine andere Quelle verrät, dass jedes Jahr am Tag des heiligen Pelagius Wanderungen zu diesem Aussichtspunkt durchgeführt wurden. Heute gibt es hier Bänke und einen Tisch sowie eine Hütte, die bei schlechtem Wetter Schutz bietet. Weiter führt die Strecke zum Fröhlichen Mannskopf (470 m).

Links: Der weiße Turm in Bad Homburg

Oben: Gemütliches Wasserspiel

Unten: Kunst und Kultur im Kurpark

Gleich in der Nähe befindet sich das Römerkastell Saalburg. Vor fast 2000 Jahren waren hier die Römer ansässig, um tapfer ihr Reich zu schützen. Es ist schon viele Jahre her, dass es vor Ort eine Straßenbahn gab, welche die Kastellbesucher von Bad Homburg nach oben zur Saalburg brachte. An die Straßenbahn erinnert leider nur noch ein Wartehäuschen unterhalb des Landgasthofes.

Nun folgt die dritte und damit auch die längste Etappe mit 11 Kilometern. Vom Römerkastell folgen wir weiter dem Wanderweg zum Herzberg (591,4 m) mit seinem Turm. Der Herzbergturm bietet den Wanderern und anderen Besuchern einen schönen Blick über den Wald des Hochtaunus. Unser nächster Höhepunkt auf dieser Etappe ist der Marmorstein, der einst aufgrund seiner Fernsicht ein beliebtes Ziel für die Kurgäste war. Über den König-Wilhelm-Weg gelangen wir zur Luther-Eiche, die am Reformationstag im Jahr 1817 gepflanzt wurde. Heute hat sie einen Stammumfang von zweieinhalb Metern. Weiter geht es auf der Elisabethenschneise in die Tannenwaldallee. Nach dem Elisabethenstein ist der Hirschgarten, der einst als »Thiergarten« angelegt wurde, sichtbar. Über den Forstgarten ist das Gotische Haus schnell erreicht.

Die letzte Etappe vom Gotischen Haus bis zum Kurpark umfasst nur 3,6 km. Vom Gotischen Haus, dem ehemals landgräflichen Lusthaus und Jagdschlösschen, führt die Route auf der Tannenwaldallee zum Gustavsgarten, einem Park

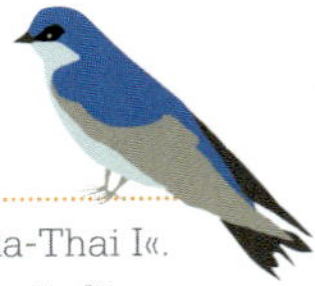

Tipp DER KURPARK IN BAD HOMBURG

In der Nähe des Schwanenteiches mit Fontäne befindet sich »Sala-Thai I«. Der Pavillon wird von den Bewohnern Bad Homburgs auch liebevoll »Siamesischer Tempel« genannt. Er war ein Geschenk des siamesischen Königs Chulalongkorn im Jahr 1914 als Dank für seine Genesung in Bad Homburg. Daneben gibt es viele Mineralwasserbrunnen zu entdecken.

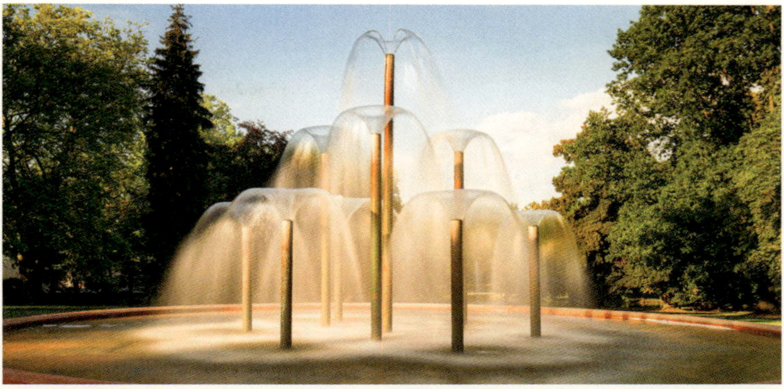

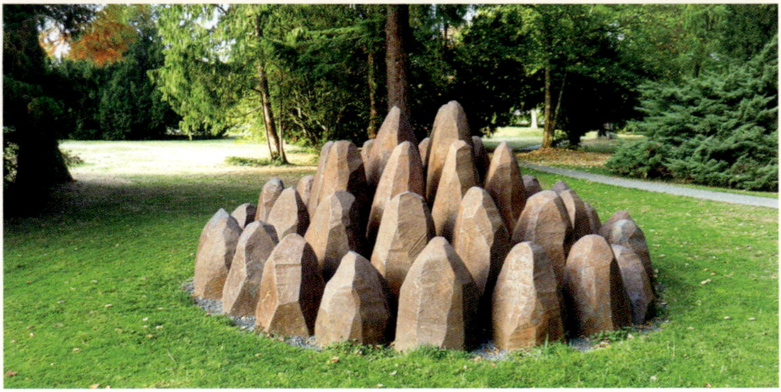

»Wenn Jemand eine Reise thut,
// So kann er was erzählen;
// Drum nahm ich meinen Stock und Hut
// Und thät das Reisen wählen.«

Matthias Claudius, deutscher Dichter und Journalist (1740–1815)

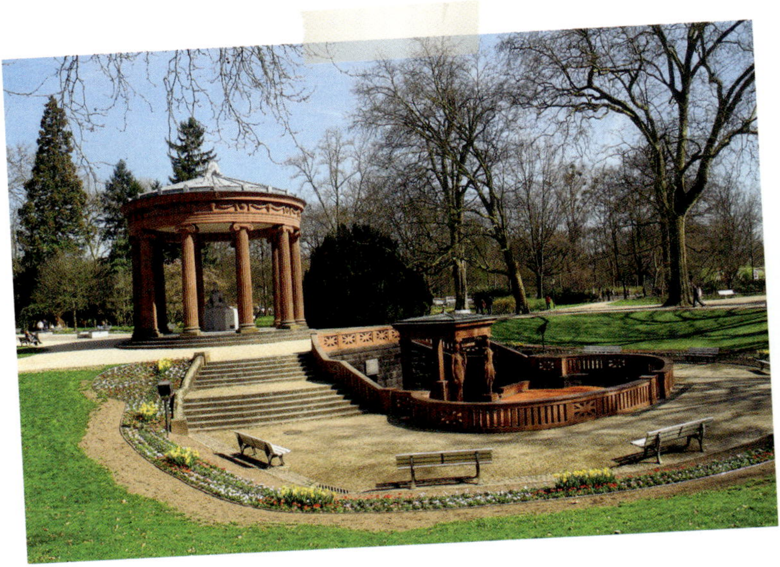

Zauberhaftes Ambiente

mit Villa im Stil der Neorenaissance. Über den Kleinen Tannenwald, einen romantischen Park mit Teich, gelangt man nun zum Ziel: dem Schloss von Bad Homburg mit seinem fast 50 Meter hohen Weißen Turm, umgeben vom Schlosspark. Einst war das mächtige Bauwerk Residenz der Landgrafen von Hessen-Homburg. Später wurde das Schloss von den Hohenzollern als Sommerresidenz genutzt.

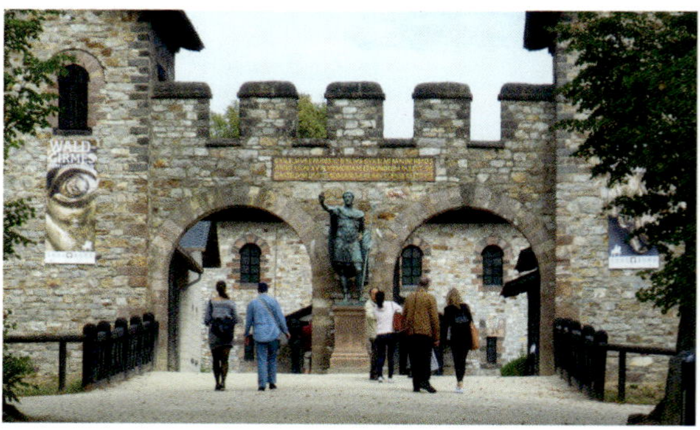

Das Hauptportal des Römerkastells Saalburg

AUF EINEN BLICK

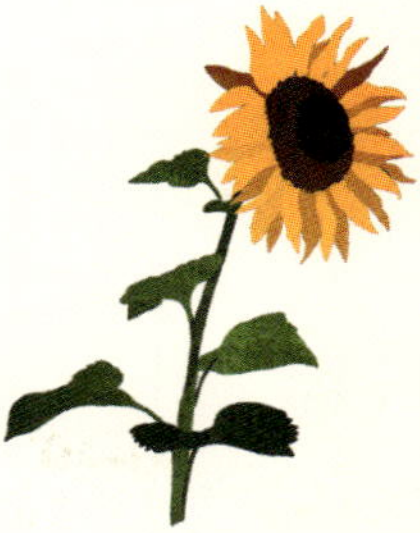

Tour 19: Tour für den Genuss

Dauer: 5,5 Std.

Höhenmeter: 550 m

Länge: 22,7 km

Schwierigkeit: leicht

Tourencharakter: Viele Sehenswürdigkeiten in Bad Homburg, verteilt auf mehrere Wandertage

Ausgangspunkt: Unterschiedlich je nach Etappe. Die erste Teilroute beginnt am Kurpark, Bad Homburg, **Koordinaten:** 50.227861, 8.626737

Endpunkt: Unterschiedlich, die letzte Etappe endet am Kurpark, Bad Homburg.

Anfahrt: **Bahn/Bus:** Mit der S-Bahn bis Bahnhof Bad Homburg und weiter mit dem Bus 2 zum Kurhaus.
Auto: Über die A 661 und Pappelallee nach Bad Homburg, weiter über den Hessenring und die Friesenstraße in die Kaiser-Friedrich-Promenade.

Einkehr: Viele Einkehrmöglichkeiten in der Kurstadt Bad Homburg

Information: Tourist-Info, Tel. 06172/0783710, www.bad-homburg.de

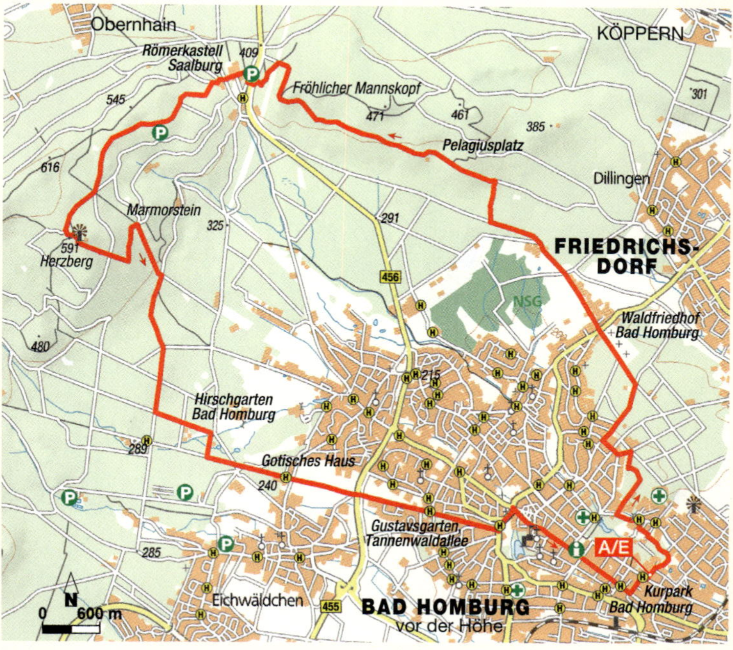

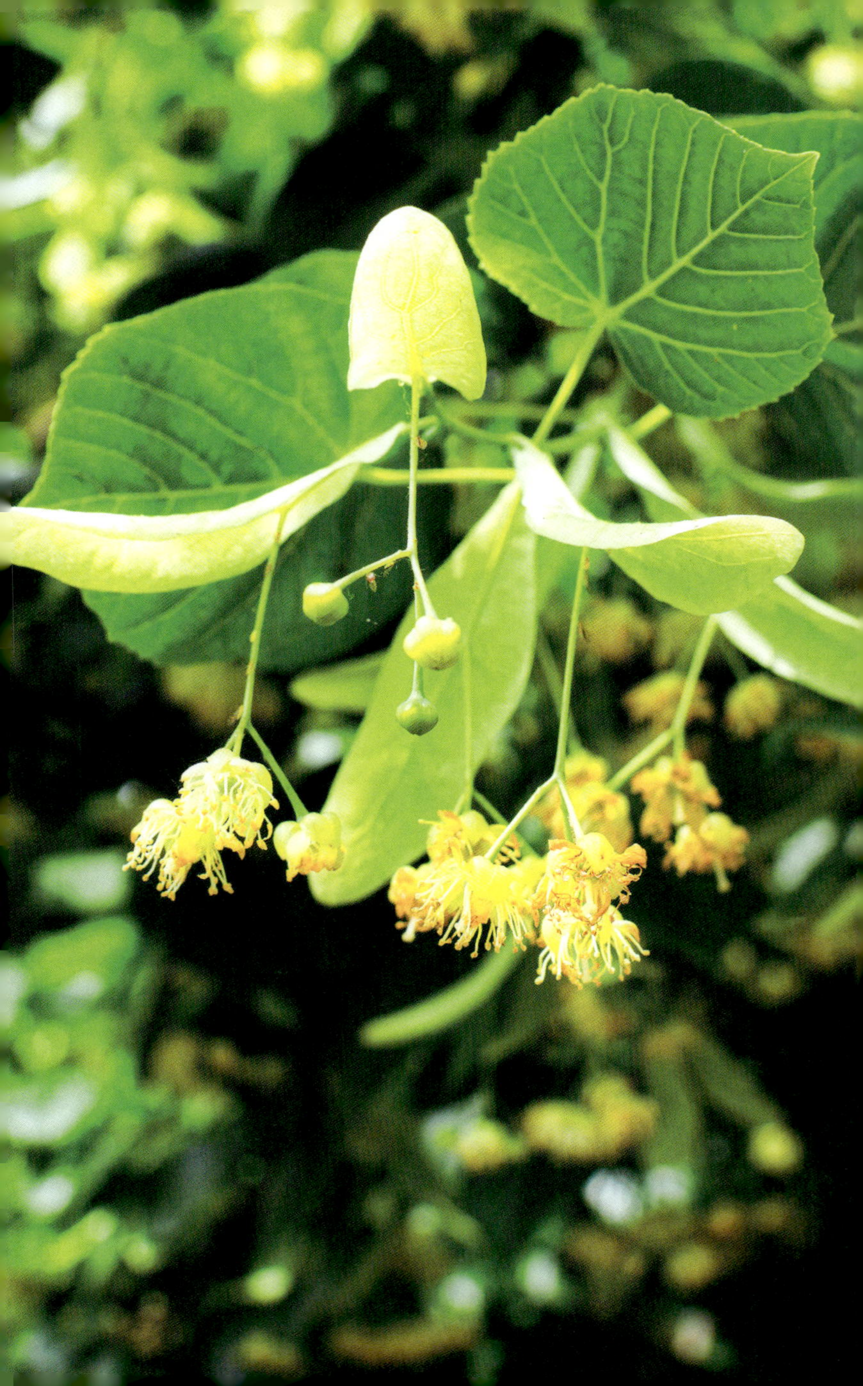

GLÜCKLICHE FISCHE IM STADTWALD

Tour für TOUR 20 den Genuss

Zum Forellengut

Von der Hohemark in Oberursel geht es auf schönen Waldwegen am Bach entlang zum Forellengut Herzberger mit seinen Teichen. Nach einer Pause führt der Weg über ein Feld zu einem geschichtsträchtigen Baum, der an ein ehemaliges Dorf erinnert.

Unsere heutige Wanderung führt zunächst in den Stadtwald in Oberursel. Vom Parkhotel am Taunus geht es vorerst auf dem Forsthausweg entlang. Auf der anderen Seite der B455 gelangen wir auf unserer Strecke zum Tierheim Hochtaunus. Hier sind wir nun auch schon im Wald und ganz in der Nähe des ehemaligen Frankfurter Forsthauses. Am Frankfurter Forsthaus können wir einen 110Jahre alten Mammutbaum bestaunen. Dieser besitzt einen beeindruckenden Umfang von knapp acht Metern. Hier können wir kurz halten und die Kraft des Baumes spüren. Weiter führt uns die Route links in den Haardtweg.

Ein kurzes Stück wandern wir den Weg mit der Markierung Rotes Kreuz weiter. Schon bald ist ein kleiner Bach, das Kalte Wasser, erreicht. Dieser ist der Quellbach des Dornbaches. Der Bach an unserer Seite führt uns nachfolgend zu den Forellenteichen inmitten des Waldes. Auf unserem idyllischen Wegabschnitt erreichen wir die Obeliskenschneise, die uns direkt zum Forellengut Herzberger führt. An dem Forellengut lohnt es sich einzukehren. Im Sommer hat der schöne Biergarten geöffnet. Unter den alten Bäumen oder auch im gemütlichen Restaurant kann man herrlich ent-

Links: Magische und entzückende Naturschönheit

Oben: Eingang zum Forellengut

Unten: Er strotzt vor Kraft.

spannen und Gerichte wie Forelle blau oder Lachsforelle mit Meerrettichsoße genießen. Zudem wird täglich frisch gefangener Fisch aus eigener Zucht wie Stör und Forelle an Interessierte verkauft. Das Forellengut gehörte in längst vergangenen Zeiten zu den »königlich-kaiserlichen Hoflieferanten«. Mehr als 40 Forellenteiche nennt das Gut sein Eigen.

Nach der kleinen Auszeit führt unser Weg rechter Hand in den Wald. Wir erreichen auf der weiteren Wegstrecke die Hölschermühle und die König-Wilhelm-Schneise. Dann wieder rechts und später links wandern wir auf dem Haardtweg zum Waldrand. Nun sind wir in Oberstedten angekommen und biegen rechts in den Ahornweg ab. Kurze Zeit später gelangen wir zum Hühnerbergweg. Links weitergehend erreichen wir den Bergweg. Eine wunderbare Aussicht bietet sich dem Betrachter auf Oberursel und Umgebung.

Über einen Feldweg gelangen wir zu dem Geflügelzuchtverein und später zur B456. Nach dem Überqueren der B456 führt unsere Wanderung durch das Mittelstedter Feld. Hier wächst ein Lindenbaum, der schon viele Jahre alt ist – einige sprechen von 400 und andere von 900 Jahren. Dieser Baum war nach Überlieferung eine einstige Gerichtslinde und soll zum ehemaligen Dorf »Mittelstedt« gehört haben, welches im Rahmen des Städtekrieges um 1420 untergegangen ist. Früher wurden bei den Linden häufig Ratsversammlungen oder Gerichte abgehalten. Der einst mächtige Baum hat

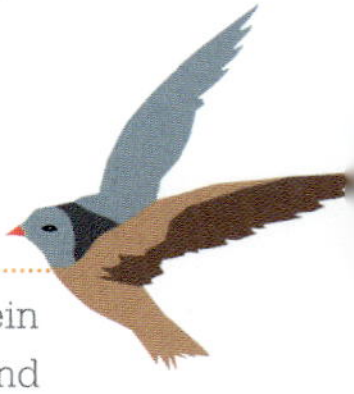

Info MAMMUTBAUM

Der Mammutbaum (Sequoiadendron giganteum) am Forsthaus ist ein Naturdenkmal. Mammutbäume sind die größten Bäume weltweit und können mehr als 1500 Jahre alt werden. Für die Indianer in Nordamerika haben diese Bäume einen Geist innewohnen, mit dem ein Schamane in Verbindung treten kann.

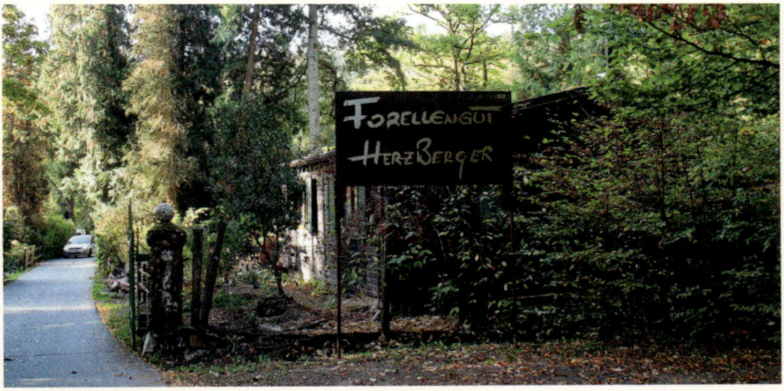

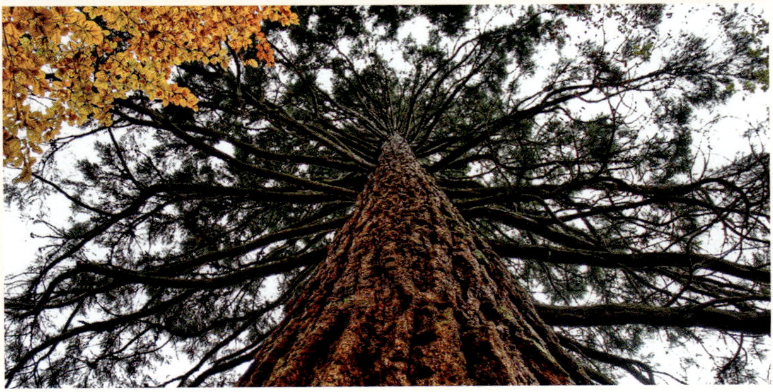

»Erst im Wald kam alles zur Ruhe in mir,
meine Seele wurde ausgeglichen und voller Macht.«

Knut Hamsun, norweg. Dichter (1859–1952)

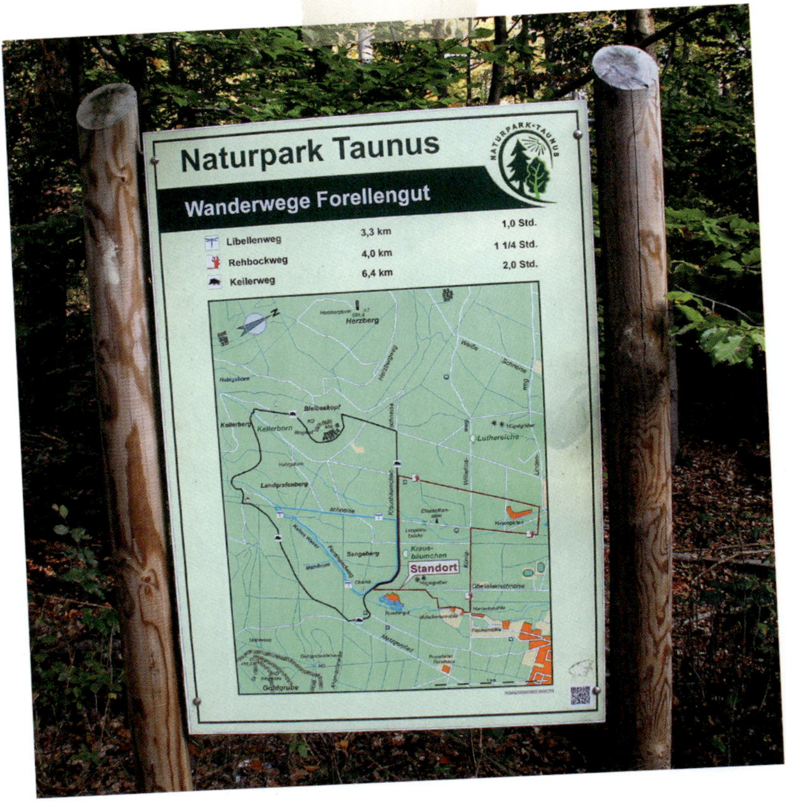

Für eine bessere Orientierung in der Region

während der vergangenen Zeit stark gelitten. Der beeindruckende Hauptstamm besitzt nur noch eine kleinere Krone mit neuen Trieben.

Über die Brücke gelangen wir auf die andere Seite der A 661. Im bewohnten Gebiet wandern wir auf der Freiligrathstraße und rechts in der Bleibiskopfstraße. Jetzt geht es weiter am Schulgelände der Erich-Kästner-Schule entlang. Weiter wandern wir über die Liebfrauenstraße in die Adenauerallee. Nun sind wir ganz nah am Bahnhof Oberursel, wo wir mit der U 3 wieder den Ausgangspunkt erreichen.

AUF EINEN BLICK

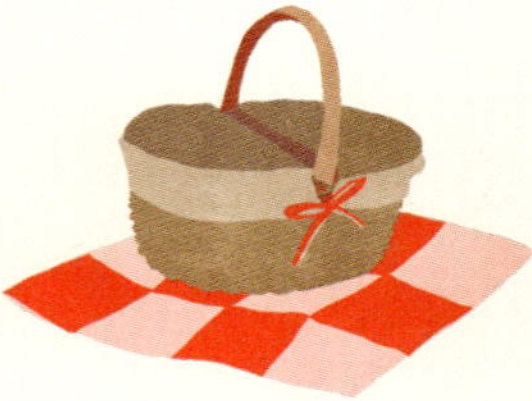

Tour 20: Tour für den Genuss

Dauer: 2,5 Std.

Höhenmeter: 110 m

Länge: 10 km

Schwierigkeit: leicht

Tourencharakter: Leichte Tour auf markiertem Weg R 3 durch den Wald und am Bach entlang zum Forellengut

Ausgangspunkt: Parkhotel am Taunus, Hohemarkstraße 168, 61440 Oberursel

Endpunkt: Bahnhof Oberursel, 61440 Oberursel

Anfahrt: **Bahn/Bus:** Mit der U 3 zur Hohemark, Oberursel.
Auto: Über A 661 oder B 455 nach Oberursel, über die Hohemark durch die Hohemarkstraße zum Parkhotel.

Einkehr: Forellengut Herzberger, Forellengut 1, 61440 Oberursel, Tel. 06172/35119, www.forellengut-herzberger.de

Information: Tourist-Info, Tel. 06172/0783710, www.bad-homburg.de

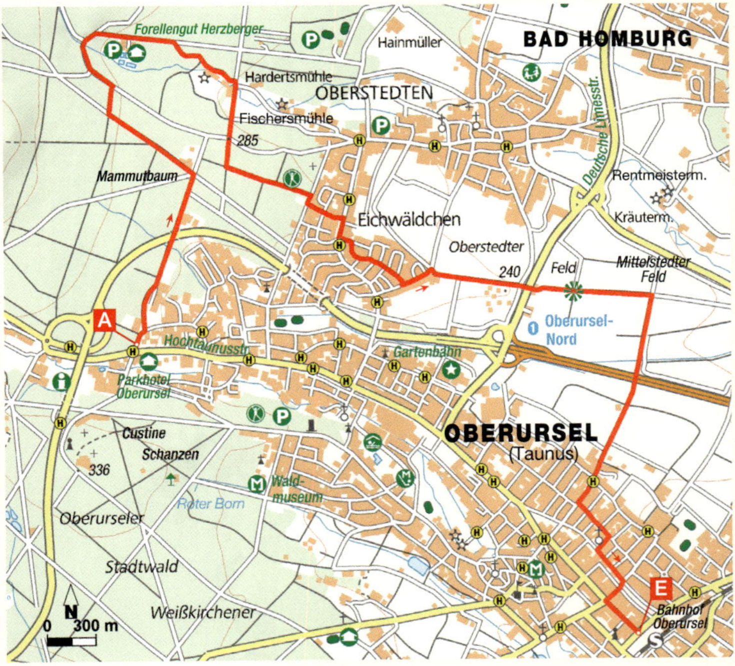

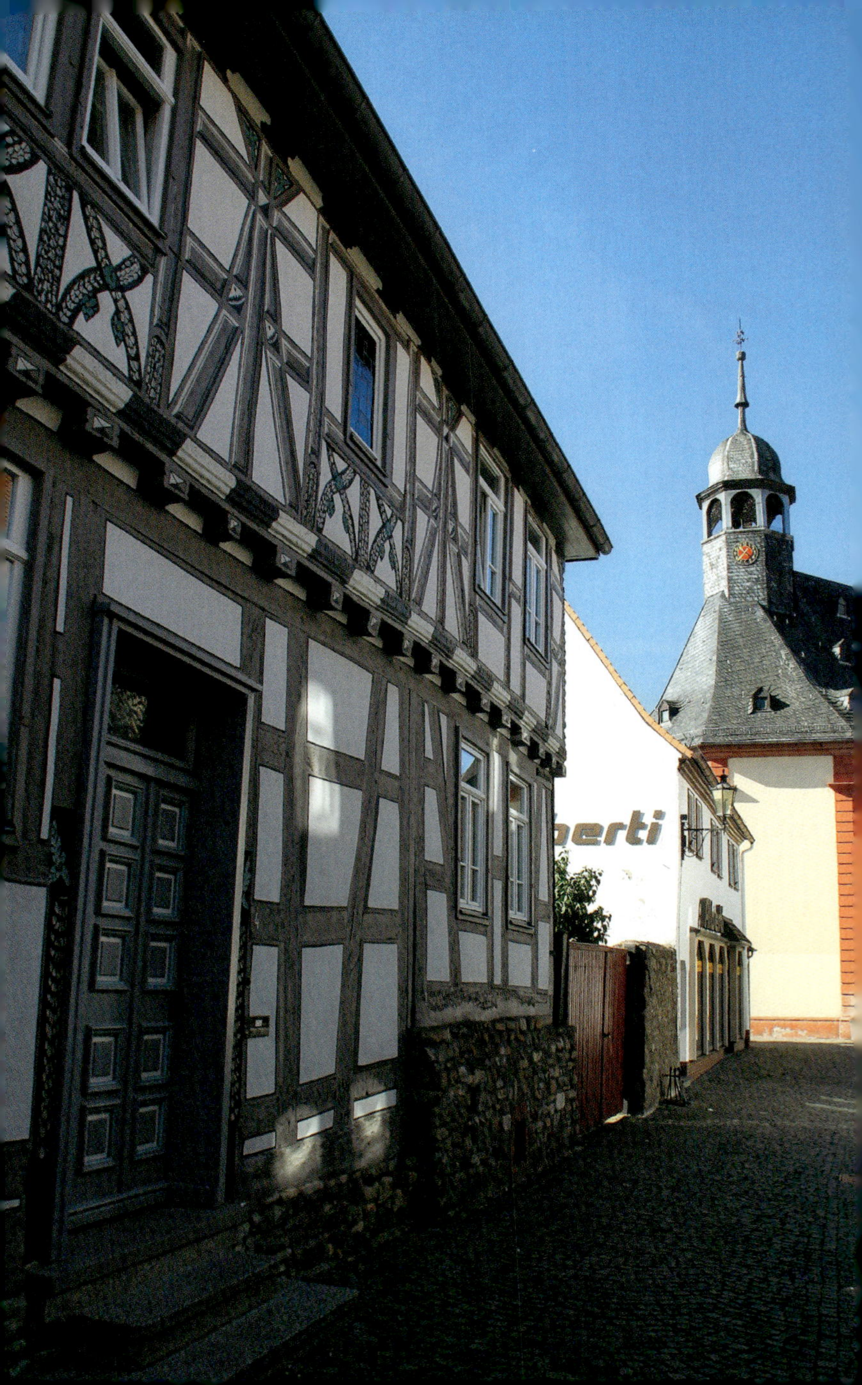

IDYLLE AM WEIHER

Tour für TOUR 21 die Sinne

Der historische Rundweg Oberursel

Die Wanderung zum Maasgrundweiher führt uns an der Schuckardtsmühle vorbei. Über den Schillerturm gelangen wir in den Wald und zum Maasgrundweiher. Von dem beschaulich gelegenen Weiher erreichen wir wieder die Altstadt Oberursels.

Vom Parkplatz Bleiche im Herzen Oberursels geht es am idyllischen Weg am Mühlbach entlang, bis wir rechts in die Obergasse einbiegen können. An der ersten Kreuzung biegen wir wieder rechts in die Straße Im Portugall ein und gleich wieder links. Nun erreichen wir, am Mühlbach weitergehend, die Schuckardtsmühle. Die Schuckardtsmühle wurde im Jahr 1488 im »Königsteiner Rentbuch« erstmalig erwähnt. Anscheinend wurde sie im Jahr 1542 als Schleifhütte angelegt. In den Jahren 1850 bis 1920 besaß die Familie Schuckardt das Gebäude. Seit dem Jahr 1929 ist die Mühle nicht mehr aktiv.

Während rechts der Urselbach verläuft, begleitet uns links weiter auf unserer Wanderung der Mühlbach. An einer nachfolgenden Wegkreuzung halten wir uns links und folgen dem Sandweg. Dieser leitet uns rechts am Schwimmbad weiter, bis wir die Straße Am Borkenberg erreicht haben. Hier links gehend und gleich wieder rechts umrunden wir den Waldkindergarten bis zur Altkönigstraße. Einige Häuser weiter kommen wir zum rechts liegenden Parkplatz und zum Schillerturm, wo es rechts in den Wald geht.

Der Schillerturm wurde von den Bürgern Oberursels und dem Taunusclub zu Ehren Friedrich Schillers errichtet. Eingeweiht wurde der Turm im Jahr 1905. Der ursprüngliche

Links: Zur Hospitalkirche in der Altstadt in Oberursel

Oben: Die Fachwerkhäuser erzählen einzigartige Geschichten.

Unten: Die Blumenwiese ist ein Stück anmutiger Natur.

Aussichtsturm aus Eisen mit einer Höhe von 12,5 Metern verfiel. Der Metallturm wurde zwischenzeitlich abgerissen, da auch die Sicht aufgrund des Wachstums der Bäume nicht mehr gegeben war. Geblieben ist der Steinsockel, der ahnen lässt, wie schön der einstmalige Turm gewesen sein muss.

Ein Stück durch den Wald gelangen wir wieder zur Altkönigstraße, die wir queren. Wieder in den Wald hinein streifen wir die Schutzhütte Uhlandsruhhütte und Roter Born, bevor wir auf dem Maasgrundweg weiterwandern. Nur noch ein kurzes Wegstück und wir umrunden den Maasgrundweiher. Modellbauliebhaber und Freizeitkapitäne finden hier ein ideales Gewässer.

Am Storchenbrunnen vorbei biegen wir in die Brüder-Winter-Straße ein und laufen nachgehend ein Stück die Altkönigstraße geradeaus weiter. Links biegen wir in die Marienstraße ab und wieder links in die Schulstraße. Dieser folgen wir, bis wir rechts in die Sankt-Ursula-Gasse einbiegen können. Bald treffen wir auf die Straße Hollerberg und folgen ihr rechts bis zur Schulstraße. Links weiterwandernd und nach einigen Metern wieder links in Richtung Marktplatz folgen wir schließlich rechts der Strackgasse. Diese führt uns nun zur Hospitalgasse, der wir bis zum Rathausplatz folgen. Hier links weiter treffen wir auf die Vorstadt, die uns weiter links gehend bis zur Ackergasse leitet. Bis zum Ende laufen wir die Ackergasse entlang, bis wir links ein Stück die

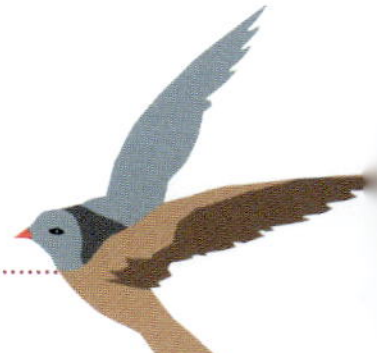

Info DIE HOSPITALKIRCHE

Im Jahr 1728 wurde die Hospitalkirche St. Barbara gebaut. Über sie wacht die heilige Barbara als Patronin der Kirche. Die heilige Barbara wurde aufgrund ihres Glaubens verfolgt und zum Tode verurteilt. Einer Erzählung nach verhakte sich ihr Kleid auf dem Weg ins Gefängnis in einem Obstbaum. Den abgebrochenen Zweig stellte sie in einen Wasserkrug. Als sie starb, blühte der Zweig und spendete ihr im Todeskampf Kraft.

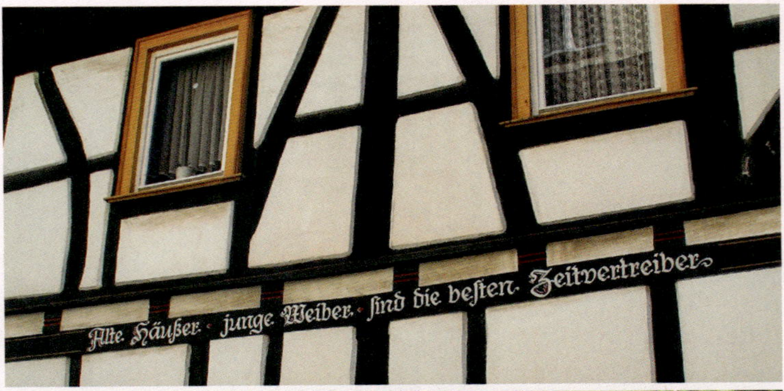

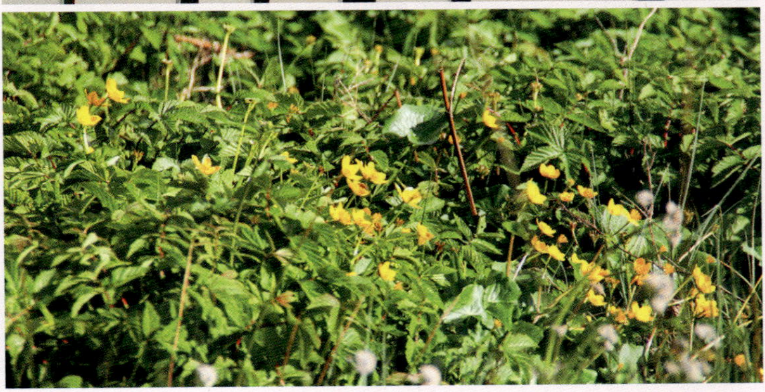

»Am Ziele deiner Wünsche wirst du jedenfalls eines vermissen: dein Wandern zum Ziel.«

Marie von Ebner-Eschenbach,
österr. Schriftstellerin (1830–1916)

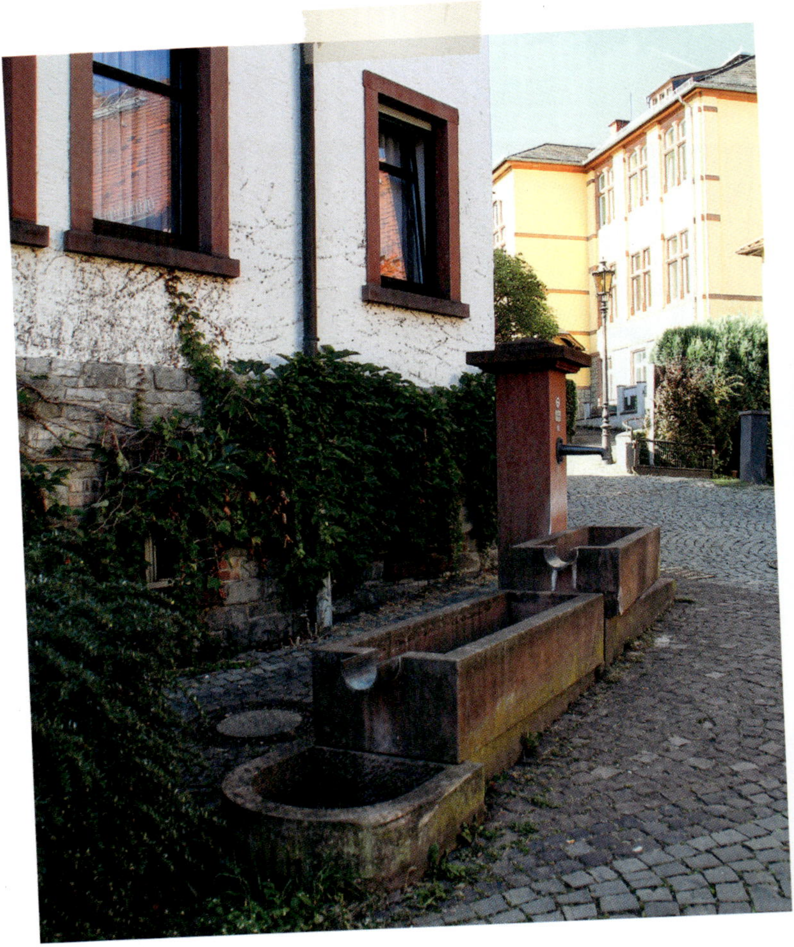

Der Hospital-Brunnen in Oberursel

Eppsteiner Straße weitergehen können. An der Gaststätte Zum Hirsch biegen wir in die Straße Hollerberg ein, die uns zum Wäschfraa-Brunnen führt. Das Wasser dieses Brunnens haben früher die Bewohner von Oberursel bis in die Fünfzigerjahre hinein zum Waschen ihrer Wäsche genommen. Nach wenigen Metern sind wir am Ziel, dem Parkplatz Bleiche in Oberursel.

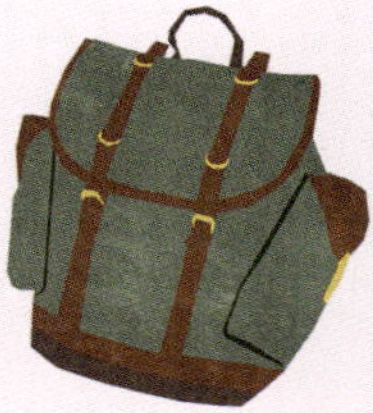

AUF EINEN BLICK

Tour 21: Tour für die Sinne

Dauer: 2 Std.

Höhenmeter: 166 m

Länge: 7 km

Schwierigkeit: leicht

Tourencharakter: Familientaugliche und historisch interessante Tour durch Oberursel

Ausgangs-/Endpunkt: Parkplatz Bleiche, 61440 Oberursel,
Koordinaten: 50.204065, 8.574496

Anfahrt: Bahn/Bus: Mit der Bahn bis zum Bahnhof Oberursel und weiter mit dem Bus Nr. 43 bis zum Marktplatz, von dort ca. 250 m zu Fuß.
Auto: Über die B 455 Ausfahrt Oberursel Nord über Lahnstraße und Hohemarkstraße, dann Richtung Altstadt.

Einkehr: Ratskeller Oberursel, Marktplatz 1, 61440 Oberursel, Tel. 06171/3311, www.ratskeller-oberursel.de

Information: Tourist-Informationszentrum, Hohemarkstraße 192, 61440 Oberursel, Tel. 06171/50780, www.taunus.info

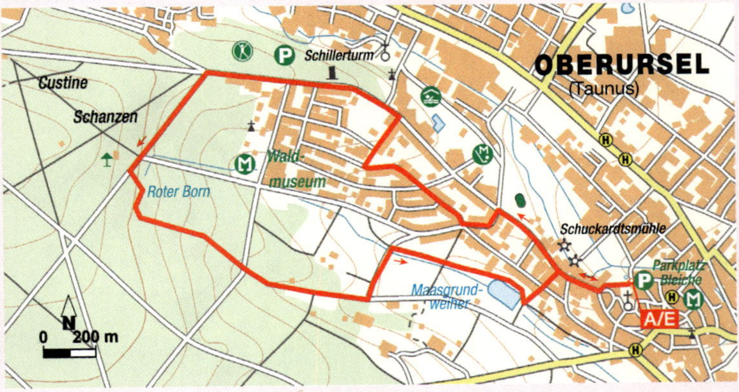

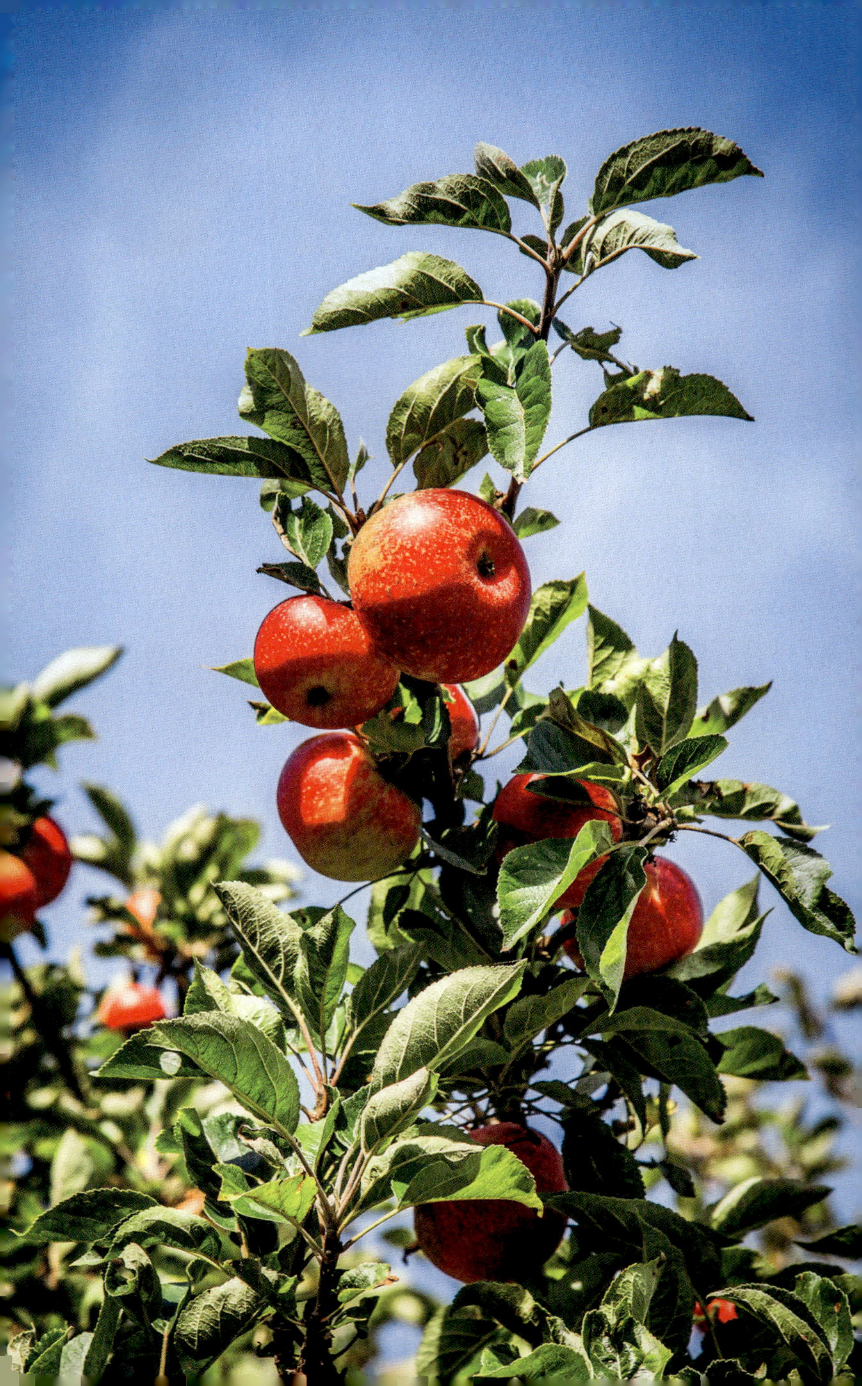

AUF DEN SPUREN DES OBSTPFARRERS

Tour
TOUR 22
der Stille

Der Pfarrer-Christ-Rundweg

Entlang schöner Obstbäume und Streuobstwiesen führt die kleine Wanderung über den Quellenpark Kronbergs. Mehrere Informationstafeln vermitteln Wissenswertes zu einer bedeutenden Kronberger Persönlichkeit und zum Obstanbau.

Die Stadt Kronberg im Taunus ist ein idyllischer staatlich anerkannter Luftkurort im Hochtaunuskreis. Sehr präsent ragt die Burg aus der gut erhaltenen Altstadt empor. Die Höhenburg wurden zwischen 1170 und 1505 erbaut. Heute informiert das Burgmuseum über die verschiedenen Burgherren und die geschichtliche Entwicklung der Burg. Zu den interessantesten Objekten gehört die originalgetreu nachgebaute Ritterrüstung eines Ritters von Kronberg aus dem 14. Jahrhundert. Eine mittelalterliche Küche inklusive Brunnen und großer Feuerstelle vermitteln Spannendes zum früheren Leben auf der Burg. Rund um die Burg breitet sich die Altstadt mit ihren kleinen Gässchen und Treppen aus. Malerische Fachwerkhäuser wie auch zahlreiche Gasthäuser laden zum Verweilen ein.

An der Schwalbacher Straße in Kronberg beginnt unsere erfrischend kleine Wanderung. Der Rundweg wurde zu Ehren von Johann Ludwig Christ errichtet. Der lutherische Pfarrer, geboren 1739 in Öhringen, der sich zu Lebzeiten mit dem Obstbau und der Bienenzucht auseinandersetzte, wurde auch »Obstpfarrer« genannt. Seine verständlichen Schriften waren fachlich fundiert und galten über viele Jahre als

Links: Köstliche und knackige Äpfel zum Naschen

Oben: Ein schönes und beschauliches Wegestück

Unten: Gut ausgeschilderter Rundweg

Standardwerke der Pomologie, der Lehre der Arten und Sorten von Obst sowie ihrer Bestimmung und systematischen Einteilung. 1813 ist Johann Ludwig Christ, dessen Ziel es war, dem einfachen Volk die Obstbaukunde beizubringen, in Kronberg verstorben.

Auf dem Pfarrer-Christ-Rundweg laufen wir am Schafhof vorbei und biegen links in den Geiersbergweg ab. Nun streifen wir die Pfarrer-Christ-Wiese, die je nach Tageszeit immer anders wunderschön aussieht. Von dieser Stelle hat man einen prächtigen Blick auf die Altstadt Kronbergs. Auf der schönen Obstwiese wachsen über 35 alte Obstsorten. Zudem gibt es mehrere Informationstafeln, die über das Leben und Wirken des Obstpfarrers berichten.

Ein Stück wandern wir Richtung Rentbach weiter, wo wir auf die Erlebnisobstwiese stoßen, die vom Obst- und Gartenbauverein Kronberg angelegt wurde. Etwa 3000 Quadratmeter umfasst das Gelände. Bäume von 40 Obstsorten lassen sich hier enträtseln, die allesamt beschriftet sind. Neben den bekannten Sorten gilt es hier auch den Gacksapfel, den Siebenschläfer oder den Allendorfer Rosenapfel zu entdecken. Alte und neu gepflanzte Bäume stehen einträchtig nebeneinander und geben so manchem Tierchen eine neue Heimat.

Ein Volk fühlt sich hier besonders wohl. Der Bienenstock, der es ermöglicht, dem Treiben des Bienenvolkes zuzuse-

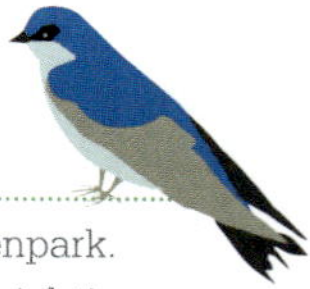

Tipp DER KASTANIENHAIN

In der Nähe der Erlebnisobstwiese befindet sich der Edelkastanienpark. In vergangenen Zeiten war die Edelkastanie wirtschaftlich sehr wichtig. Dieser Kastanienhain wurde nach historischem Vorbild rekonstruiert. Esskastanienliebhaber finden hier nicht nur urwüchsig aussehende Kastanien, sondern gleich noch verschiedene Rezepte für die heimische Küche.

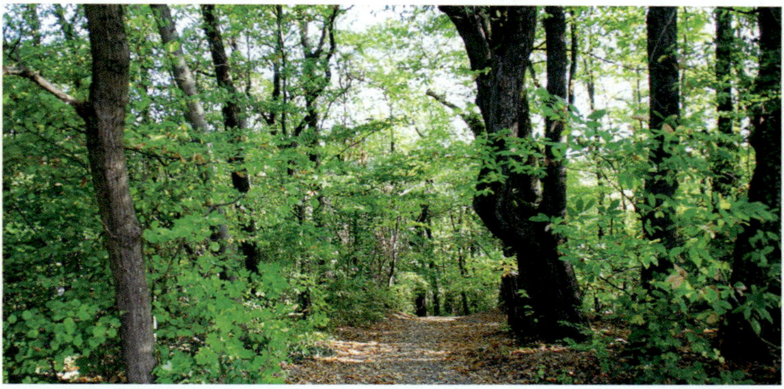

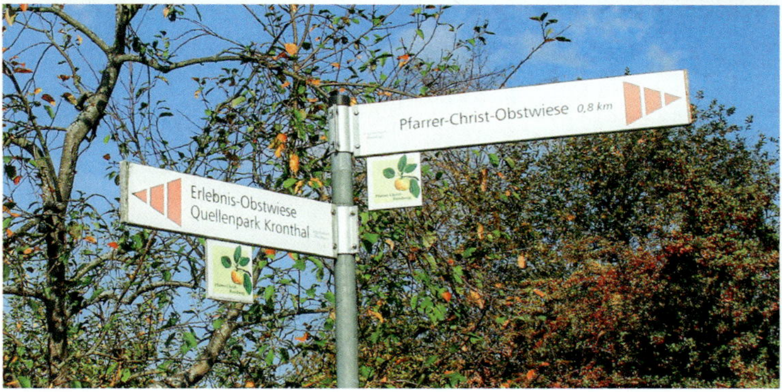

»Ein gepflegter und gehüteter Baum trägt
durch die gute Sorge seines Besitzers seine
Frucht zur rechten Zeit, wie man es von ihm erwartet.«

Johannes vom Kreuz, span. Mystiker und Kirchenlehrer (1542–1591)

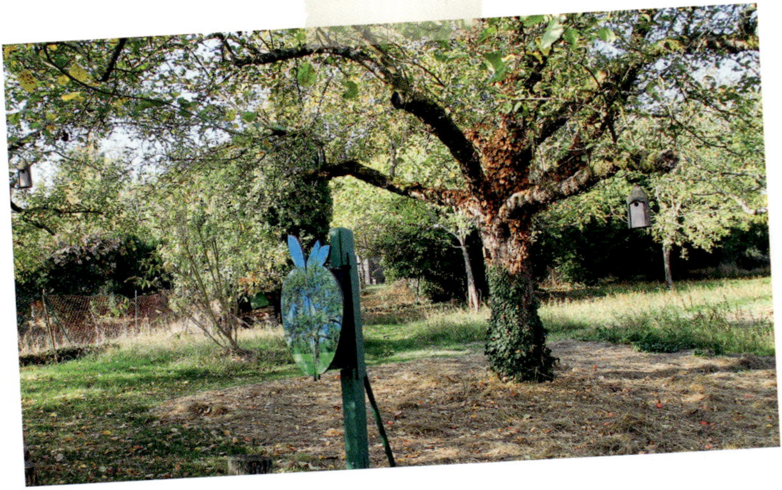

Hier lässt sich vieles entdecken!

hen, ist besonders im Sommer ein Anziehungspunkt für Kinder wie auch Erwachsene. Aber noch weitere Tiere können beobachtet werden. Spinnen und Eidechsen sind in den Hecken beheimatet und in den kleinen Baumhöhlen kann mit viel Glück ein Specht gesichtet werden. Zudem tummeln sich viele Schmetterlingsarten auf der Obstwiese. Nachdem wir die Erlebnisobstwiese hinter uns gelassen haben, streifen wir ein Stück durch den Quellenpark, bevor wir auf unserem Rundweg wieder den Ausgangspunkt erreichen.

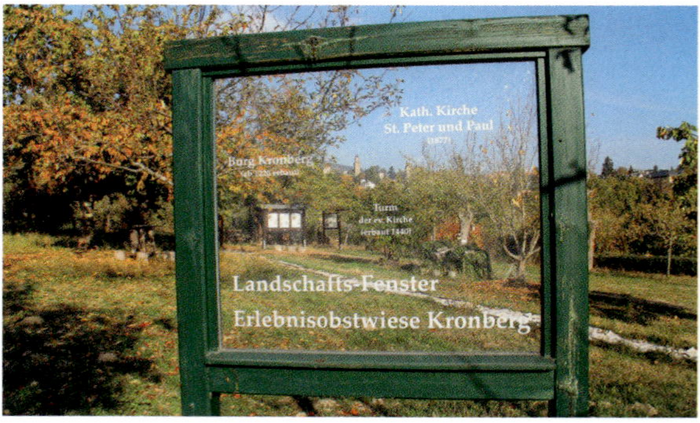

Ein Blick durch das Fenster erklärt die Sehenswürdigkeiten in der Umgebung.

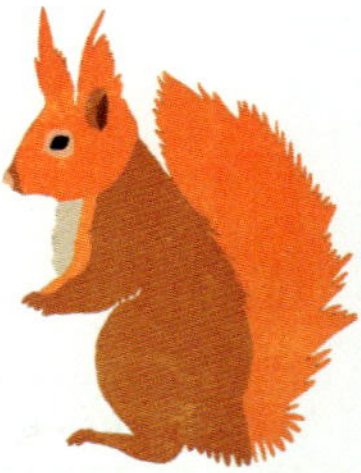

AUF EINEN BLICK

Tour 22: Tour der Stille

Dauer: 0,5 Std.

Höhenmeter: 38 m

Länge: 2 km

Schwierigkeit: leicht

Tourencharakter: Eine einfache und idyllische Wanderung entlang von Streuobstwiesen

Ausgangs-/Endpunkt: Schwalbacher Straße, 61476 Kronberg im Taunus

Anfahrt: **Bahn/Bus:** Mit der S-Bahn bis zum Bahnhof Kronberg und weiter mit dem Bus 85 bis Kronthal, von dort ca. 300 m zu Fuß.
Auto: Über die B 455 nach Kronberg, weiter auf der Frankfurter Straße, dann in die Schwalbacher Straße abbiegen.

Einkehr: Restaurant La Fattoria, Kronthaler Str. 52, 61476 Königstein im Taunus, Tel. 06173/9636560, www.lafattoria-kronthal.de

Information: Fremdenverkehrsamt Kronberg im Taunus, Katharinenstraße 7, 61476 Kronberg im Taunus, Tel. 06173/7030, www.kronberg.de

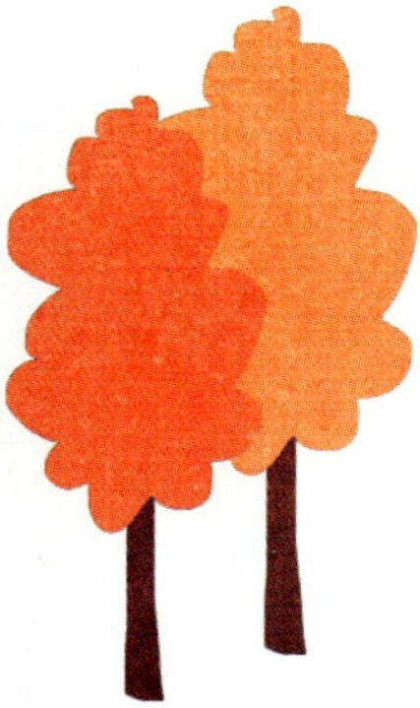

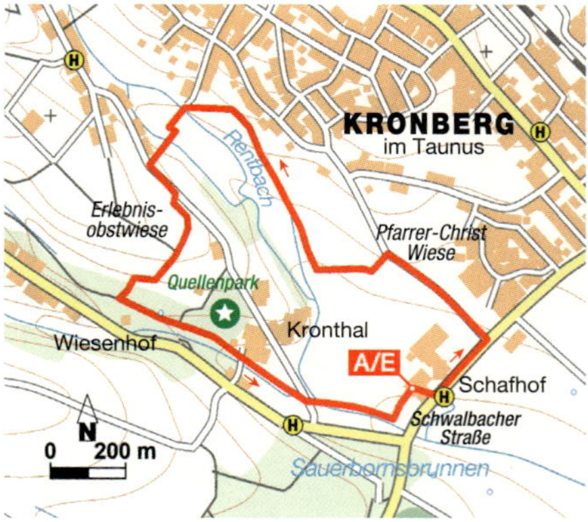

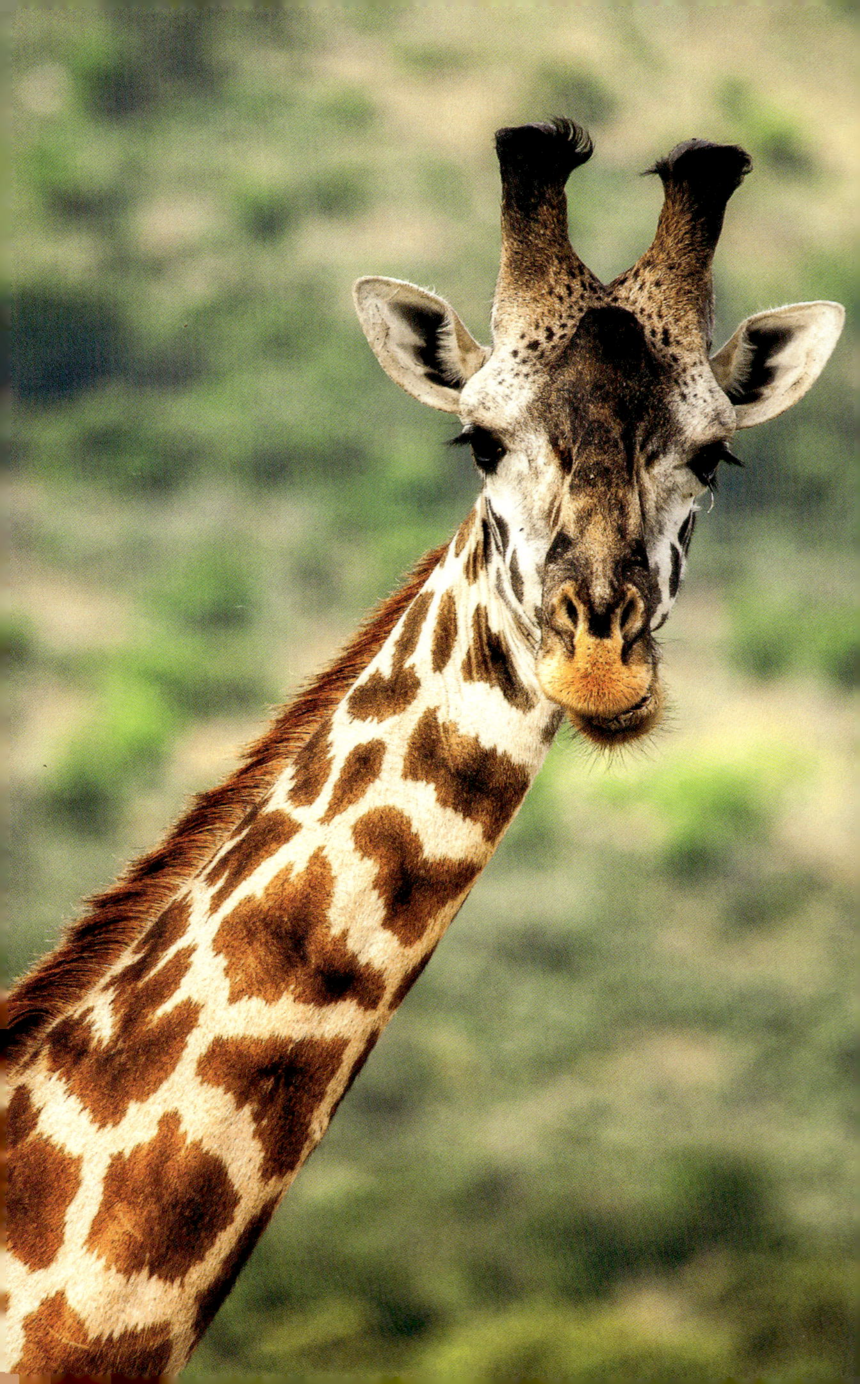

Tour für TOUR 23 die Sinne

ZWISCHEN FLAMINGOS UND GIRAFFEN

Der Quellenpark Kronthal

Über den Philosophenweg, der mitten durch den Opel-Zoo führt, leitet die Strecke zu den schönen Streuobstwiesen. Jetzt ist es auch nicht mehr weit bis zum Quellenpark, dessen älteste Quelle bereits 1568 geschürft wurde.

Unser Startpunkt am heutigen Tag ist der beschauliche Philosophenweg in Kronberg. Dieser führt direkt durch den berühmten Opel-Zoo. Dieser Zoo wurde von Georg von Opel als Forschungsgehege im Jahr 1956 gegründet. Der öffentliche, bequeme Weg führt mitten durch den Zoo mit seinen über 1600 tierischen Bewohnern aus 230 Arten. Aus allen Kontinenten und Klimazonen befinden sich Tiere auf dem Zoo-Gelände. Während unseres Spazierganges können wir allerhand Tierlaute hören. Absolute Publikumslieblinge sind die afrikanischen Elefanten, die sonst in keinem Zoo in Hessen zu entdecken sind. Die tonnenschweren Tiere leben in einem sehr modernen Elefantenhaus mit großzügiger Außenanlage. Zudem ist auch für Flamingos, Giraffen oder auch Affen ein ansprechendes Gelände im Zoo angelegt worden.

Nachdem wir den Zoo durchwandert haben, verlassen wir den Philosophenweg und biegen rechts ab. Für ein kurzes Stück ist nun der Rentbach unser Begleiter. Rechts ein Stück auf dem Scheibenbuschweg entlang biegen wir links in den Wanderweg ein, der uns am Friedhof Thalerfeld in Kronberg vorbeileitet. Streuobstwiesen passierend erreichen wir schließlich den Quellenpark Kronthal.

Links: Das anmutige Tier steht für Selbstliebe und Klarheit.

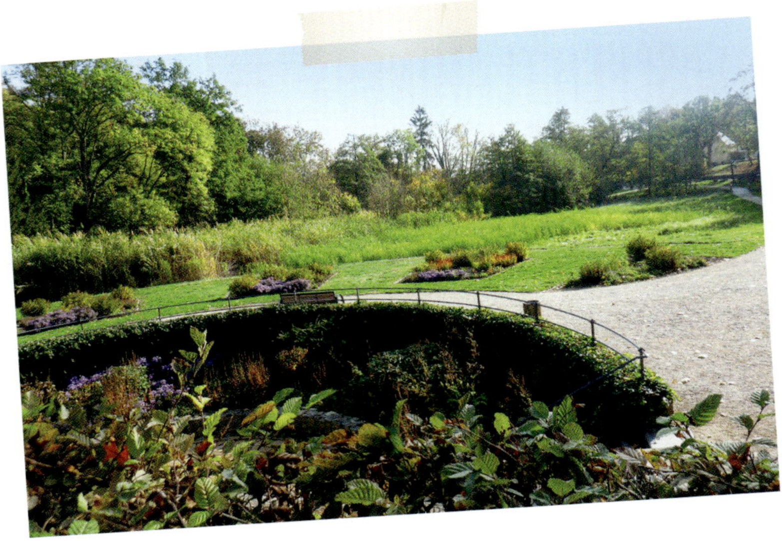

Sanft plätschert die Quelle.

Seit dem 16. Jahrhundert sind die Quellen im Sauerbornstal aufgrund ihrer heilsamen Wirkung bekannt. So sprudeln aus einer Trinkanlage aus Bruchsteinen die Nymphenquelle, die Fürstenbergquelle (Natriumchlorid-Hydrogencarbonat-Säuerling, mineralhaltig) oder auch die mineralhaltige Wilhelmsquelle. Ein Arzt namens Theodorus Tabernaemontanus beschrieb im Jahr 1571 die älteste Quelle, die nach ihm benannt wurde. Die heutige Theodorusquelle wurde bereits vor 1568 geschürft. Zudem befindet sich im Kronberger Quellenpark noch eine Wassertretanlage, in der die müden Füße des Wanderers wieder munter werden.

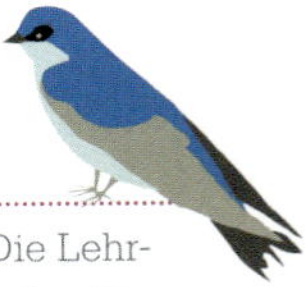

Tipp DER OPEL-ZOO

Nicht nur für Kinder ist der Opel-Zoo ein herrliches Ausflugsziel. Die Lehrpfade, öffentlichen Führungen und Veranstaltungen werden von jeder Altersklasse gern genutzt, um die Lieblingstiere wie Zebras, Gnus, Geparde, Braune Hyänen, Erdmännchen oder Rote Pandas näher kennenzulernen.
www.opel-zoo.de

AUF EINEN BLICK

Tour 23: Tour für die Sinne

Dauer: 1 Std.

Höhenmeter: 46 m

Länge: 2,8 km

Schwierigkeit: leicht

Tourencharakter: Leichte und entspannte Tour am Opel-Zoo entlang bis zum Quellenpark

Ausgangspunkt: Philosophenweg Kronberg

Endpunkt: Quellenpark, Im Kronthal, 61476 Kronthal

Anfahrt: **Bahn/Bus:** Mit der Bahn bis zum Bahnhof Oberursel und weiter mit dem Bus X26 zum Opel-Zoo.
Auto: Über die B 8 nach Königstein/Taunus und die B 455 zum Opel-Zoo.

Einkehr: Restaurant La Fattoria, Kronthaler Str. 52, 61476 Königstein im Taunus, Tel. 06173/9636560, www.lafattoria-kronthal.de

Information: Fremdenverkehrsamt Kronberg im Taunus, Katharinenstraße 7, 61476 Kronberg im Taunus, Tel. 06173/7030, www.kronberg.de

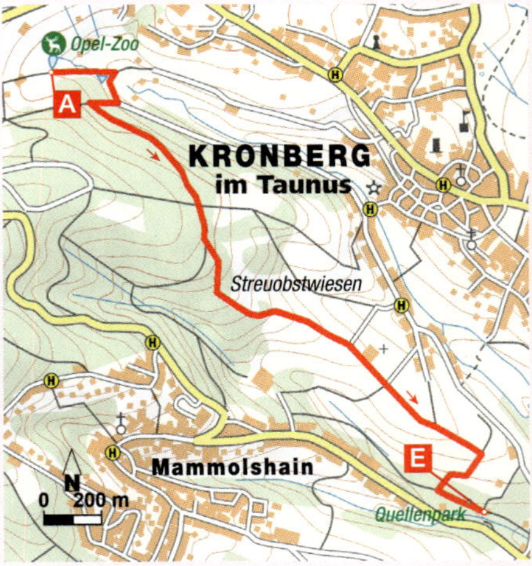

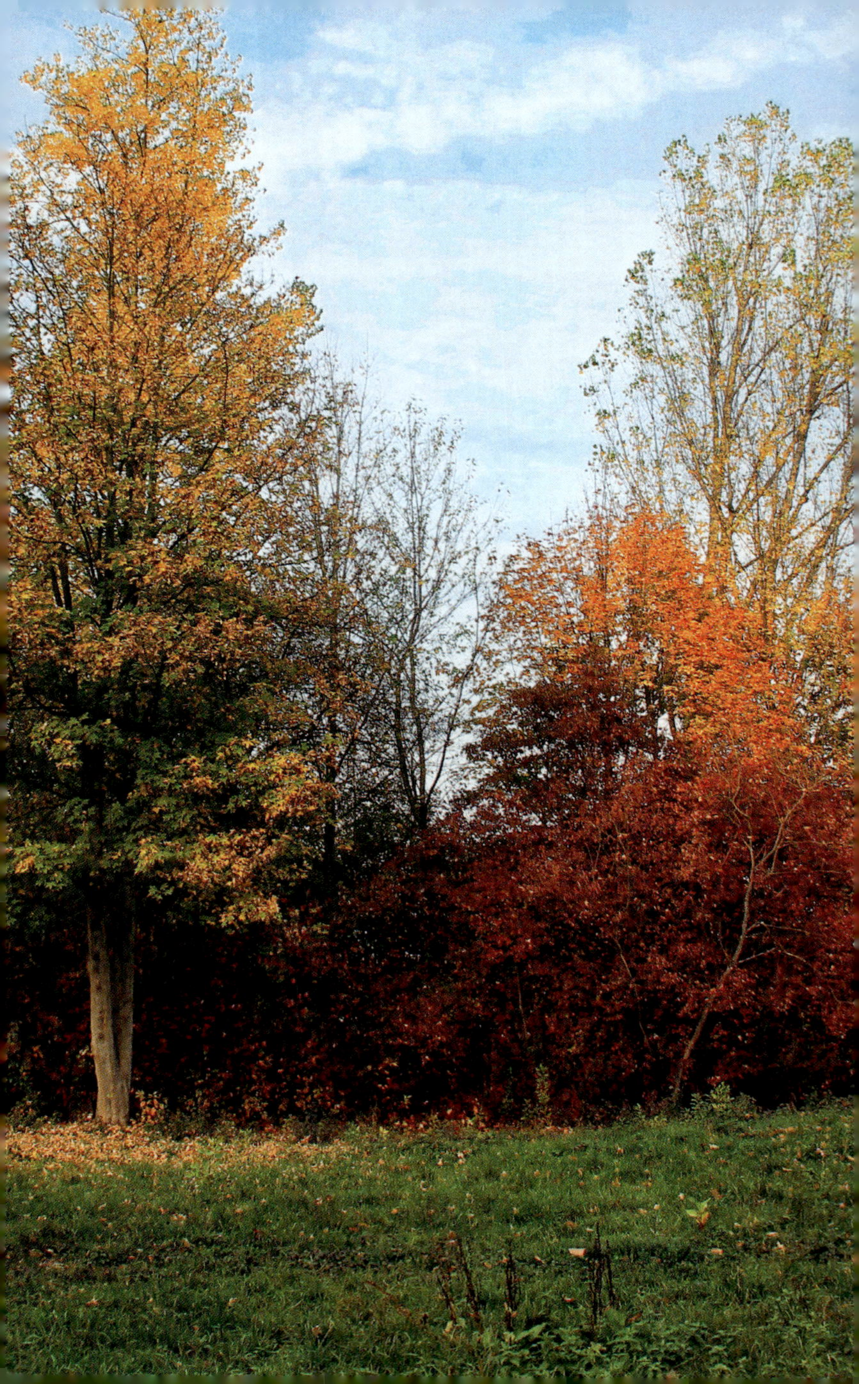

Tour für TOUR 24 den Genuss

WUNDERBARER WELTBAUMWALD

Arboretum Main-Taunus

Eine einzigartige Ruhe strahlt das Arboretum Main-Taunus aus. Mehr als 600 Gehölze haben ihre neue Heimat auf dem ehemaligen Flugplatzgelände gefunden. Auf den bequemen Wegen kann mit Leichtigkeit neue Energie getankt werden.

Der Camp Phönix Park in Eschborn dient uns zur Orientierung, um das Arboretum zu besuchen. Der Wald, der sich aus Bäumen aller Welt zusammensetzt, befindet sich auf einem ehemaligen Flugplatzgelände der Deutschen Luftwaffe. Um 1980 wurde aufgeforstet und das Gelände hat sich seitdem zu einem beliebten Naherholungsgebiet entwickelt. Am Parkplatz Am Weißen Stein starten wir.

Schon beim Betreten des Baumparks genießen wir die eindrucksvolle Kulisse der Baumwelt. Über die Hauptwege und kleineren Pfade durchstreifen wir das Gelände. Etwa 76 Hektar ist es groß, in dem Pflanzen aus Europa, dem Kaukasus, Asien oder auch dem Östlichen Nordamerika zu entdecken sind. Die mehr als 600 Gehölze stehen in Gruppen zusammen, so wie sie in der Natur auch vorkommen.

Während unseres Rundgangs durch das Arboretum kommen wir an Bäumen mit sehr eindrucksvollen Namen vorbei, wie dem nordamerikanischen Mammutbaum oder der Chilenischen Araukarie. Letztere hat ein stacheliges Aussehen und kann in ihrer Heimat um die 40 Meter Höhe erreichen. Wir treffen auf Bäume aus den Rocky Mountains, aus

Links: Prachtvolle Farben im Herbst

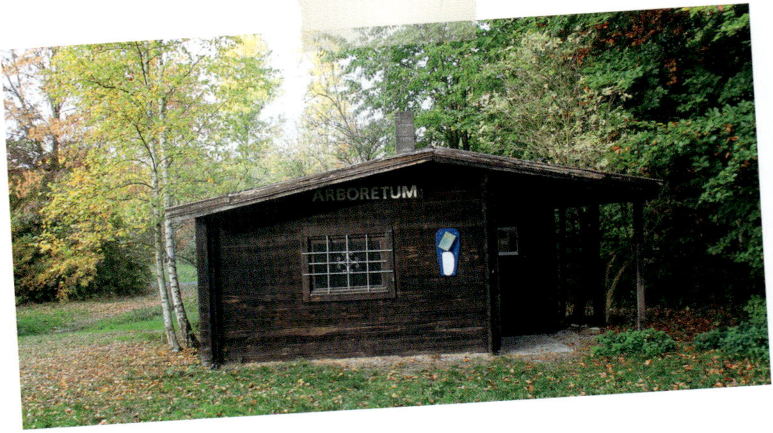

Mehr als 600 Gehölze wachsen im Arboretum.

Sibirien oder auch der Mandschurei. Zwischendurch genießen wir den Anblick von friedlichen und wiederkäuenden Kühen und blühenden Wildblumenwiesen. Hier fühlen sich auch die Bienen ganz wohl. Ein Imker hat deswegen auch eine Reihe von Bienenkörben aufgestellt. In einem weiteren Teil des Parks hat die ökologische Landwirtschaft einen hohen Stellenwert.

Bevölkert werden die berühmten Bäume und Pflanzen des Arboretums von einer beeindruckenden Tierwelt. Rehe, Wildschweine, aber auch Vögel und Amphibien tummeln sich auf dem Gelände. Im Waldhaus finden zusätzlich lehrreiche Veranstaltungen für die großen und kleinen Interessierten zu Fauna und Flora statt.

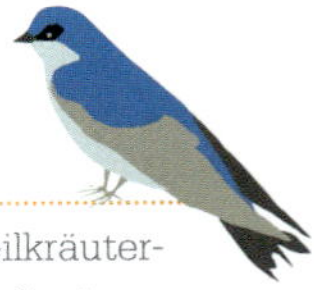

Tipp WOHLTUENDE KRÄUTER

Noch mehr schöne Pflanzen bzw. Kräutlein können im Kneipp-Heilkräutergarten betrachtet werden. Die farbigen Tupfer erfreuen nicht nur die Augen, sondern sind auch für die Nasen sehr anregend. Direkt am Kurpark in der Reitallee 21 befinden sich die mehr als 150 Heilkräuter auf einer Fläche von 200 Quadratmetern. www.kneipp-verein-bad-schwalbach.de

AUF EINEN BLICK

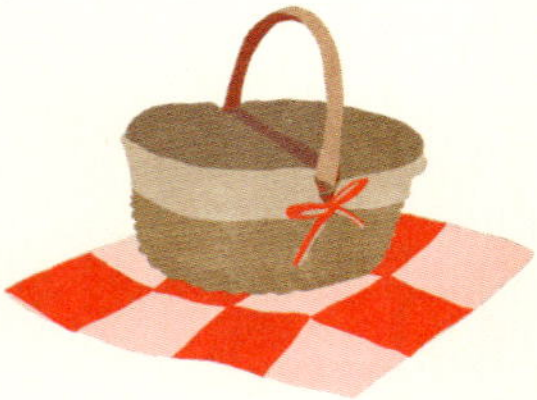

Tour 24: Tour für den Genuss

Dauer: 2 Std.

Höhenmeter: 20 m

Länge: 5 km

Schwierigkeit: leicht

Tourencharakter: Besinnliche Tour durch eine zum Teil unbekannte Baumwelt

Ausgangs-/Endpunkt: Gewerbegebiet Camp Phönix Park, Eschborn. Offizielle Adresse des Arboretums: Am Weißen Stein, 65824 Schwalbach am Taunus

Anfahrt: **Bahn/Bus:** Mit der S-Bahn bis Eschborn, vom Bahnhof 100 m zur Bushaltestelle Bahnhofstraße, dort mit dem Bus 252 zum Camp Phönix. **Auto:** Über die A 648/A 66 Ausfahrt Eschborn in die Sossenheimer Straße, dann links in die Elly-Beinhorn-Straße, weiter der Beschilderung zum Arboretum folgen (kostenlose Parkplätze bei der Europa-Schule).

Einkehr: Langenschwalbacher Schlemmer- und Kulturstation, Aarstr. 7 (Alter Bahnhof), 65307 Bad Schwalbach, Tel. 06124/2572, www.alter-bahnhof-swa.de
Zur Pferdetränke, Mühlstraße 36, 65843 Sulzbach, Tel. 06196/5235055, www.zur-pferdetraenke.de

Information: Arboretum Main-Taunus, 65824 Schwalbach am Taunus, Tel. 06196/83636, www.hessen-forst.de

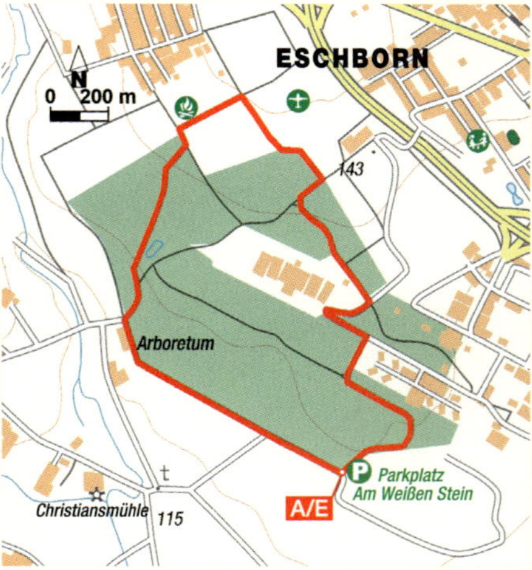

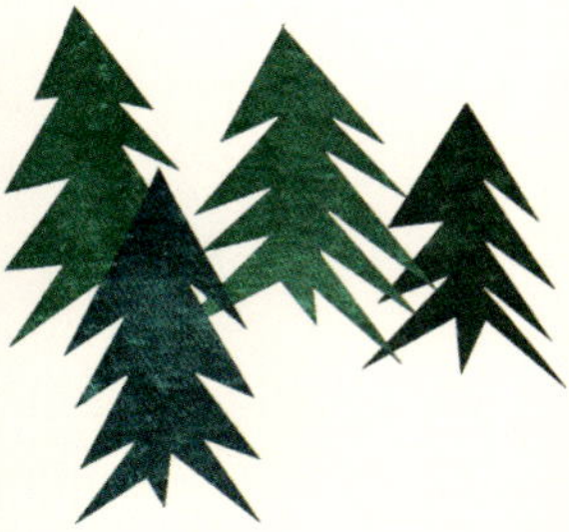

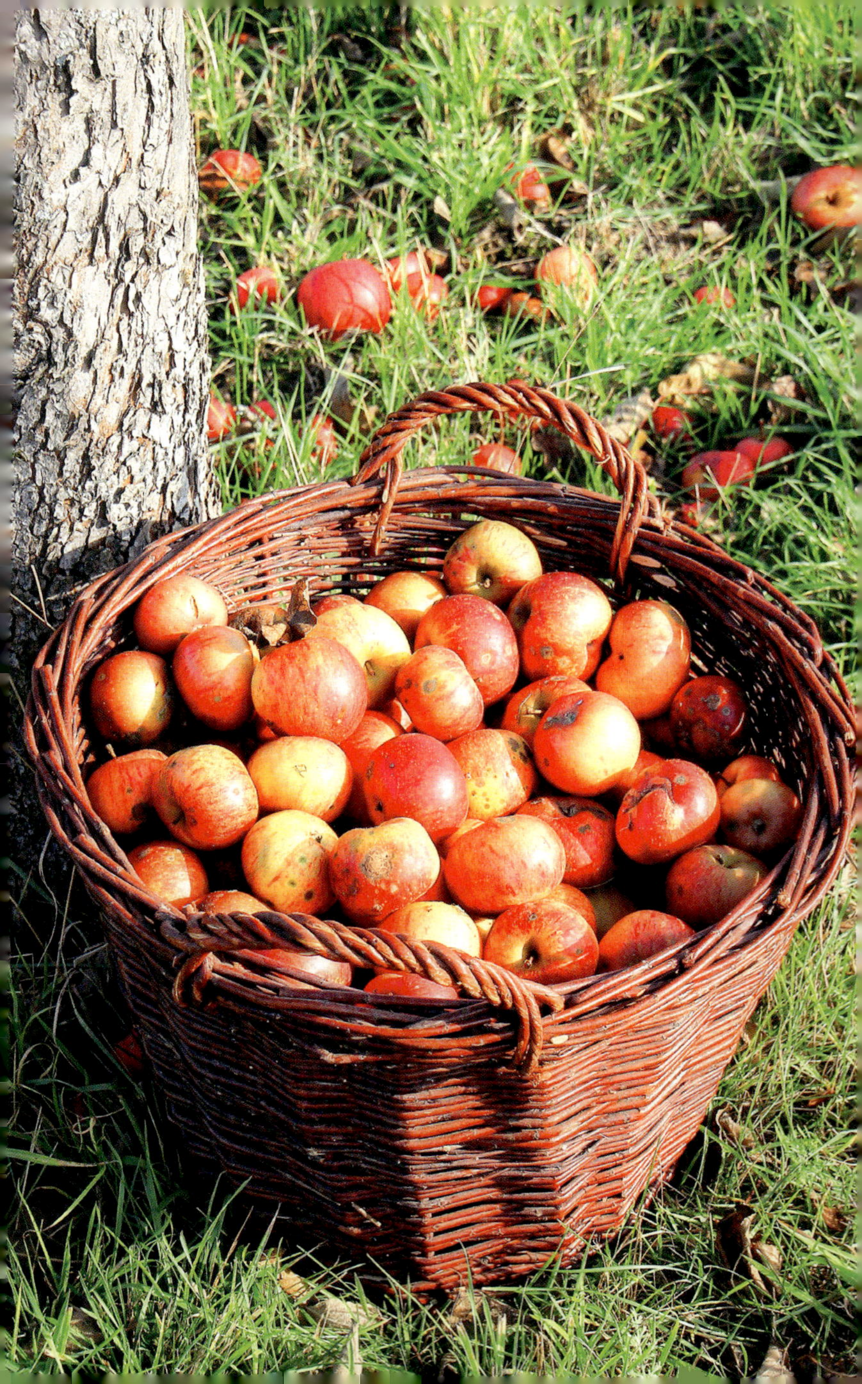

ÜBER FELD UND WIESE

Tour der Stille
TOUR 25

Die Liederbach-Runde

Von Niederhofheim führt die Strecke an Streuobstwiesen bis zur urigen Jausenstation. Nach einer gemütlichen Pause geht es entspannt an Bad Soden vorbei bis nach Liederbach.

Am Friedhof Königsteiner Weg in Niederhofheim beginnen wir unsere Wanderung, die uns an Feldern und an Streuobstwiesen vorbeiführt. Niederhofheim ist ein Ortsteil von Liederbach am Taunus und wurde um 1272 erstmals urkundlich erwähnt. Besonders sehenswert in Niederhofheim ist das alte Rathaus, welches als zweigeschossiger Fachwerkbau mit Krüppelwalmdach und barockem Haubendachreiter erbaut wurde. Wir folgen dem schönen Weg, der uns durch die Unterführung der L3014 führt. Noch ein kleines Stückchen weiter geradeaus, dann biegen wir nach links ab. Parallel an der B519 entlang führt unsere Route rechts über den Schmiehbach weiter bis zum Schäfer Jakobs Apfelland. Hier wachsen mehr als 1000 Apfelbäume, aus denen Apfelwein oder Apfelsaft für das in Kelkheim betriebene Restaurant hergestellt wird. Was für ein Farbenspiel zur Erntezeit! Das Gasthaus im Taunus ist bereits in der siebten Generation im Familienbesitz und verwöhnt die Einkehrenden mit Gänsebraten oder auch Wildgerichten.

Mit Blick auf die vielen Apfelbäume wandern wir weiter geradeaus unter der B8 hindurch und gelangen auf den Eberhard-Preis-Weg. Diesem folgen wir rechts und gelangen zu Eberhards Scheuer. Die beliebte Jausenstation befindet sich in einer Fachwerkscheune, die ursprünglich von Eberhard Preis im Jahr 1976 erbaut wurde. In der urigen Atmosphäre lässt sich herrlich schlemmen. Bei schönem Wetter laden

Links: Frisch gepflückt schmecken Äpfel am allerbesten.

Oben: Über Feld und Wiese

Unten: Herbstliche Blumengrüße

die Bierbänke unter den Bäumen mit Blick auf die Umgebung ein. Typisch hessische Gerichte wie Handkäs' mit Musik, das Nervensägenfutter für die Kinder oder auch Flammkuchen sowie selbst gebackene Kuchen stehen auf der Speisekarte.

Auf unserem Weg weiter streifen wir den Ortsrand von Bad Soden. Danach folgen wir rechts dem Amselweg. Nun führt die Strecke unter der B8 wieder durch und wir halten uns nach einem Stück geradeaus wieder links Richtung Hof Heide. Parallel zur B8 stoßen wir auf die Brunnenstraße und folgen ihr. Bald kreuzt die Heidestraße unseren Weg, auf der wir links weitergehen. Auf der anderen Seite der L3014 erreichen wir den Erlenweg, der uns zum Marktplatz Liederbach führt. Nach einer halben Umrundung nehmen wir rechts die Straße im Kohlruß und rechts die Eichkopfallee. Dabei lassen wir die Liederbachhalle links liegen. Die Liederbachhalle wird für die unterschiedlichsten Veranstaltungen genutzt. In ihr befindet sich auch ein Restaurant, welches gutbürgerliches Essen anbietet. Nach der 180-Grad-Umrundung der Liederbachhalle queren wir die Wachenheimer Straße.

Weiter geradeaus treffen wir auf den Liederbach, der uns nur kurze Zeit später nach einer rechten Abbiegung in die Bahnstraße rechts begleitet. Dort, wo wir links auf die Straße Am Wiesengrund treffen, gehen wir am Liederbach weiter. Dieser Weg führt uns zur Straße Die Braubach. Immer weiter parallel zum Bach laufend queren wir die Straße

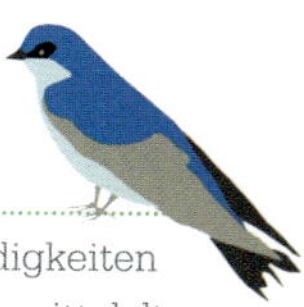

Tipp KELKHEIM

Kelkheim hat mehrere Stadtteile. Zu den besonderen Sehenswürdigkeiten gehören der 31 Meter hohe Atzelbergturm und der Rettershof, ein mittelalterliches Hofgut mit den in der Nähe befindlichen 3500 Jahre alten Hügelgräbern. Im alten Ortskern Hornaus befindet sich zudem das älteste Haus der Stadt.

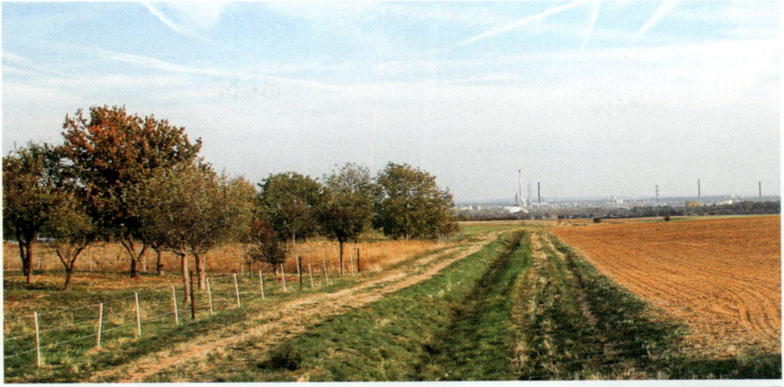

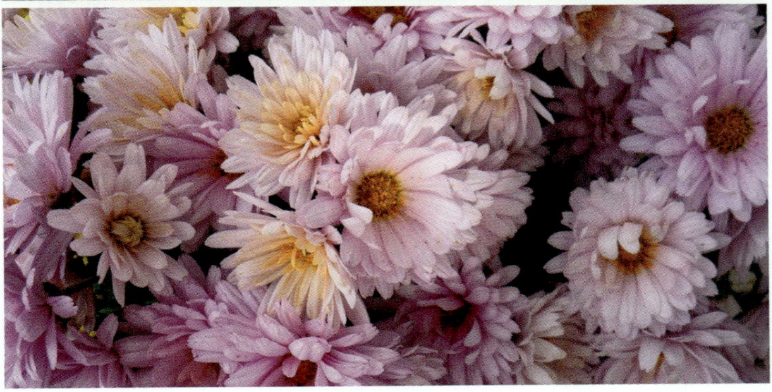

»Man kann einen seligen, seligsten Tag haben, ohne etwas anderes dazu zu brauchen als blauen Himmel und grüne Erde.«

Jean Paul, deutscher Schriftsteller (1763–1825)

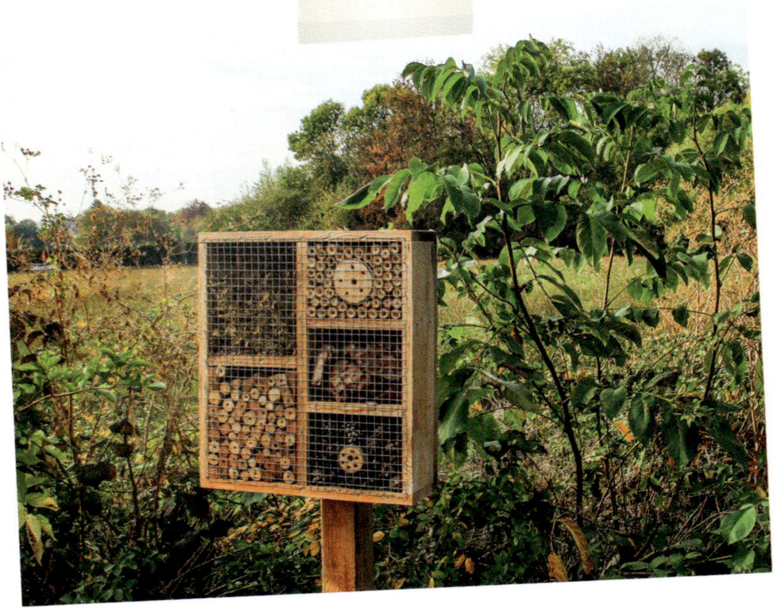

Kleine Insektenkunde am Weg

Alt-Niederhofheim und biegen schließlich rechts in den Königsteiner Weg ein. Nun ist es nicht mehr weit zurück zu unserem Parkplatz.

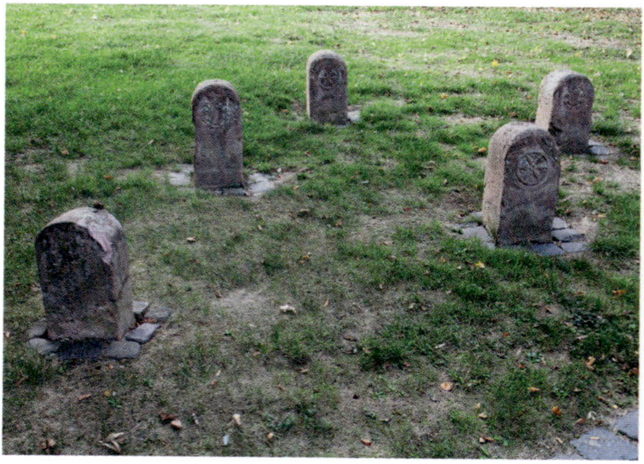

Alte Wegmarkierungen

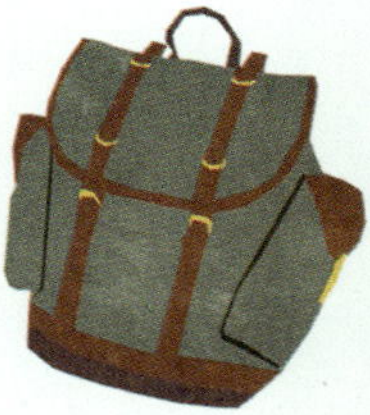

AUF EINEN BLICK

Tour 25: Tour der Stille

Dauer: 2 Std.

Höhenmeter: 62 m

Länge: 7 km

Schwierigkeit: leicht

Tourencharakter: Leichte und sonnige Wanderung an Feld und Streuobstwiesen entlang

Ausgangs-/Endpunkt: Königsteiner Weg, 65835 Niederhofheim

Anfahrt: **Bahn/Bus:** Vom Bahnhof Kelkheim mit dem Bus 804 bis Alt-Niederhofheim, von dort ca. 300 m zu Fuß.
Auto: Über die B 8 oder B 519 und L 3014 in Richtung Liederbach zum Friedhof und Am Königsteiner Weg.

Einkehr: Eberhards Scheuer, Eberhard-Preis-Weg, 65812 Bad Soden, Tel. 0172/9851544, www.eberhards-scheuer.com

Information: Magistrat der Stadt Kelkheim, Gagernring 6, 65779 Kelkheim, Tel. 06195/8030, www.kelkheim.de

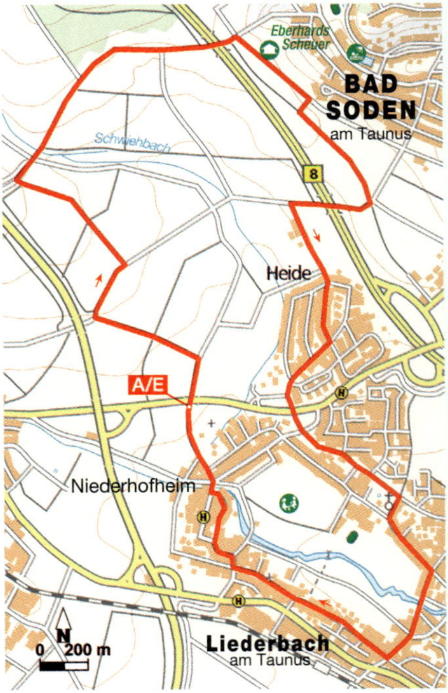

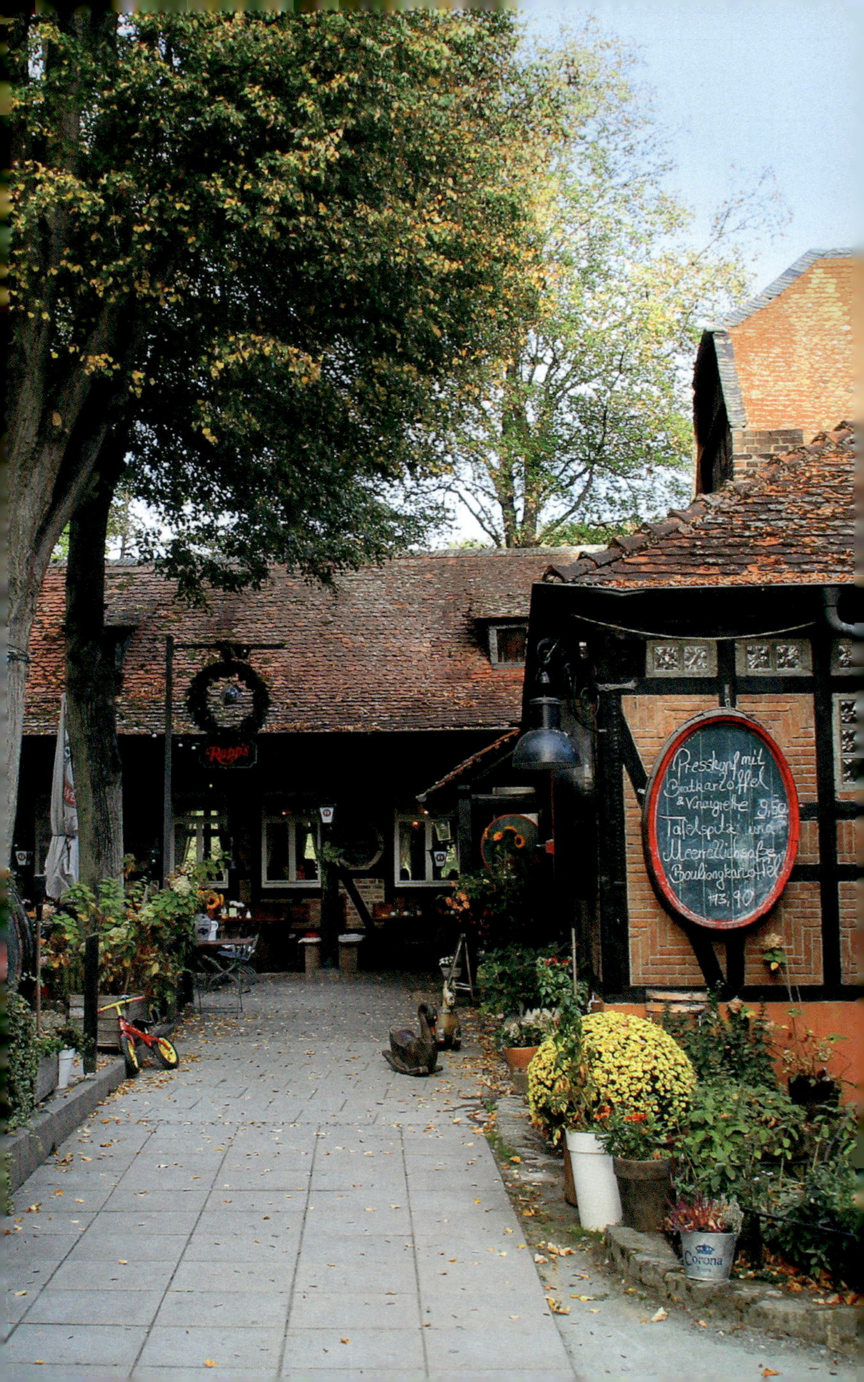
Rapp's
Presskopf mit
Bratkartoffel
& Vinaigrette 9,50
Tafelspitz und
Meerrettichsoße
Bouillonkartoffel
13,90
Corona

ZWEI-TÄLER-WANDERUNG

Tour
TOUR 26
ohne Uhr

Zur Roten Mühle

Vom Liederbachtal führt die Wanderung zu einem Ortsteil von Königstein und weiter in das faszinierende Braubachtal mit seiner ökologisch interessanten Pflanzen- und Tierwelt. Am Ende verwöhnt der historische Landgasthof mit leckeren Gerichten.

Eine bezaubernde Rundwanderung erwartet uns heute. Unser Startpunkt ist in der Nähe von Bad Soden im Liederbachtal. Das Heilbad Bad Soden liegt an den Hängen des Taunus und ist ein beliebtes Ziel für Urlauber. Schon im Mittelalter war das Reichsdorf bekannt für seine Salz- und Warmquellen. Im Alten Kurpark befindet sich das ehemalige Badehaus. Das frühere Kurgebäude wurde 1870/71 errichtet. In ihm gab es etwa 40 Badekabinen mit Holz- und Steingutwannen, die regelmäßig benutzt wurden. Neben Elektro- und Trockenbehandlungen wurden auch Sole- und Mineralwasserbehandlungen durchgeführt. Zudem befinden sich im Alten Kurpark noch mehrere Brunnen wie der Schwefelbrunnen oder auch der »Neue Sprudel«, welche jederzeit einen kleinen Abstecher wert sind.

Von unserem Parkplatz an der Roten Mühle laufen wir ein wenig zurück, bis wir zum Liederbach kommen. Hier überqueren wir den Bach und halten uns an der zweiten Abbiegung links. Dem Liederbach weiter folgend erreichen wir Johanniswald und wandern am Ortsrand weiter, bis wir linker Hand auf der Wiesbadener Straße den Ortsteil Schneidhain erreichen. Schneidhain ist ein Stadtteil von Königstein im Taunus und wurde erstmals im 11. Jahrhundert als Teil des Klosters Limburg an der Haardt erwähnt. Das Straßendorf ist direkt am Liederbach gelegen.

Links: Behagliche Gemütlichkeit in der »Roten Mühle«

Oben: Der Landgasthof kann auf eine lange Geschichte zurückblicken.

Unten: Im Außenbereich und auf dem Spielplatz können die Kinder wunderbar toben.

Auf der Straße Milcheshohl durchqueren wir den Ort bis zum Kohlweg, der dann in die Straße Am Zankwald mündet. Hier wandern wir an Wiesen und Feldern weiter. Nun gesellt sich der Braubach zu uns, der uns rechts ein weites Stück begleitet. Wir sind jetzt im Braubachtal und umrunden den Rodenberg. Im Norden des Rodenberges befinden sich Hügelgräber. Das Braubachtal ist auch für Hobbybiologen sehr interessant. Hier lassen sich alte Bäume mit vielen seltenen und gefährdeten Tieren entdecken. Darunter befinden sich beispielsweise der Große Schillerfalter, der Dachs, die Ringelnatter wie auch der Eisvogel. Im Braubachweiher leben zudem Hechte, Karpfen, Forellen und sogar Aale.

Am Waldende stoßen wir wieder auf eine Wiese; vor uns befindet sich der Liederbach. Hier folgen wir dem bequemen Weg, der uns direkt wieder zur Roten Mühle bringt. Die historische Rote Mühle hat eine lange Geschichte. Die Gebrüder Kaspar und Hans Geiß ließen die Rote Mühle erbauen. Der Namensgeber war der Rote Berg. Noch heute sind Teile der Mühle sichtbar, die aus dem frühen 17. Jahrhundert stammen und aus roten Backsteinen gebaut wurden. Schon um 1950 war der Landgasthof ein beliebtes Ziel für die Bewohner aus Frankfurt und dem Taunus. Für Kinder gibt es hier einen großen Naturspielplatz gleich neben dem Biergarten mit den alten Linden. Bei schlechtem oder kaltem Wetter lädt der große Gastraum zum Verweilen ein. Neben gutbürgerlicher hessischer Küche stehen leckere saisonale Gerichte wie beispielsweise im Herbst Wildgerichte mit Preiselbeeren oder auch im Frühling Speisen mit Spargel

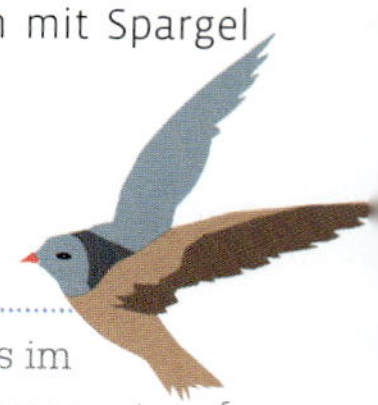

Info DAS HUNDERTWASSERHAUS IN BAD SODEN

Eine ganz besondere Sehenswürdigkeit ist das Hundertwasserhaus im romantischen Quellenpark in Bad Soden. Friedensreich Hundertwasser entwarf das farbenfrohe Wohnhaus mit seinem neunstöckigen, 30 Meter hohen Turm.

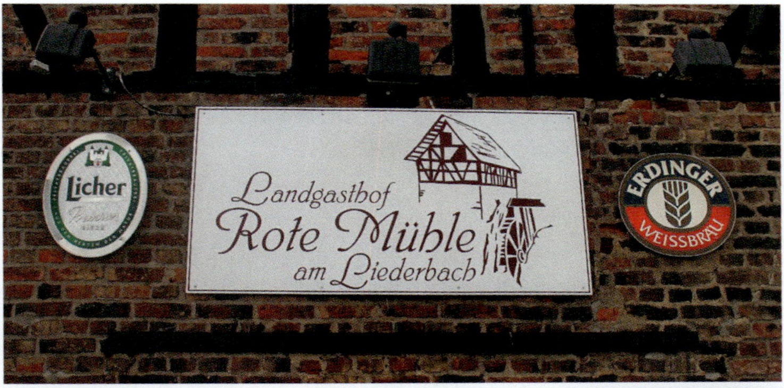

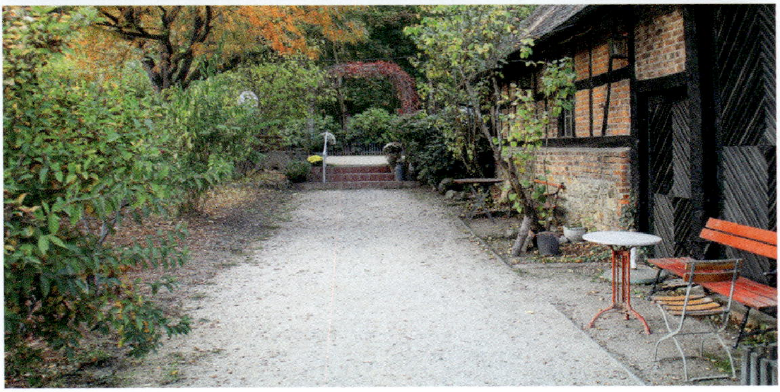

»Die Natur macht nichts vergeblich.«

Aristoteles, griech. Philosoph und Naturforscher
(384 v. Chr.–322 v. Chr.)

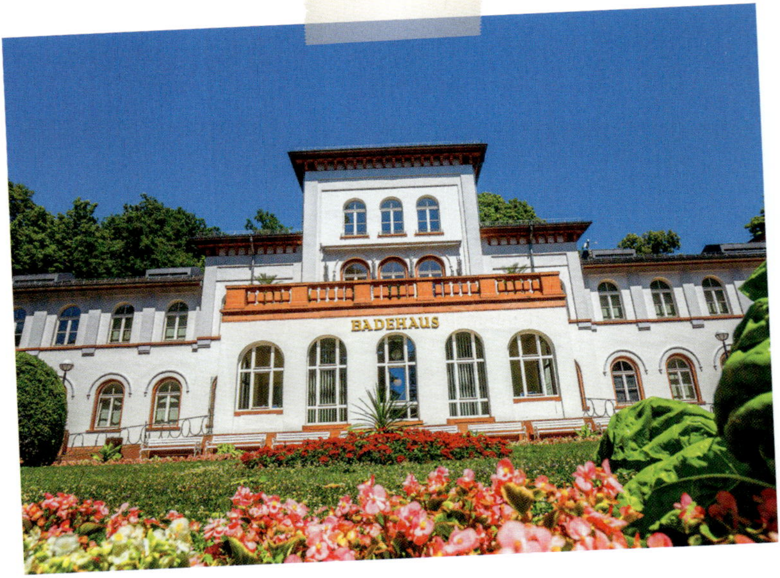

Das Badehaus ist ein ehemaliges Kurgebäude in der Stadt Bad Soden.

und Bärlauch auf der Speisekarte. Apfelkuchen vom Blech oder auch warme Brownies mit Vanilleeis werden als Nachtisch gern zu einem Schoppen gereicht.

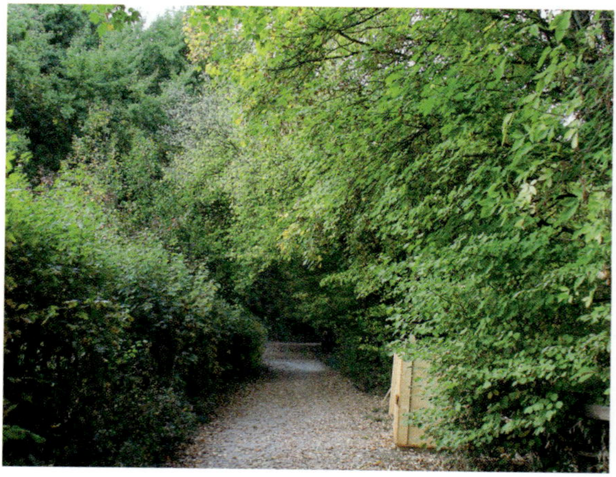

Kurzweilige Tour unter dem Blätterdach

AUF EINEN BLICK

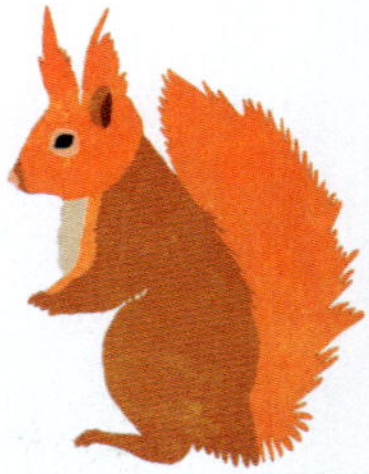

Tour 26: Tour ohne Uhr

Dauer: 2 Std.

Höhenmeter: 113 m

Länge: 5,5 km

Schwierigkeit: leicht

Tourencharakter: Leichtfüßige Wanderung durch das idyllische Liederbachtal zu einem Landgasthof

Ausgangs-/Endpunkt: Rote Mühle, Rote Mühle 1, 65812 Bad Soden am Taunus

Anfahrt: **Bahn/Bus:** Mit der S-Bahn bis zum Bahnhof Bad Soden und weiter mit dem Bus 803 bis Altenhain-Kirche, von dort noch ca. 1,5 km zu Fuß.
Auto: A 66 Ausfahrt Frankfurt-Höchst/Main-Taunus-Zentrum auf die B 8 bis zum Ende, dann rechts halten und die Ausfahrt geradeaus nehmen, Bundesstraße überqueren.

Einkehr: Rote Mühle, Rote Mühle 1, 65812 Bad Soden am Taunus, Tel. 06174/3793, www.landgasthof-rote-muehle.de

Information: Fremdenverkehrsamt Bad Soden, Kronberger Straße 1, 65812 Bad Soden am Taunus, Tel. 06196/208800, www.badsoden.de

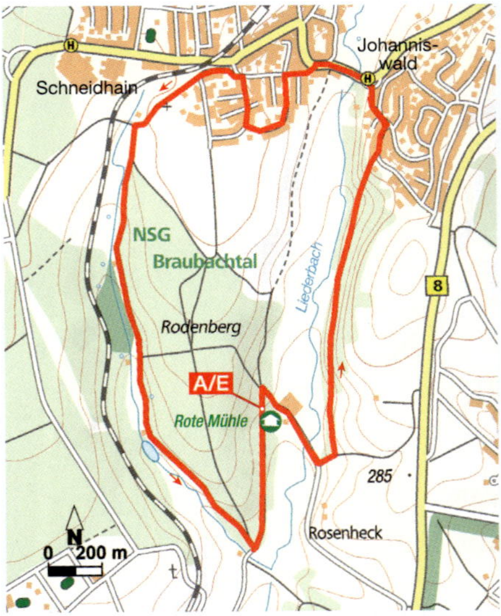

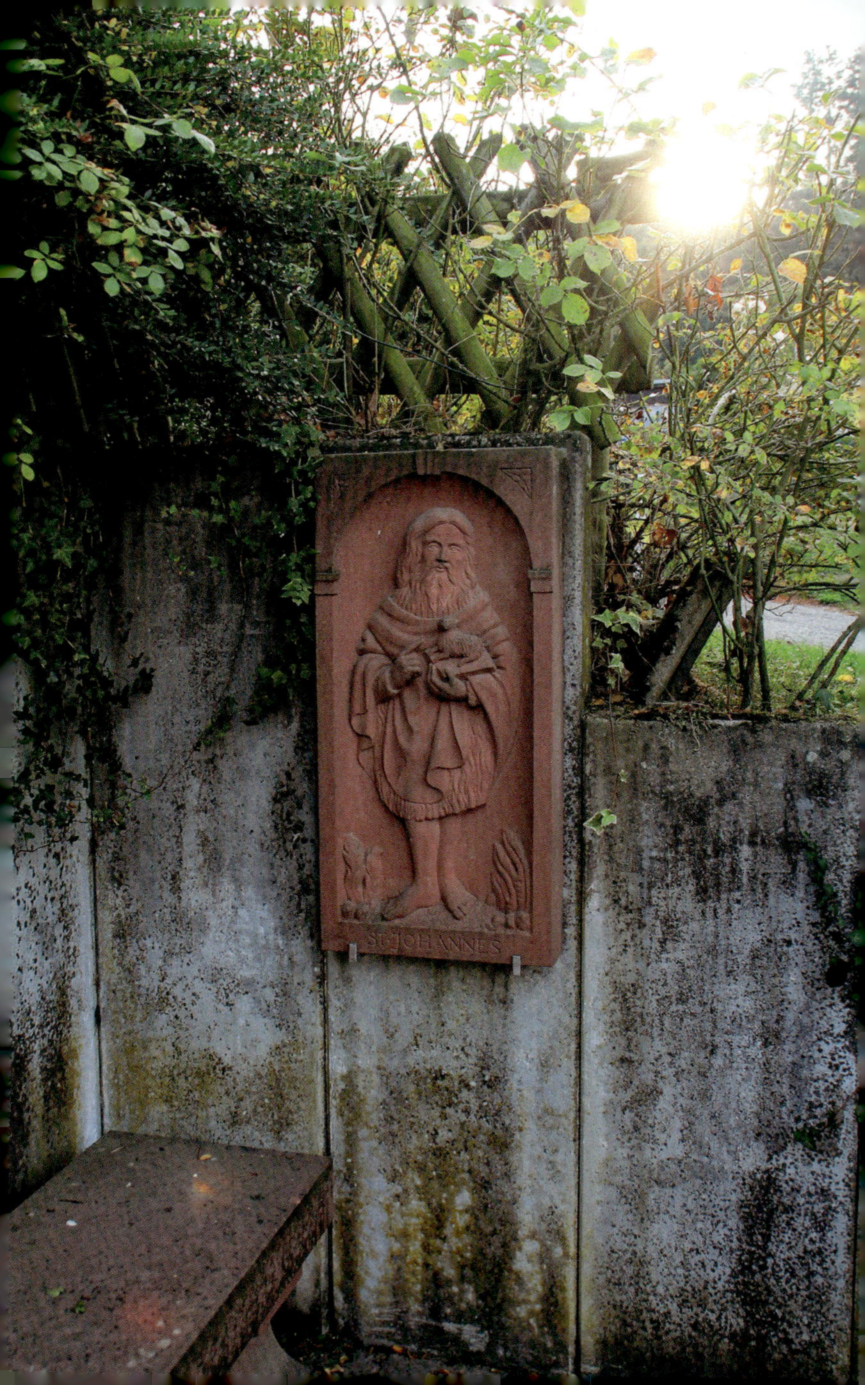
ST. JOHANNES

Tour für TOUR 27 den Genuss

ZUM »SÜSSEN« EIN »SÜPPCHE«

Von Gimbach nach Fischbach

Ohne Auf- und Abstiege, ohne Steine oder Hölzer, die im Weg liegen, präsentiert sich diese Tour. Auf dem Spaziergang an den Feldern vorbei haben wir schöne Aussichten. Am Ende lohnt es sich, im »Gimbi« einzukehren.

Bei dieser Wanderung oder eigentlich eher einem Spaziergang kommen wir nicht ins Schwitzen. Ganz relaxt folgen wir dem Gimbacher Weg vom Gimbacher Hof aus. Als Erstes streifen wir den Spielplatz am Gimbacher Weg. Nach einem kleinen Wäldchen rechts folgen wir weiter dem gut begehbaren Weg an den Feldern vorbei. Schon bald passieren wir linker Hand den Brunnen Gimbach II, der für die Eigengewinnung des Grundwassers Kelkheims dient. Mehr als zehn Brunnen decken die Hälfte des Wasserbedarfs Kelkheims. Ein Stück weiter lassen wir wieder die Felder rechts und links liegen. Immer wieder blickt unser Auge in die Ferne. Wir können den wunderbar in Szene gesetzten Großen Feldberg und auch den sagenumwobenen Altkönig sehen. Zudem ist die Königsteiner Burg sichtbar. Nun dauert es nicht mehr lange und wir stehen vor dem ersten Haus in Fischbach.

Unser Rückweg verläuft auf demselben Weg. Nach einer 180-Grad-Drehung gehen wir frisch und fröhlich voran, während wir dieses Mal eine schöne Aussicht auf das Kelkheimer Kloster haben. Der beeindruckende Kirchturm ist sehr präsent im Kelkheimer Land. Sehr hübsch sind zudem die farbigen Glasmalereien der Fenster. Im Jahr 1908/09

Links: Ruheplatz für besinnliche Gedanken am Gimbacher Hof

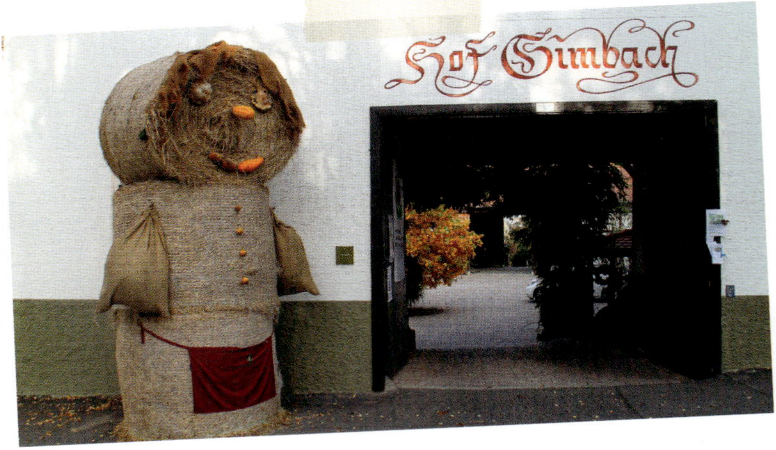

Ein herzliches Willkommen in der Wirtschaft

wurde die weiße Klosterkirche auf einem kleinen Berg, der früher einmal Mühlberg hieß, erbaut. Seit 1909 heißt er Klosterberg. Auf dem Klosterberg bzw. im dortigen Kloster lebten fortan acht Mönche des Franziskanerordens. 1996 verließ der letzte Mönch das Kloster.

Neben der Klosterkirche können wir auch die Skyline von Frankfurt am Main betrachten. Gerade in der Abendstimmung sieht die Großstadt atemberaubend aus, als hätte sie sich ein feurig-rotes Kleid übergestreift. Wer jetzt ein wenig hungrig ist oder einfach nur die Gesellschaft netter Leute genießen möchte, kehrt im Gimbacher Hof ein. Zum frischen Süßen wird Deftiges ganz nach Art des Hauses serviert.

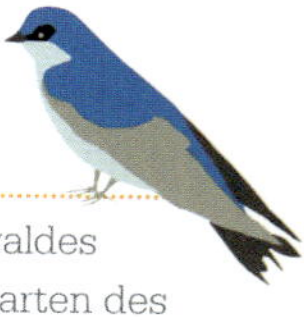

Tipp DER GIMBACHER HOF

Das Ausflugslokal wurde erstmals 1488 als Anlieger des Staufenwaldes erwähnt. Heute ist der Hof über 100 Jahre in Familienbesitz. Im Garten des Gimbacher Hofes lässt sich noch etwas sehr Überraschendes entdecken. Hier befinden sich Steinplatten, die zeigen, dass hier in längst vergangenen Zeiten eine Wallfahrtskapelle nebst Wohnhaus des Kaplans stand.

AUF EINEN BLICK

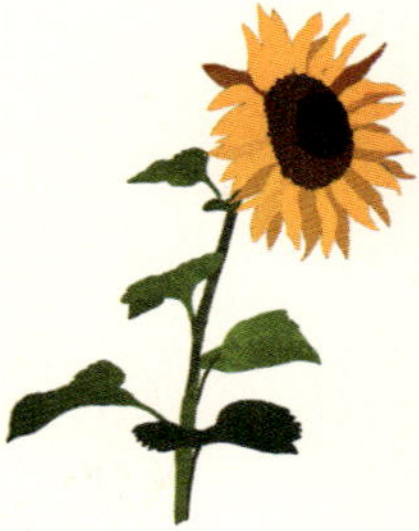

Tour 27: Tour für den Genuss

Dauer: 0,75 Std.

Höhenmeter: 20 m

Länge: 2,2 km

Schwierigkeit: leicht

Tourencharakter: Wunderbar leichte Wanderung nach Fischbach

Ausgangs-/Endpunkt: Gimbacher Hof, Gimbacher Weg, 65779 Kelkheim

Anfahrt: **Bahn/Bus:** Von Frankfurt Hbf. mit der Regionalbahn R 12 bis Kelkheim und zu Fuß weiter durch die Altkönigstraße, Gundelhardstraße und Gimbacher Weg.
Auto: A 66 Ausfahrt Frankfurt am Main-Höchst auf die B 8, bei Niederhofheim auf die L 3014 nach Kelkheim, nach dem Ortseingang von Kelkheim in Altkönigstraße und Gundelhardstraße, nach 50 m rechts zum Gimbacher Hof.

Einkehr: Gimbacher Hof, Gimbacher Weg, 65779 Kelkheim, Tel. 06195/3241, www.hof-gimbach.de

Information: Stadt Kelkheim, Gagernring 6, 65779 Kelkheim, Tel. 06195/8030, www.kelkheim.de

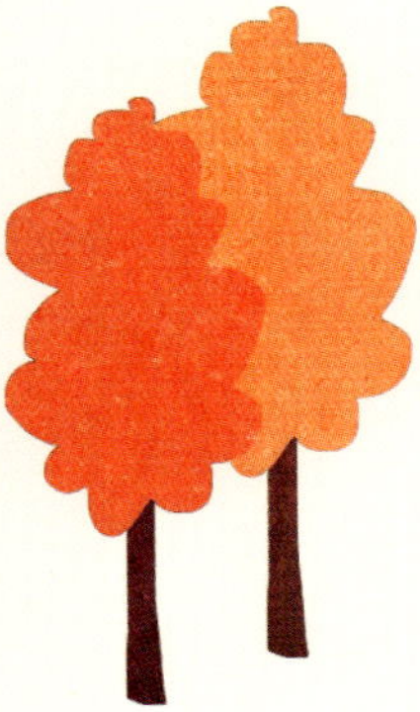

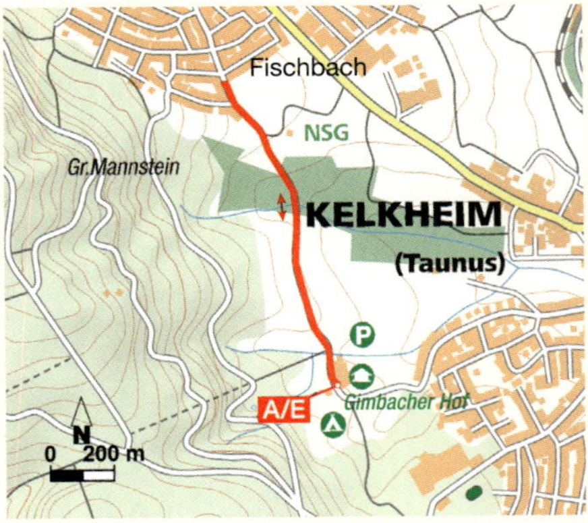

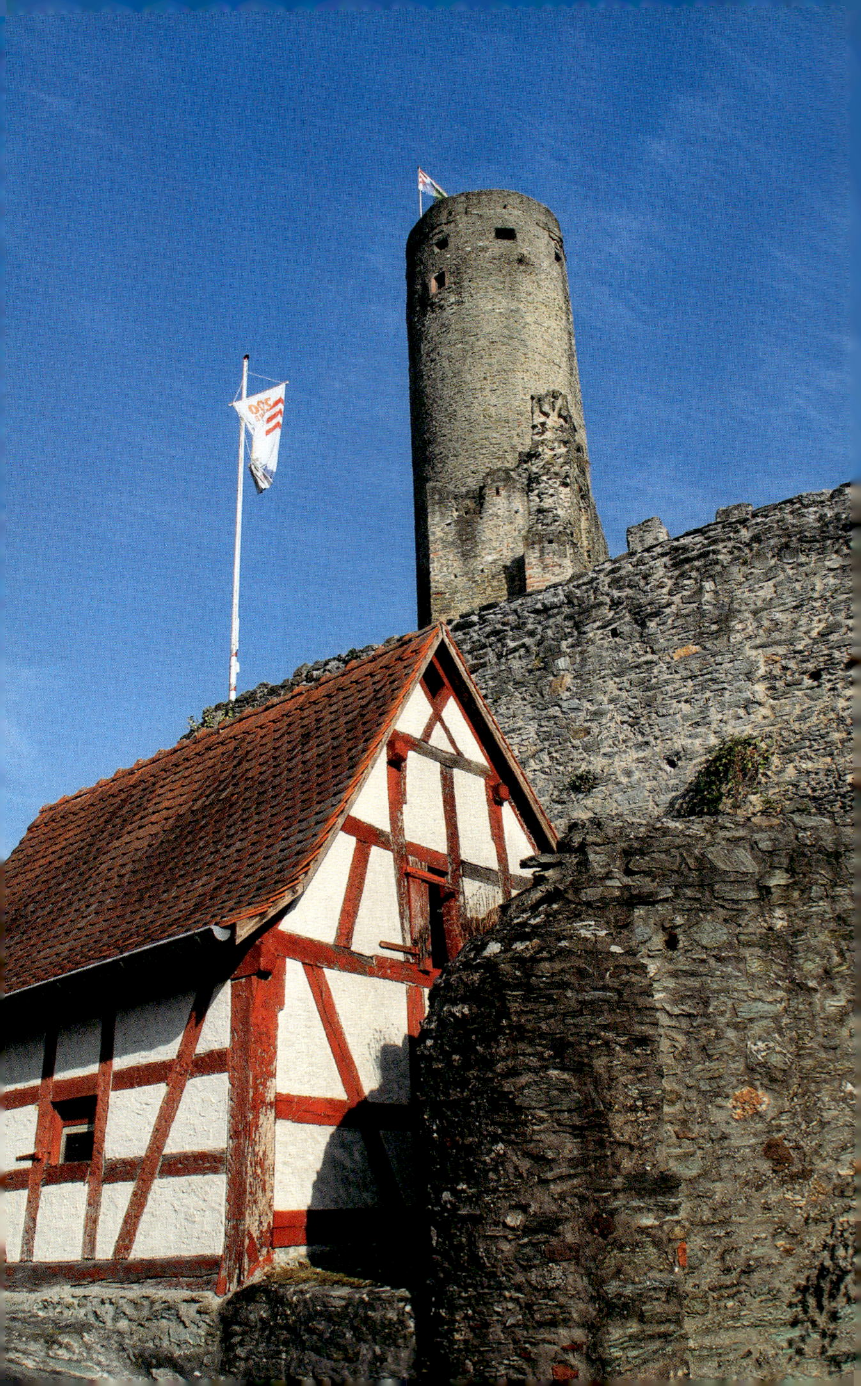

Tour der Stille

TOUR 28

PANORAMAWEG UND »PFLASTERSCHISSER«

Von Eppstein zum Kaisertempel

Auf dem Panoramaweg erlebt man die schönsten Aussichten auf Eppstein, seine Burg und Umgebung. Die gut ausgeschilderte Tour führt außerdem zum Kaisertempel, der sich auf einem Felsvorsprung am Westhang des Staufens befindet.

Vom Bahnhof Eppstein starten wir die entspannte Wanderung auf dem Panoramaweg. Das Bahnhofsgebäude ist über 100 Jahre alt und wurde im Jugendstil erbaut. In ihm befindet sich neben einem Bürgerbüro auch ein Café, in dem man sich mit einem Kaffee oder Tee auf die Wanderung einstimmen kann. Am Bahnhof steht zudem auch eine Informationstafel, auf der wir uns die Strecke des Panoramaweges noch einmal ansehen können.

Über die Straße geht es nun direkt in Richtung der Altstadt. Kurz bevor wir diese erreicht haben, biegt der Weg ab. Hier kann man überlegen, ob man einen Abstecher in die Altstadt unternimmt. Bezaubernde kleine Gassen und viele schöne Fachwerkhäuser finden sich hier, darunter auch das älteste Fachwerkhaus des Main-Taunus-Kreises, welches unter dem Namen »Pflasterschisser« bekannt ist. Erbaut wurde der spätgotische Bau im Jahr 1459. Das urige und gemütliche Restaurant in der Burgstraße bietet leckere Speisen und Getränke. Das Haus verdankt seinen Namen den Eppsteiner Bürgern. Einst wurden sie aufgerufen, Namensvorschläge abzugeben. Der Name »Pflasterschisser« bezieht sich darauf, dass die Eppsteiner ihre Straßen pflastern

Links: Im Burgmuseum lässt sich Wissenswertes zur Geschichte der Burg Eppstein erfahren.

Rechts: Blick über die Stadt Eppstein

durften. Die Ortschaften um Eppstein mussten sich hingegen mit gestampftem Lehm als Straßenbelag abfinden. Außerdem verlangten die Bürger von Eppstein für die Durchfahrt auf ihren Straßen von den Nichtortsansässigen Zoll.

In der Burgstraße kann man außerdem die Ruine Eppstein bewundern, die sich hier grandios in Szene setzt. Einst war die im 10. Jahrhundert erbaute Burg Eppstein im Besitz der Herren von Eppstein, die als Mainzer Erzbischöfe in der Politik mitentschieden. Der runde Bergfried ist besonders imposant. Er entstand wie auch die Reste des Palas im 14. Jahrhundert. Im Burgmuseum kann man sich über die Geschichte der Burg und ihrer Besitzer informieren. Zudem gibt es einige interessante Ausstellungsstücke wie z. B. eine Ritterrüstung zu bewundern. Jedes Jahr finden auf der Burg eine Vielzahl von Veranstaltungen statt. Darunter auch die Eppsteiner Burgfestspiele, welche bereits seit 1913 aufgeführt werden. Neben Musicals gibt es Komödien, Kinderprogramme wie auch anderes Musikalisches zu erleben.

Auf unserem Panoramaweg kurz vor der Altstadt eröffnen sich uns die ersten schönen Ausblicke auf die Stadt. Leicht aufwärts folgen wir dem Panoramaweg bis in das Tal. Nun dauert es auch nicht mehr lange und wir wandern wieder Richtung Eppstein. Nach dem Durchqueren von einigen kleinen Straßen führt uns die Route auf einen kleinen Berg. Unser Zwischenziel, der Kaisertempel, zeigt sich schon von Weitem. Vorerst müssen wir aber bergauf wandern, um ihn

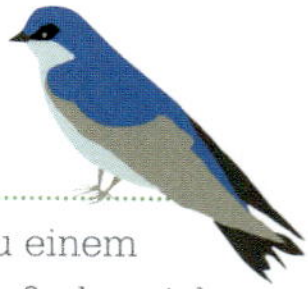

Tipp DER KAISERTEMPEL

Der Kaisertempel wurde 1894 eingeweiht und hat sich seitdem zu einem bekannten Ausflugsziel entwickelt. In der Vorhalle des Tempels befinden sich die Bilder des deutschen Kaisers Wilhelm I. und seines Nachfolgers Friedrich III., die als Namensgeber fungierten. In direkter Nähe des Kaisertempels wartet zudem ein beliebtes Ausflugslokal auf Gäste.

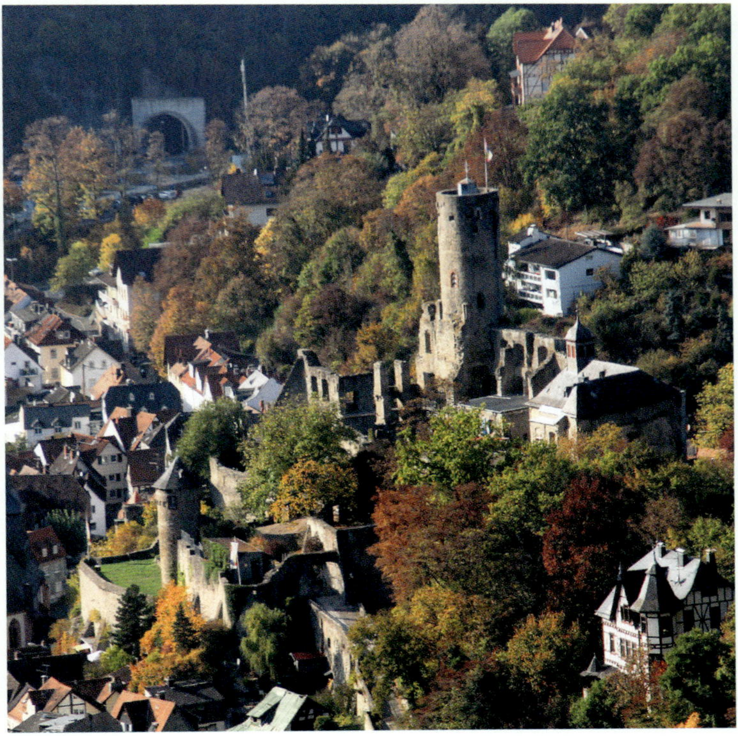

»In der Einfachheit und Stille der Natur findet der Mensch die Lebenskraft.«

Julius Waldemar Grosse, deutscher Schriftsteller (1828–1902)

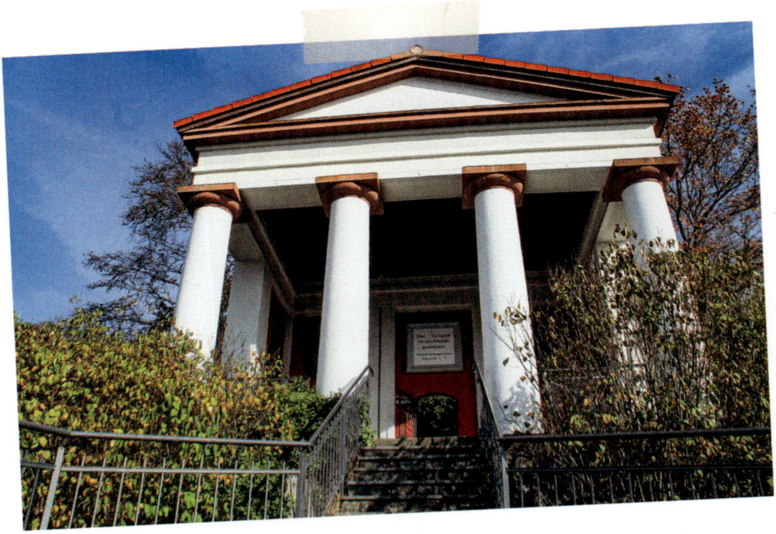

Vorderansicht des Kaisertempels

zu erreichen. Endlich oben angekommen werden wir für die Mühen belohnt. Eine traumhafte Aussicht bietet sich dem Wanderer. Eppstein mit seiner Burg liegt uns zu Füßen! Nach einer längeren Wanderpause führt uns der Panoramaweg in direkter Nähe der Bahnschienen bis zum Bahnhof. Auch hier hat man immer wieder eine schöne Sicht, bis man am Ziel angekommen ist.

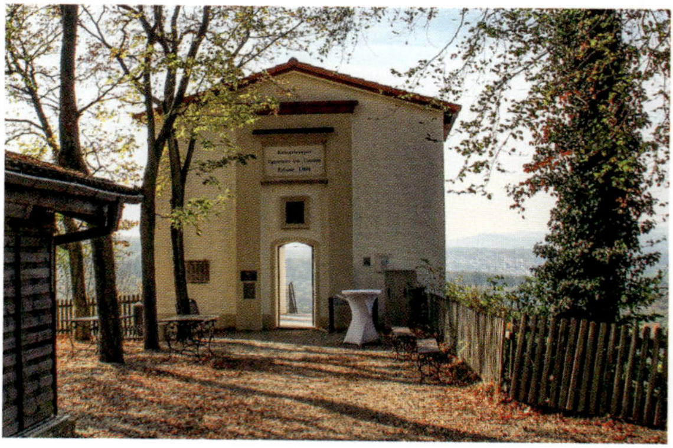

Eine schöne Aussicht bietet sich dem Wanderer vom Kaisertempel.

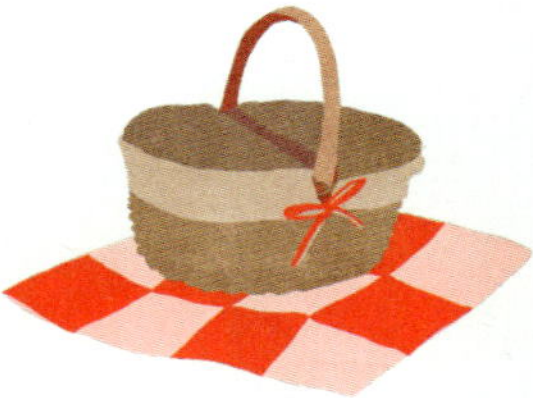

AUF EINEN BLICK

Tour 28: Tour der Stille

Dauer: 2,5 Std.

Höhenmeter: 372 m

Länge: 9 km

Schwierigkeit: mittel

Tourencharakter: Durchgängig beschilderte Tour rund um Eppstein mit schönen Aussichten

Ausgangs-/Endpunkt: Bahnhof Eppstein, 65817 Eppstein,
Koordinaten: 50.140748, 8.386611

Anfahrt: **Bahn/Bus:** Mit der S 2 von Frankfurt zum Bahnhof Eppstein.
Auto: Über die A 3 und B 455 nach Eppstein.

Einkehr: Café-Bar-Restaurant Wunderbare Weite Welt, Am Stadtbahnhof 1, 65817 Eppstein, Tel. 06198/585506, www.wunderbar-weitewelt.de

Information: Stadt Eppstein, Am Stadtbahnhof 1, 65817 Eppstein, Tel. 06198/305405, www.eppstein.de

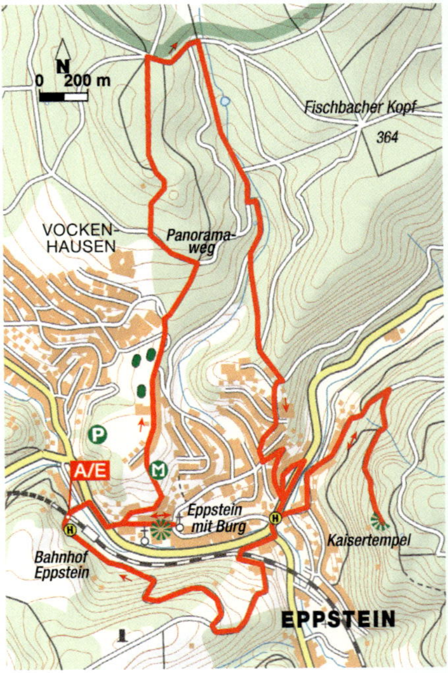

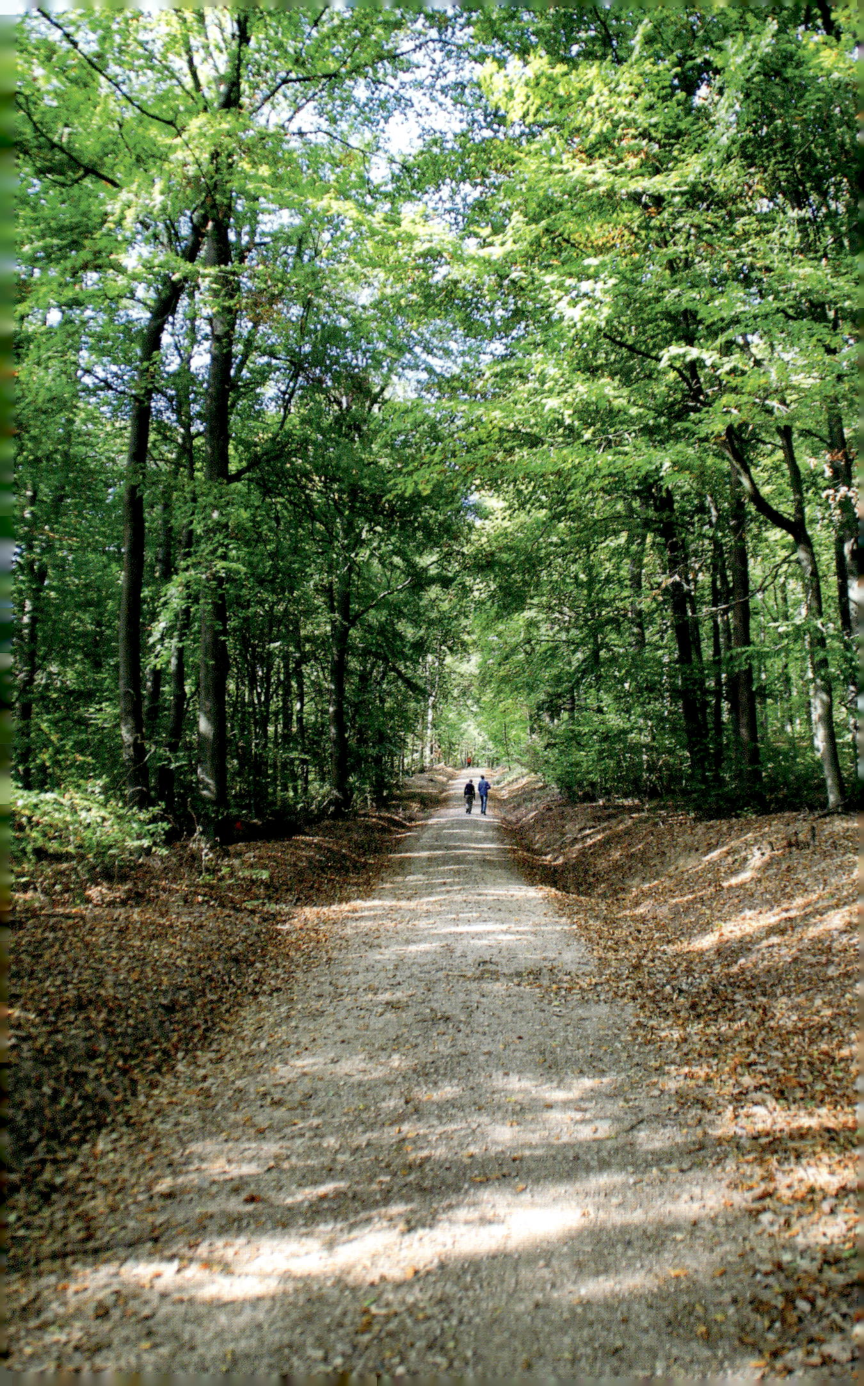

VON EISZEIT UND ERDBEBEN

Tour
TOUR 29
ohne Uhr

Der Geo-Erlebnispfad Oberjosbach

Auf der kleinen Tour, die eher einer gemütlichen Runde ähnelt, werden wir mit den erdgeschichtlichen Zusammenhängen und Hintergründen des Taunus konfrontiert. Längst Gelerntes wird hierbei wieder aufgefrischt und neue Fakten werden aufgenommen.

Heute werden wir uns mit den geologischen Besonderheiten der Region auseinandersetzen. Dafür begeben wir uns nach Oberjosbach, einem Ortsteil von Niedernhausen, der 1196 erstmals urkundlich erwähnt wurde. Im Ortskern befindet sich das Alte Rathaus mit seinem bezaubernden Erkerfenster. In direkter Nähe steht ein weiteres entzückendes, kleines schiefes Fachwerkhäuschen mit rotem Dach und blauen Fensterläden. Wer dann noch etwas Zeit hat, sollte sich den alten Dorfbrunnen ansehen, umgeben von Lavendel und anderen Blumen. Seine Wiedererrichtung wurde durch eine Spende der Einwohner finanziert und organisiert und erinnert an längst vergangene Zeiten.

Nördlich von Oberjosbach beginnt die Wanderung auf dem Geo-Erlebnispfad, der einen Einblick in die Erdgeschichte ermöglicht. Die Straße An der Eiche ist der Startpunkt der fünf Kilometer langen Wanderung. Von hier geht es rechts aufwärts in den Wald bis zu den ersten Informationstafeln. Wir beschäftigen uns nun mit dem Aufbau und der Gebirgsbildung der Erde. Anschließend erreichen uns Informationen zu der Entstehung des Taunus und welche Gemeinsamkeit dieser erstaunlicherweise mit den Malediven besitzt. An der dritten Station erfahren wir Spannendes zu den historischen Kohlenmeierplatten rund um Niedernhausen, während die nachfolgende Station sich mit den Geheimnis-

Links: Gemütliche Runde im Schatten

Rechts: Ein süß oder sauer Gespritzter ist bei den Hessen sehr beliebt.

sen bzw. den Auswirkungen des Ausbruches des Laacher-See-Vulkans auf den Taunus beschäftigt. Welche Folgen für die Umwelt der Ausbruch eines Krieges oder eine bestimmte Baumaßnahme hat, sind ebenfalls spannende Fakten. Schiefer, Sandsteine und Quarzit waren schon zu Zeiten der Römer beliebt. Warum dem so war, klärt die Station 6 auf dem Geo-Erlebnispfad. An der ersten großen Kreuzung halten wir uns links.

Mit leichtem Fuß wandern wir auf einem bequemen Waldweg. Weitere Informationstafeln säumen den Weg. Wir beschäftigen uns nachfolgend mit der Veränderung des Landschaftsbildes des Taunus und wie das Eiszeitalter wichtige Rohstoffe für die Bauindustrie hervorbrachte. An der Station 9 werden wir mit den verschiedenen Bodenarten um Niedernhausen konfrontiert. Kurze Zeit später lernen wir um die Bedeutung der Erzgewinnung. Eine leichte Steigung bringt uns zum Abzweig, der in Richtung Hohler Stein weist. Auf einem kleinen schmalen Pfad erreichen wir gemütlich die Felsformation Hohler Stein. Der Felsen aus Taunusquarzit sieht atemberaubend und sehr mystisch aus.

Hier machen wir eine großzügige Pause und lassen den Anblick auf uns wirken, bevor wir uns wieder auf den Waldwegen den vielfältigen Informationstafeln widmen. An der Station 12 werden Fragen wie beispielsweise »Wie kam der Wald in den Taunus?« oder »Was passierte mit ihm in der Eiszeit?« geklärt. Richtig spannend wird es dann an der letzten

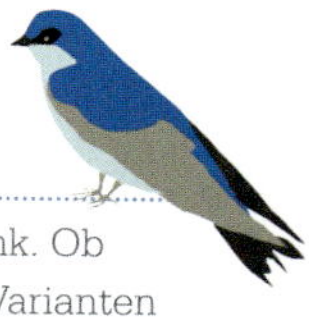

Tipp DES HESSEN LIEBLING

Der Apfelwein ist legendär in Hessen und fast das Nationalgetränk. Ob gespritzt, sauer, süß, pur oder als Secco – er wird in zahlreichen Varianten von den Einheimischen wie auch den Touristen verköstigt. Apfelweinverkostungen finden auch in Oberjosbach beispielsweise bei der Kelterei »apfelundwein« statt. www.apfelundwein.de

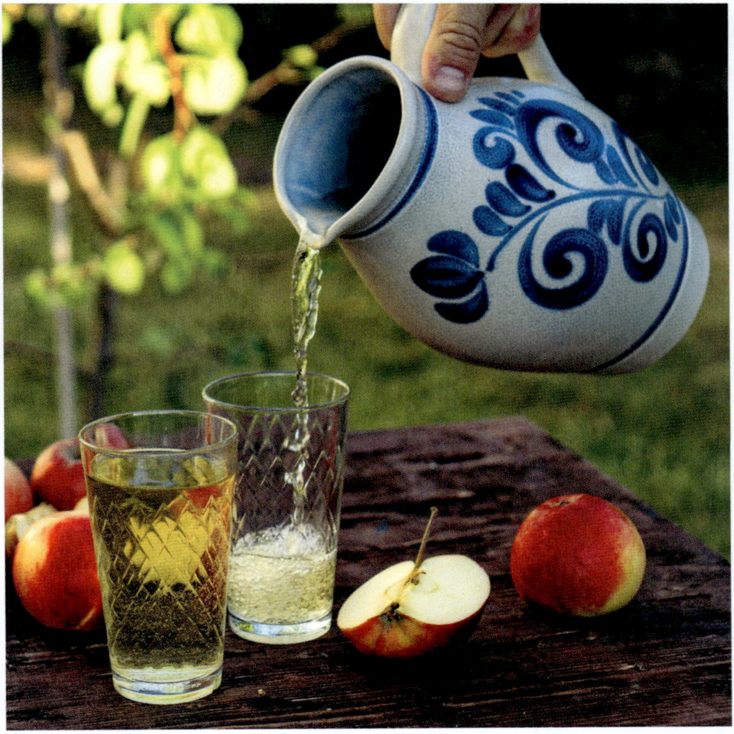

»Wandern ist eine Tätigkeit der Beine –
und ein Zustand der Seele.«

Josef Hofmiller, deutscher Schriftsteller (1872–1933)

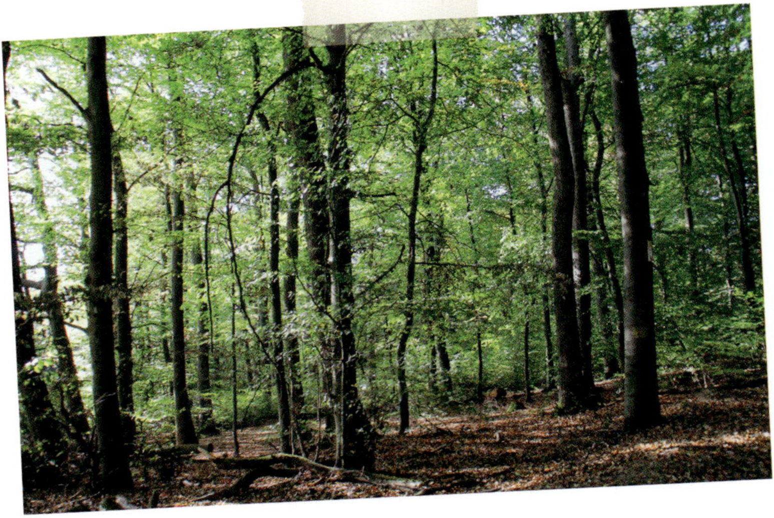

Der Erlebnispfad bietet Naturidylle und anschauliche Wissensvermittlung.

Station des Geo-Erlebnispfades mit der Frage, warum der Taunus ein Erdbebengebiet ist. Nach kurzer Zeit treffen wir auf einen bekannten Weg, den wir am Anfang schon begangen haben. Über ihn erreichen wir dann auch wieder unseren Parkplatz.

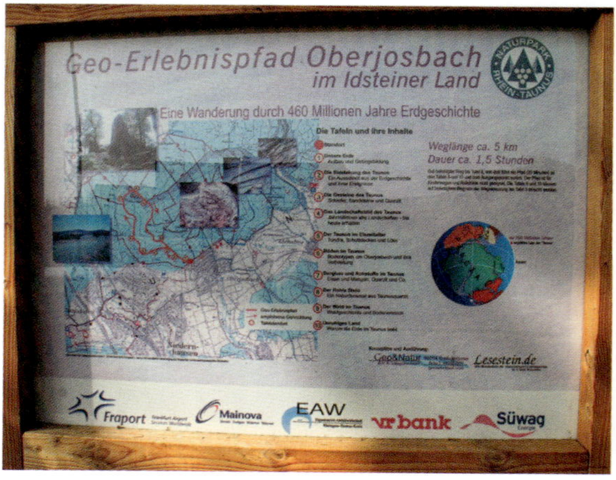

Erdgeschichte im Taunus erleben

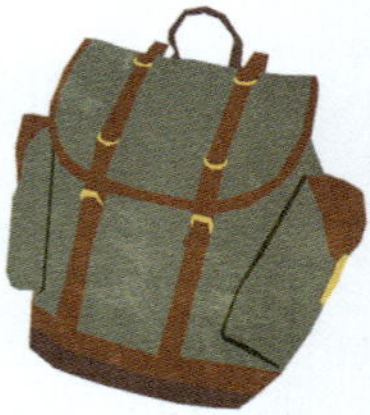

AUF EINEN BLICK

Tour 29: Tour ohne Uhr

Dauer: 1,5 Std.

Höhenmeter: 180 m

Länge: 5 km

Schwierigkeit: leicht

Tourencharakter: Informative Tour zu geologischen Hintergründen des Taunus auf bequemen Wegen mit sanften Steigungen

Ausgangs-/Endpunkt: Straße An der Eiche, 65527 Niedernhausen, Oberjosbach

Anfahrt: **Bahn/Bus:** Mit der S-Bahn bis zum Bahnhof Niedernhausen und weiter mit dem Bus 22 nach Oberjosbach–Altes Rathaus, von dort ca. 500 m zu Fuß.
Auto: A 3 Ausfahrt Wiesbaden/Niedernhausen und über die L 3028 nach Niedernhausen, über die Feldberg- und Limburger Straße nach Oberjosbach, dort in die Jahnstraße abbiegen und dann links in die Straße An der Eiche.

Einkehr: Gasthaus zum Lindenkopf, Limburger Str. 6, 65527 Niedernhausen, Tel. 06127/7059321

Information: Gemeinde Niedernhausen, Wilrijkplatz, 65527 Niedernhausen, Tel. 06127/9030, www.niedernhausen.de

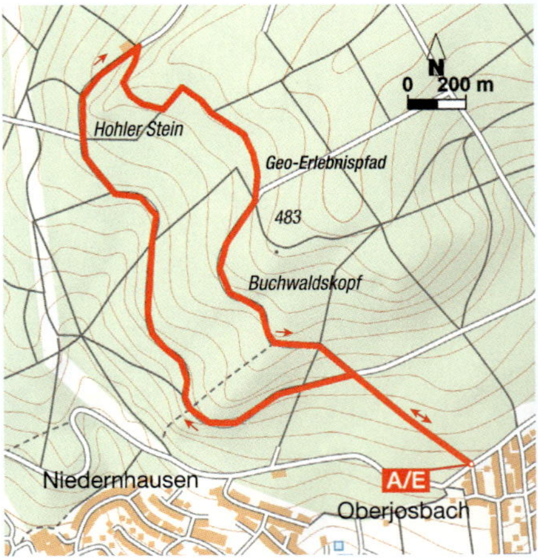

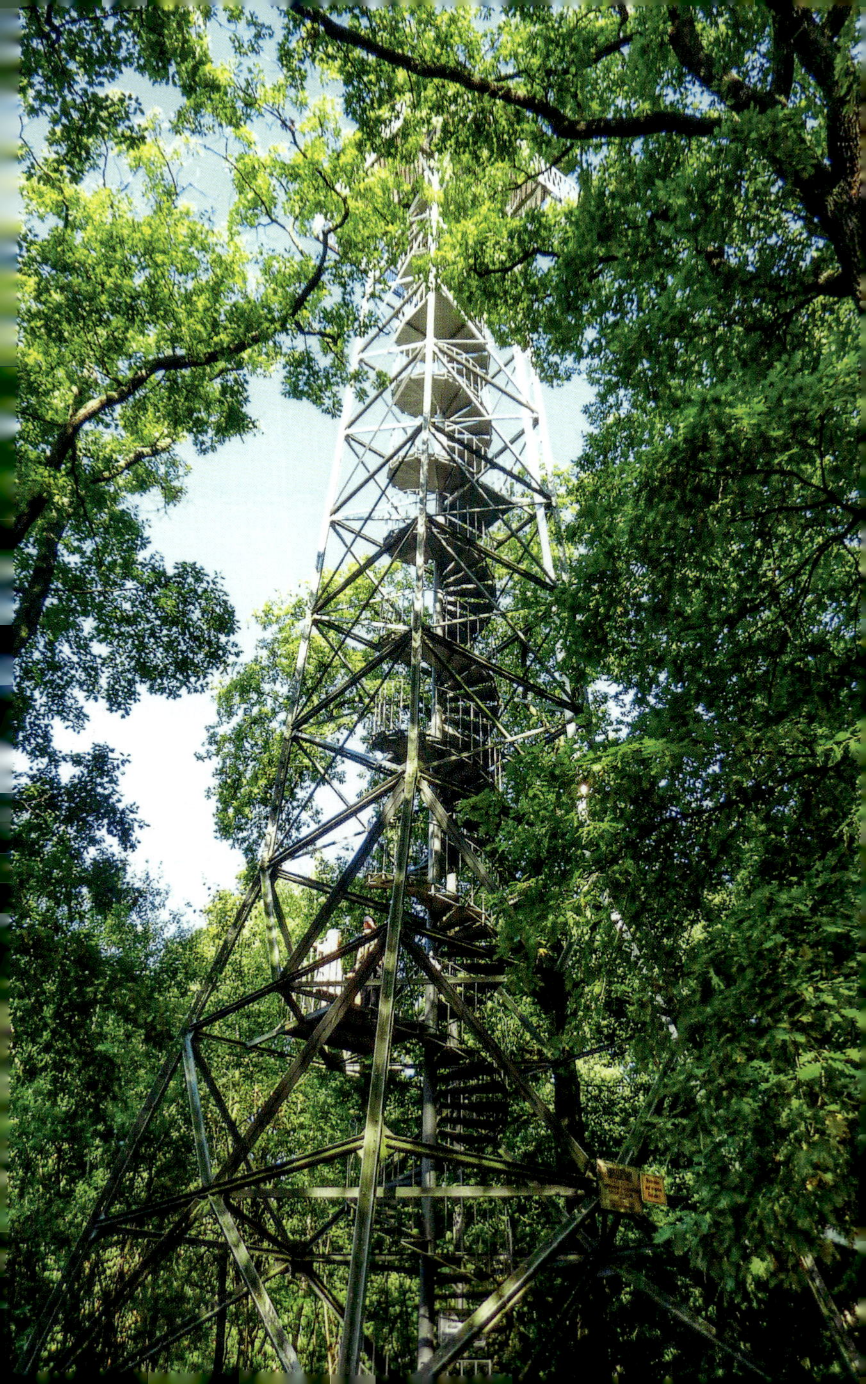

Tour
TOUR 30
der Stille

TOLLE AUSSICHT VOM MEISTERTURM

Stadtwald Hofheim

Die Rundwanderung in Hofheim führt uns zu einer idyllischen Waldgaststätte, zu interessanten Hügelgräbern und einem sehenswerten Aussichtsturm mit einem wundervollen Blick. Über den Cohausentempel geht es dann wieder nach Hofheim zurück.

Der S-Bahnhalt Hofheim ist bei dieser Wanderung der Start- und Endpunkt. Über die Hattersheimer Straße gelangen wir zu einer Kreuzung. Hier biegen wir in die Straße In der Witz ein. Nachdem diese Straße in die Cohausenstraße übergegangen ist, führt die Wanderung rechts und kurze Zeit später links in einen kleinen Weg. Nach dem Ende des Weges geht es rechts über den Schwarzbachweg in die Kurhausstraße. Links folgen wir dieser, bevor wir rechts in die Kapellenstraße einbiegen. Hier weiterlaufend nehmen wir in Kürze rechts den Dr.-Heimen-Weg. Dieser geht in einen Waldweg über. Von nun an führt uns die Markierung roter Strich bis zur Waldgaststätte Viehweide. Nachfolgend geht es leicht aufwärts in den Wald.

Am Waldrand folgen wir links entspannt dem Weg mit der Markierung schwarzer Strich. An der übernächsten Möglichkeit biegen wir rechts ab. Auf unserer Strecke weiter umrunden wir den Lorsbacher Kopf (309 m). Immer geradeaus bringt uns der Weg zu einer Gabelung. Über einen kleinen Weg und den nachfolgenden Königsteiner Weg streifen wir Hügelgräber. Jetzt ist es auch nicht mehr weit bis zum Meisterturm. Hier nehmen wir jetzt alle Kräfte zusammen und

Links: Der Meisterturm steht inmitten des Stadtwaldes.

Rechts: Der Aufstieg kostet etwas Mühe.

steigen 172 Stufen hinauf. Damit haben wir die Spitze des Aussichtsturmes erreicht, wo wir in den Anblick der Landschaft, die wir bis zum Odenwald verfolgen können, tief versinken. Nach dem Abstieg lädt die angrenzende Waldgaststätte zu einer Pause unter den großen Bäumen ein.

Nach der Pause wird nun der Königsteiner Weg verlassen und links bringt uns ein Pfad zu einer romantischen Bergkapelle. Aufgrund eines Gelöbnisses, welches am 3. Juni 1666 wegen der Pest abgelegt wurde, wurde die Bergkapelle errichtet: Einst besuchte der Pfarrer Johannes Gleidener mit seiner Gemeinde den Räuberberg und betete darum, von dieser Krankheit verschont zu werden. Er versprach auch den Bau einer Marienkapelle an dieser Stelle und jedes Jahr am ersten Sonntag im Juli eine Wallfahrt zu unternehmen. Im September 1667 war es dann so weit und die erste Kapelle wurde geweiht. In den nachfolgenden Jahren kamen immer mehr Pilger zu den Wallfahrten. Hofheim und andere Gemeinden, die am Gelübde teilgenommen hatten, blieben übrigens von der Pest verschont.

Nach dem Überqueren des Königsteiner Weges erwartet uns ein Pfad, der uns wieder nach Hofheim bringt. Leicht abwärts führt nun die Route. Nach zwei linken Abbiegungen erreichen wir eine Weggabelung. Rechts weiterlaufend haben wir schnell den Cohausentempel erreicht. Im Jahr 1910 wurde dieser Aussichtsplatz im Darmstädter Jugendstil erbaut. Von hier aus geht es nun wieder durch Hofheim zum Startpunkt zurück. Über den Dr.-Heimen-Weg und die

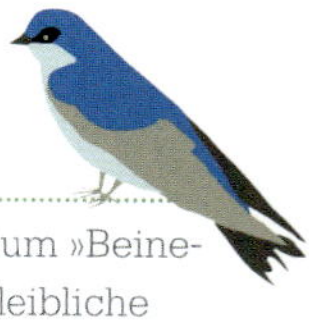

Tipp DIE WALDGASTSTÄTTE VIEHWEIDE

Umgeben von Wald und Wiese lädt die Waldgaststätte jederzeit zum »Beineausstrecken« ein. Hier lässt es sich herrlich entspannen! Für das leibliche Wohl wird ebenfalls mit großer Sorgfalt gesorgt. Leckere Salate, Entenleber, Haxe und Bratwürste stehen beispielsweise auf der Karte.

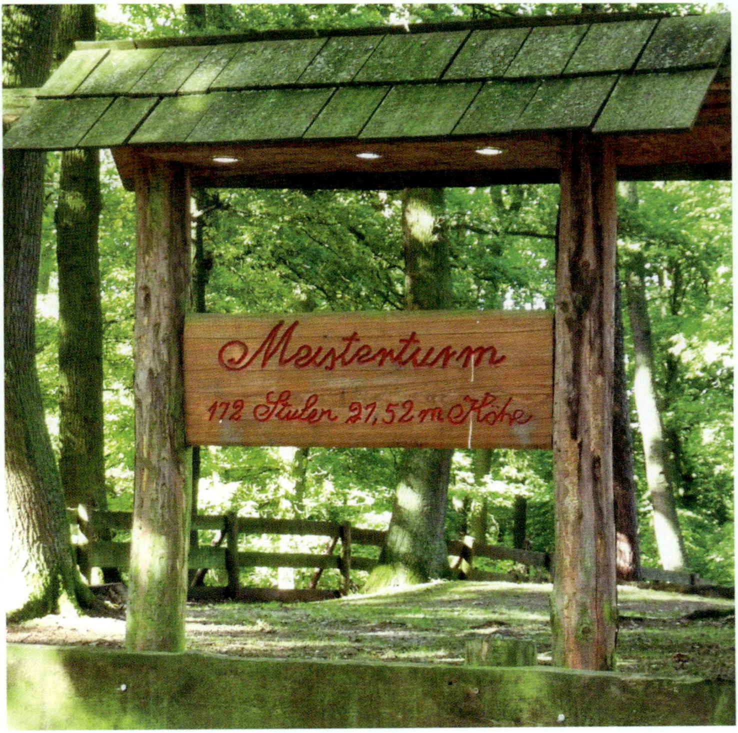

»Heiterkeit und Freudigkeit ist der Himmel,
unter dem alles gedeiht.«

Jean Paul, deutscher Schriftsteller (1763–1825)

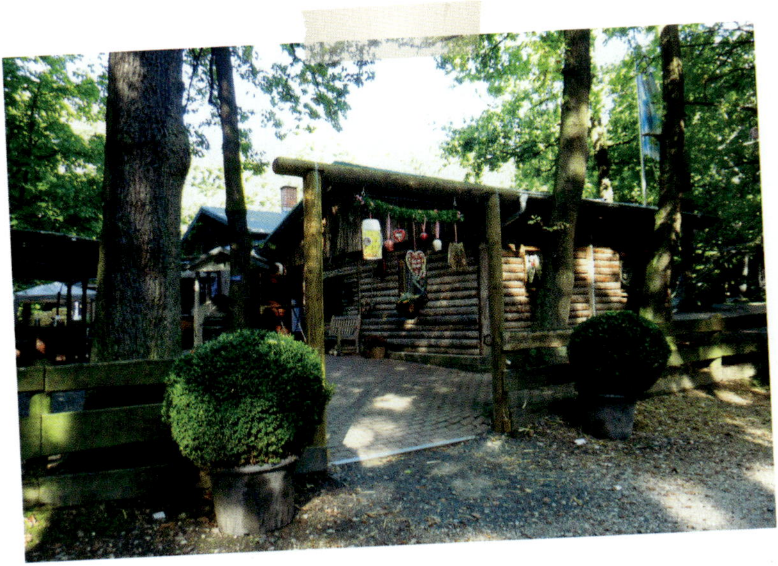

Das Ausflugslokal befindet sich nur wenige Schritte neben dem Aussichtsturm.

Kapellenstraße gelangen wir in die Kurhausstraße. Nun rechts über den Schwarzbachweg, dann links in die weiterführende Cohausenstraße, wo wir rechts abbiegen. Nach einem kurzen Stück biegen wir links in die Straße In der Witz ein, erreichen die Hattersheimer Straße und somit den Bahnhof in Hofheim.

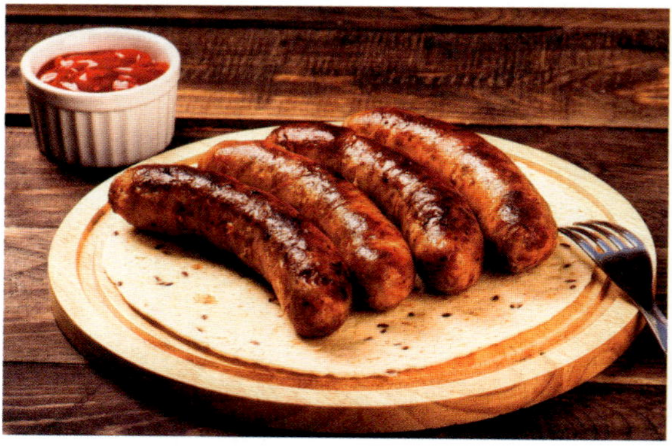

Deftige Kost im gemütlichen Ambiente

AUF EINEN BLICK

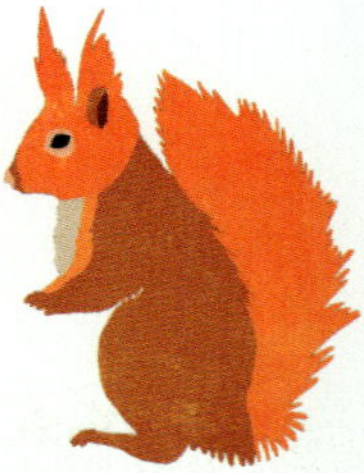

Tour 30: Tour der Stille

Dauer: 3 Std.

Höhenmeter: 326 m

Länge: 11,5 km

Schwierigkeit: mittel

Tourencharakter: Wanderung durch den Wald oberhalb von Hofheim zu historischen Orten

Ausgangs-/Endpunkt: S-Bahnhof Hofheim am Taunus, **Koordinaten:** 50.084429, 8.444650

Anfahrt: **Bahn/Bus:** Vom Hauptbahnhof Frankfurt am Main mit der S-Bahn nach Hofheim am Taunus.
Auto: A3 Ausfahrt Wiesbadener Kreuz, A66 Richtung Wiesbaden/Mainz bis Ausfahrt Flörsheim, dann weiter auf der L3017 und A66 Richtung Frankfurt bis zur Ausfahrt Hofheim, über die B519 Richtung Hofheim zur Hattersheimer Straße.

Einkehr: Waldgaststätte Viehweide, Viehweide 1, 65719 Hofheim am Taunus, Tel. 06192/99090, www.viehweide.de

Information: Magistrat der Stadt Hofheim am Taunus, Chinonplatz 2, 65719 Hofheim am Taunus, Tel. 06192/2020, www.hofheim.de

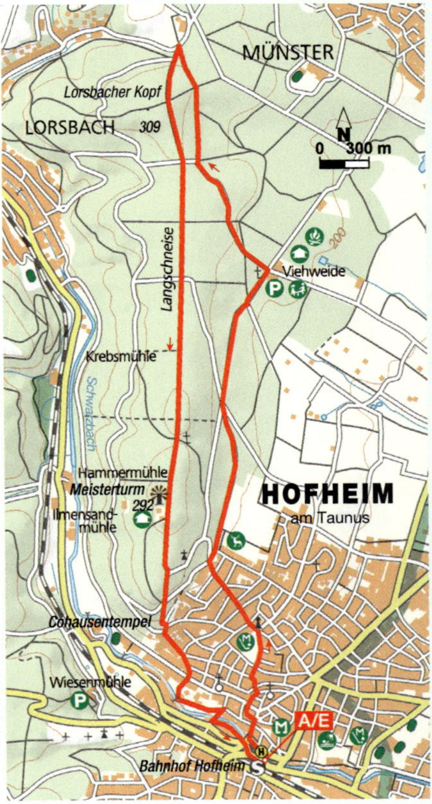

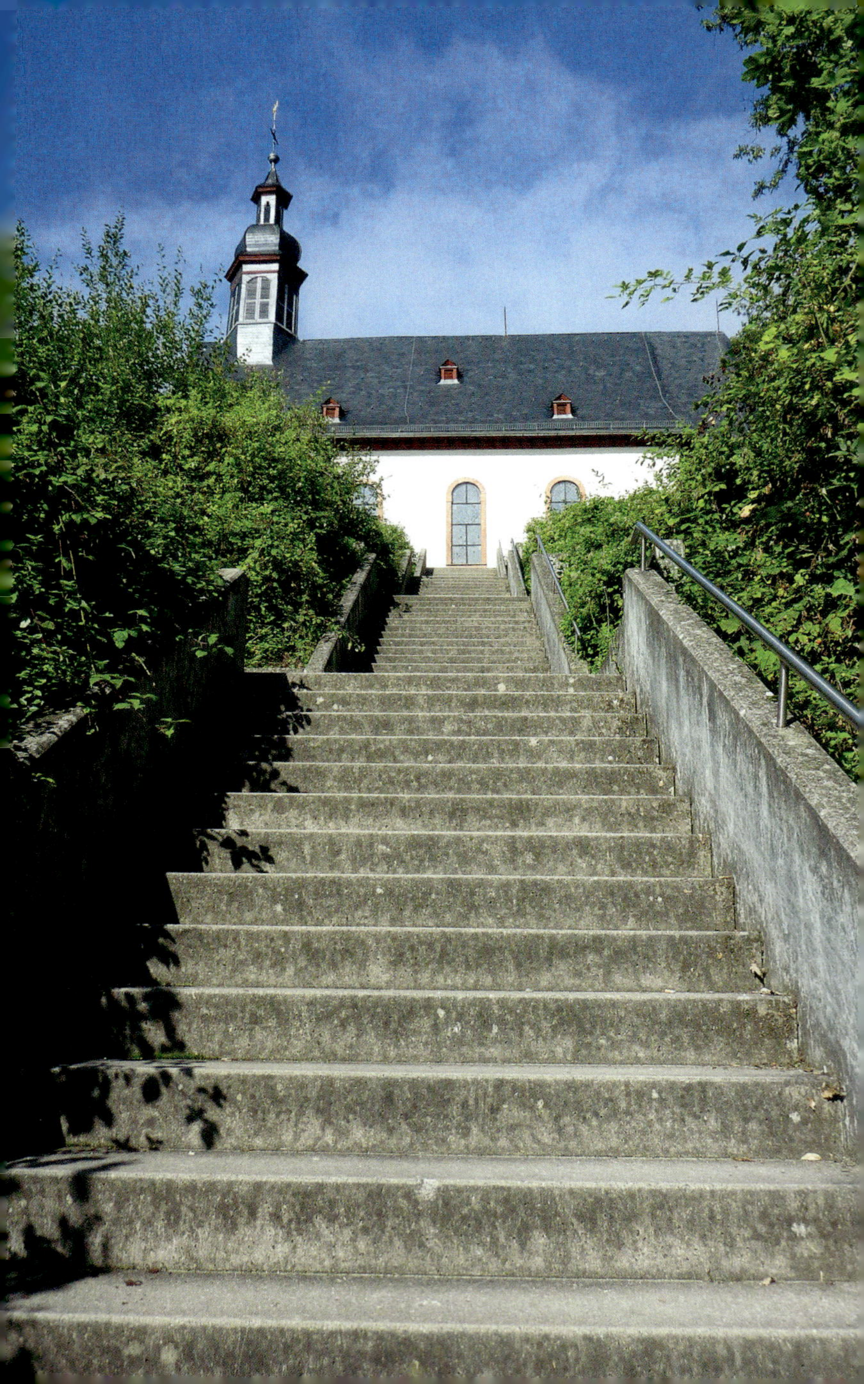

Tour für den Genuss
TOUR 31

EINE LIEBHABERRUNDE

Kulinarisches in Hofheim

Von Waldgasthof zu Waldgasthof führt diese Wanderung auf den Hausberg von Hofheim. Gemütlich durch den Wald geht es zu idyllisch gelegenen Einkehrmöglichkeiten mit Tradition, wo man auf der Tour einen oder zwei Ebbelwoi genießen kann.

Das Exerzitienhaus in Hofheim im Taunus ist unser Ausgangspunkt. Dieses wurde am Fuße des Kapellenberges im Jahr 1926 erbaut. Nur ein paar Jahre später wurde es im Krieg geschlossen und als Lazarett und Lungenheilstätte genutzt. Im Jahr 1955 übernahm es die Thüringische Franziskanerprovinz und ein Jahr später wurde es wieder zum Diözesanexerzitienhaus. Heute dient das Kloster und Exerzitienhaus in Hofheim als Zentrum für Stille und Begegnung.

Links des Exerzitienhauses gehen wir weiter auf dem Albertsweg. Nun folgen wir der Markierung durch den schönen ruhigen Wald und erreichen über die Hohe Schneise den idyllisch gelegenen Waldgasthof Gundelhard. Georg Fuchs, ein Bauunternehmer aus Lorsbach, erbaute die Gundelhard im Jahr 1910. Hier hat man nun die erste Möglichkeit zur Einkehr. Der rustikale Gasthof verfügt über zwei Gasträume und Außenbereiche. Bei schönem Wetter im lauschigen Gastgarten und bei schlechtem im urigen Gastraum lässt es sich herrlich Schnitzel, Rumpsteak oder eine andere der hessischen Spezialitäten genießen.

Von hier aus geht es weiter über die Zufahrt des Waldgasthofes Gundelhard zum Gimbacher Hof. Dieser wurde 1488 das erste Mal urkundlich erwähnt. Gottfried IX. von Eppstein-Münzenberg gründete einst das Anwesen. Später ging

Links: Die Kapelle auf dem Berg

Rechts: Leckere Knödel zur Belohnung

es in den Besitz des Grafen von Stolberg-Königstein über und hatte auch danach mehrere Besitzerwechsel. Heute ist der Gimbacher Hof ein beliebtes Ausflugsziel. In seiner Küche werden Gerichte mit Zutaten aus dem eigenen Garten zubereitet. Für die Kinder gibt es hier zudem ein großes Abenteuergelände zum Herumtollen.

Am Gimbacher Hof halten wir uns links und folgen der Ausschilderung bis zum Staufenhangweg. Dieser führt uns auf den Sonnenweg, dem wir folgen. Über die Gundelhard geht es auf dem Wanderweg quer durch den Wald zur Waldgaststätte Viehweide. Hier können wir im Biergarten einen fantastischen Blick über die Skyline von Frankfurt genießen, während wir den Ebbelwoi verköstigen. Aber auch innen ist das traditionsreiche Lokal ansprechend. Neben einem großen rustikalen Gastraum verfügt die Waldgaststätte über ein Kamin- und ein Kollegzimmer. Die Speisekarte ist typisch hessisch, wobei hier und da saisonbedingte Schmankerl das Angebot abwechslungsreich gestalten. Vor der Waldgaststätte Viehweide wählen wir den Gimbacher Weg und biegen später in die Hohe Schneise ein. Hier gelangen wir auf idyllischem Weg zum Meisterturm. Der ganzjährig begehbare Turm verfügt über 173 Treppenstufen, die bewältigt werden müssen, bevor man die Aussicht genießen kann.

Gleich nebenan befindet sich der Waldgasthof Meisterturm, der mitten auf dem Hausberg der Stadt, dem Kapellenberg liegt. Das Lokal wurde rustikal mit Bauernmöbeln ausgestattet. Neben dem Kaminstüberl kann man im

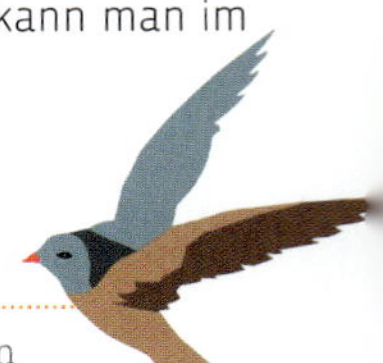

Info DIE BERGKAPELLE

Erst 1916 wurde hinauf zur Bergkapelle eine Treppe gebaut. Zudem wurden vier Stationen von den ehemals sieben eines alten Kreuzweges auf Podeste gleich neben der Treppe aufgestellt. Die Kreuzwegstationen wurden 1701 von dem Bildhauer Anton Wermerskirch aus Mainsandstein angefertigt.

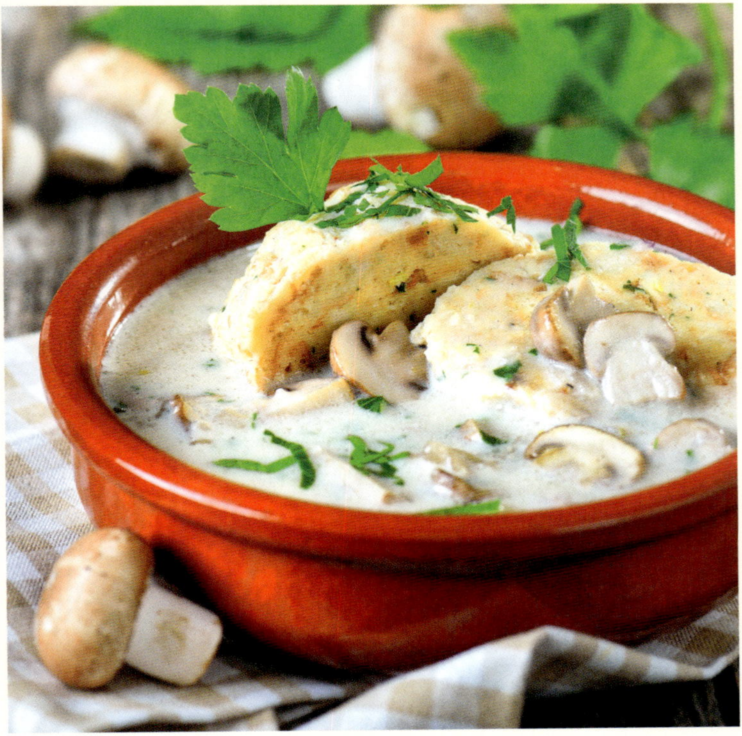

»... jeder hat's Glück vor der Nase ...«

Stanisław Wyspiański, poln. Künstler (1869–1907)

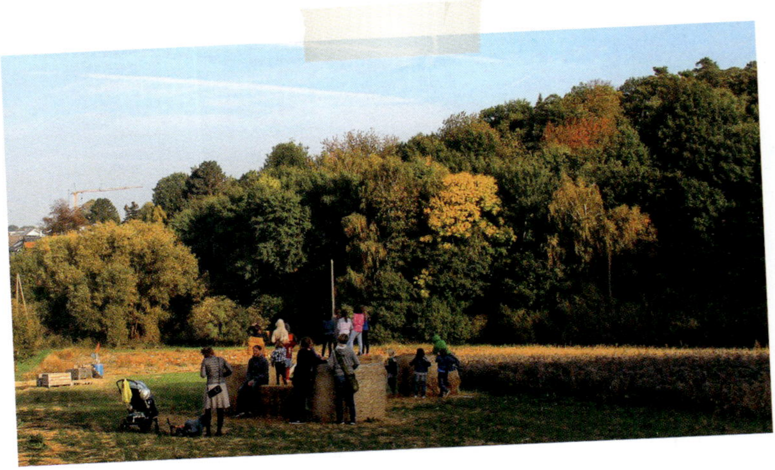

Toben im Heu

Blockhaus oder im Biergarten ein schönes Plätzchen finden. Auch hier gibt es des Hessen Lieblingsspeisen und saisonbedingte Schmankerl wie die Rahmschwammerl von frische Waldpilze mit Semmelknödel. Über den Waldgasthof Meisterturm folgen wir der Markierung zur markanten Bergkapelle. Über die Treppen gelangen wir wieder nach Hofheim und zu unserem Parkplatz.

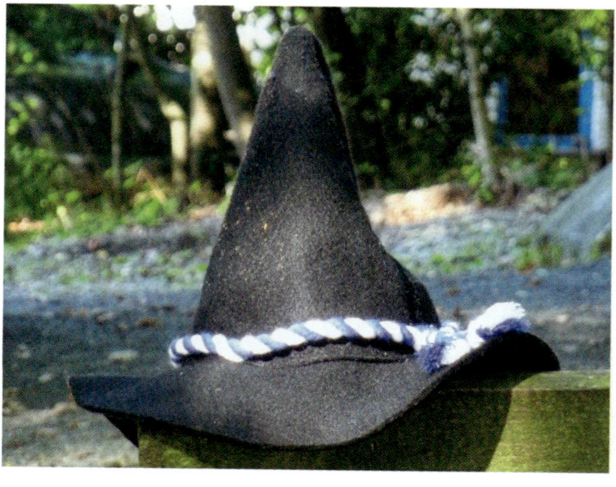

Wer hat den wohl vergessen?

AUF EINEN BLICK

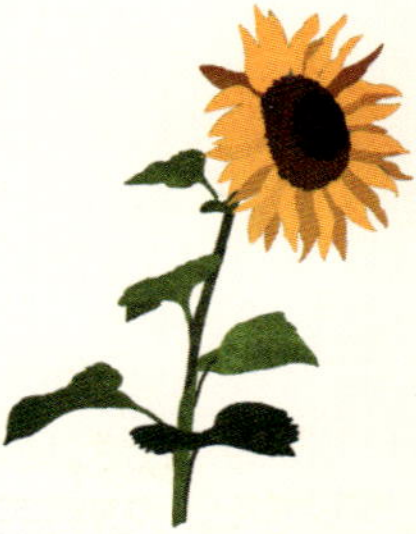

Tour 31: Tour für den Genuss

Dauer: 4 Std.

Höhenmeter: 449 m

Länge: 15 km

Schwierigkeit: mittel

Tourencharakter: Mittelschwere Wanderung mit urigen Einkehrmöglichkeiten

Ausgangs-/Endpunkt: Kreuzweg 23, 65719 Hofheim am Taunus

Anfahrt: **Bahn/Bus:** Vom Hauptbahnhof Frankfurt am Main mit der S-Bahn nach Hofheim am Taunus.
Auto: A3 Ausfahrt Wiesbadener Kreuz, A66 Richtung Wiesbaden/Mainz bis Ausfahrt Flörsheim, dann weiter auf der L3017 und A66 Richtung Frankfurt bis zur Ausfahrt Hofheim, über die B519 Richtung Hofheim zum Kreuzweg.

Einkehr: Waldgaststätte Viehweide, Viehweide 1, 65719 Hofheim am Taunus, www.viehweide.de; Waldgaststätte Meisterturm, Meisterturm 1, 65719 Hofheim am Taunus, www.meisterturm.de; Gimbacher Hof, Gimbacher Weg, 65779 Kelkheim, www.hof-gimbach.de; Waldgasthof Gundelhard, Münsterer Straße 65, 65719 Hofheim am Taunus, www.waldgasthof-gundelhard.com

Information: Stadt Hofheim, www.hofheim.de

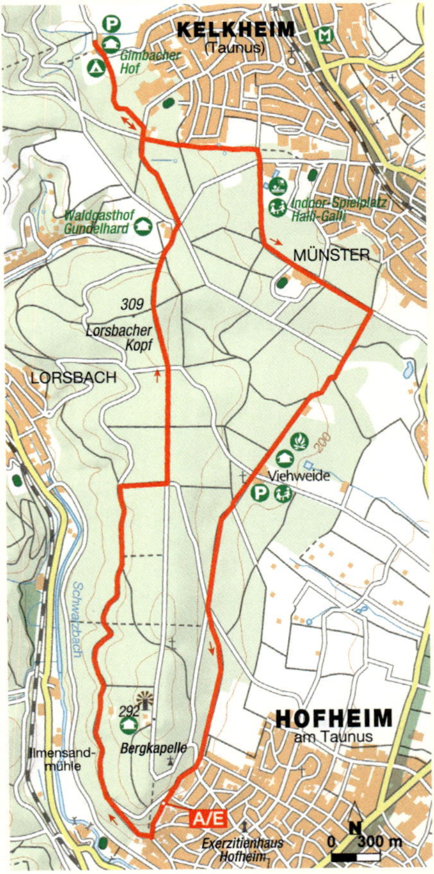

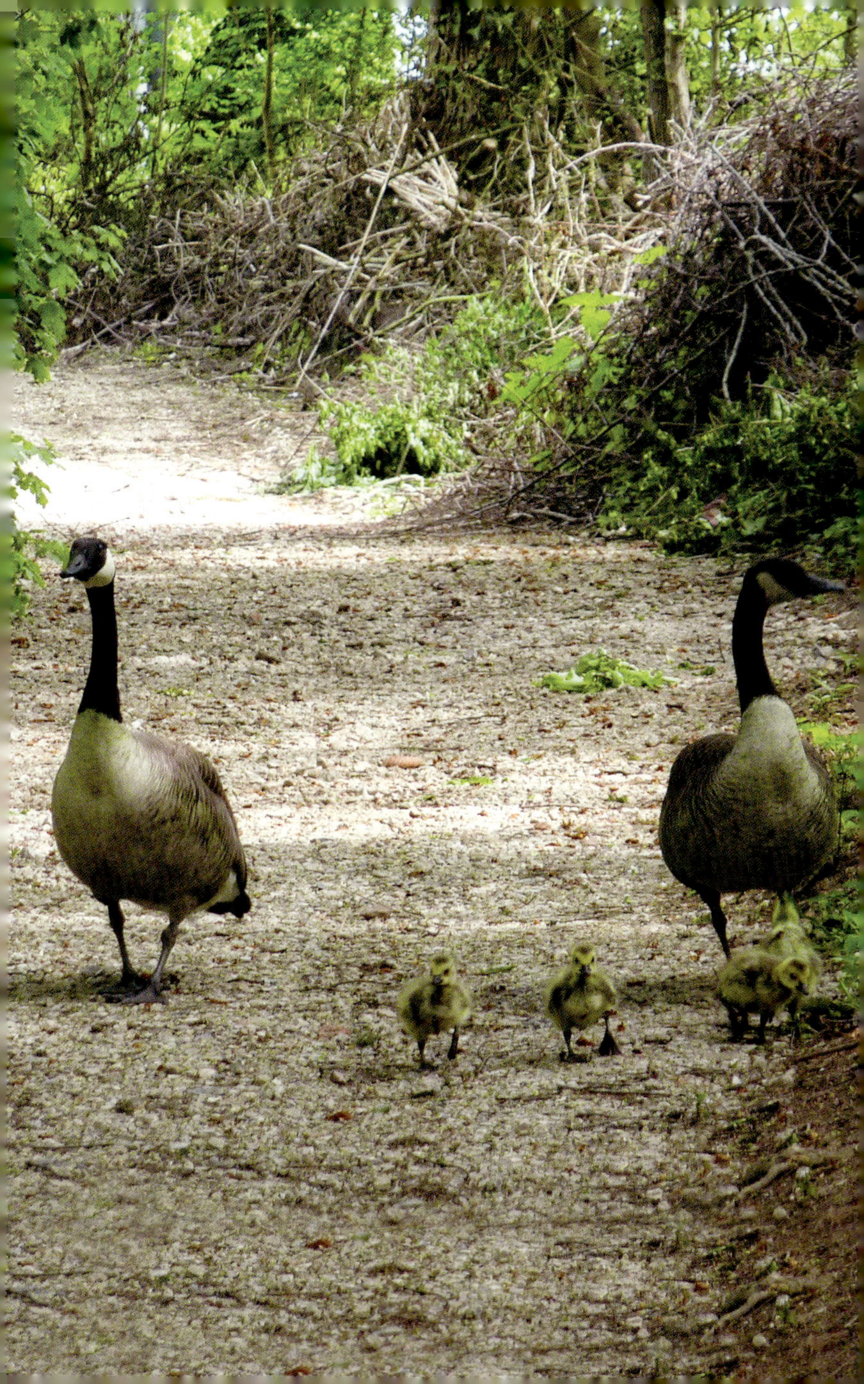

QUERFELDEIN!

Tour
TOUR 32
der Stille

Von Diedenbergen nach Nordenstadt

Durch sonnige Felder führt die Tour nach Wallau und Breckenbach bis nach Nordenstadt. Ein kühles Getränk an warmen Tagen oder eine süße Waffel für den kleinen Hunger gibt es zwischendurch bei dem Scholzenhof.

Diedenbergen befindet sich im Vordertaunus und liegt idyllisch am Hang. Mitten im Ort verläuft die Hauptverkehrsstraße, die bereits im Mittelalter als »Elisabethenstraße« bekannt war. In der Ortsmitte steht die evangelische Kirche, in ihr eine Rokoko-Orgel des Orgelbauers Johann Conrad Bürgy (1721–1792). Im Habichtweg in Diedenbergen beginnt unsere gemütliche Tour. Über einen Feldweg und am Wald entlang erreichen wir den Breckenheimer Weg. Kein Geräusch ist auf unserem Weg zu hören. Ab und zu setzt sich eine launige Elster in unsere Nähe. Dem Breckenheimer Weg folgen wir rechts einige Meter.

Kurze Zeit später folgen wir links dem Feldweg bis zum Gewerbegebiet Wallau. Dabei überqueren wir den Weilbach. Am Rand des Gewerbegebietes angekommen folgen wir diesem am Rand bis zur L 3368. Nur wenige Meter auf der L 3368 rechts entlang biegen wir gleich wieder links ab. Über Feldwege erreichen wir die K 793 und den Ort Breckenheim. Der Straße folgen wir zunächst, bis wir rechts in Richtung Rathaus weiterwandern können. In der Ortsmitte halten wir uns links zur Autobahn hin. Nachdem wir diese hinter uns gelassen haben, geht es über Feldwege weiter.

Links: Familientaugliche Wanderung zum nächsten Tümpel

Dabei überqueren wir den Wickerbach. Noch ein Stückchen weiter findet sich links der Scholzenhof, ein moderner

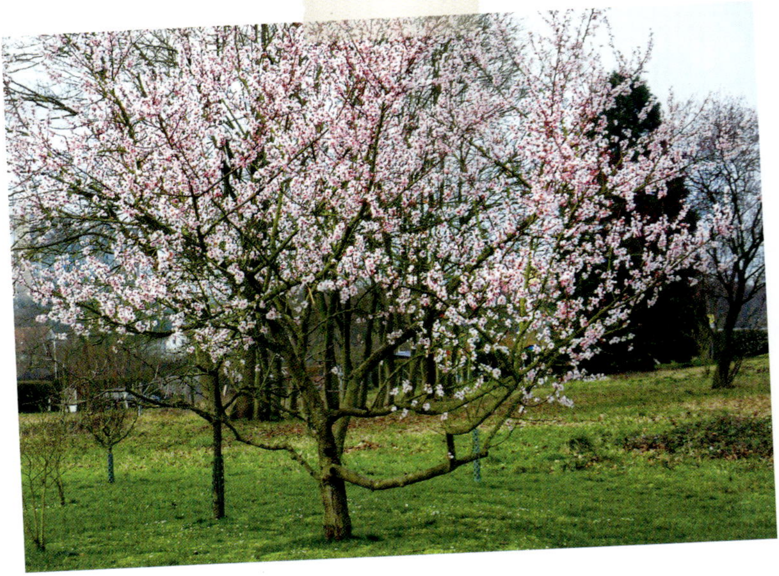

Blühender Traum im Frühling

Bauernhof und Biolandbetrieb. Neben einem Hofladen gibt es hier ein Waffelcafé, welches im Sommer geöffnet hat. Nun dauert es nicht mehr lange und wir sind bei den ersten Häusern von Nordenstadt angekommen. Dem Breckenheimer Weg folgen wir, bis wir rechts in den Holzweg abbiegen können. Auf diesem nun weiter bis An der Igstadter Straße bzw. der K 656 und dem Kreisel. Nur noch ein paar Meter danach befindet sich das kroatische Restaurant, in dem wir einkehren und den Tag ausklingen lassen können.

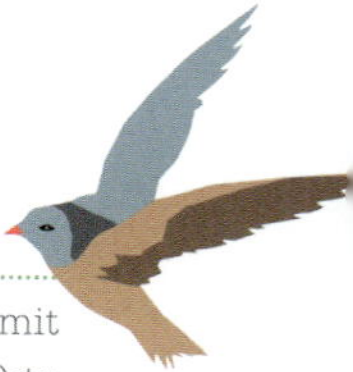

Info DIE KELTEN

Wallau bestand als Siedlung bereits in der Zeit der Kelten und ist somit über 2000 Jahre alt. Auch Nordenstadt ist älter, als es scheint. Am Ortsausgang des Dorfes wurde im jetzigen Grabenweg ein fränkisches Gräberfeld gefunden. Dieses stammte wohl aus dem 6. Jahrhundert. Urkundlich wurde Nordenstadt im Jahr 950 erwähnt.

AUF EINEN BLICK

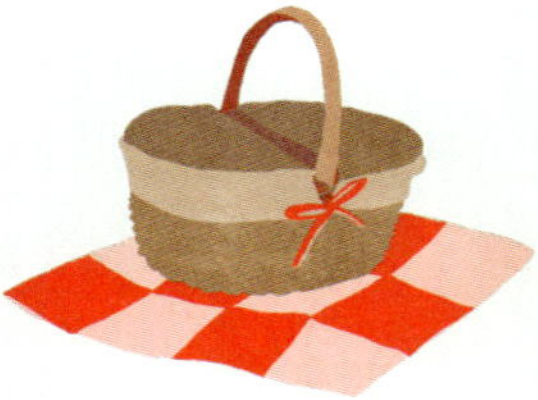

Tour 32: Tour der Stille

Dauer: 2 Std.

Höhenmeter: 88 m

Länge: 8 km

Schwierigkeit: leicht

Tourencharakter: Aussichtsreiche Wanderung über Felder und Streuobstwiesen

Ausgangspunkt: Habichtweg, 65719 Diedenbergen

Endpunkt: An der Igstadter Straße, 65205 Wiesbaden-Nordenstadt

Anfahrt: Bahn/Bus: Vom Bahnhof Hofheim mit dem Bus 406 bis zum Wachtelweg Diedenbergen, von dort ca. 250 m zu Fuß.
Auto: A 66 Ausfahrt Diedenbergen und nach Diedenbergen.

Einkehr: Scholzenhof, Breckenheimer Weg 22, 65205 Wiesbaden, Tel. 06122/2547, www.scholzenhof.de

Information: Wiesbaden Tourist-Information, Marktplatz 1, 65183 Wiesbaden, Tel. 0611/1729930, www.wiesbaden.de

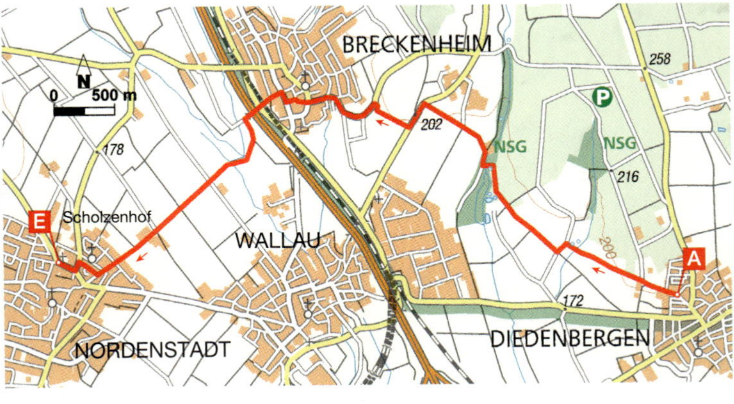

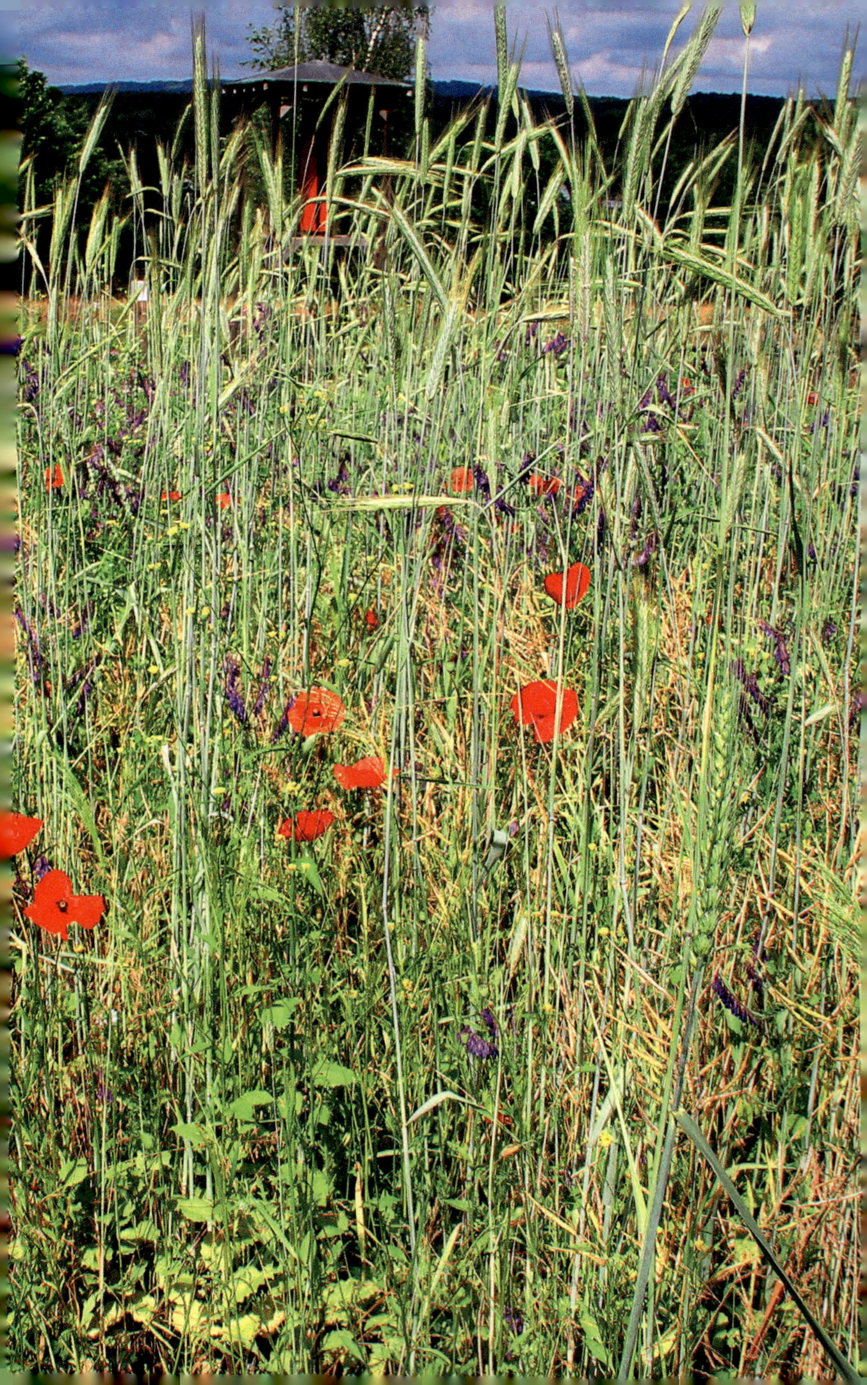

BEFLÜGELNDE FERNBLICKE

Tour für TOUR 33 die Sinne

Der Panoramaweg Langenhain

Der Panoramaweg führt den Wanderer auf Feld, Wiese und durch den Wald zu mehreren zauberhaften Aussichtspunkten. Die Skyline Frankfurts, der Taunus, der berühmte Bahai-Tempel oder der Spessart werden somit ganz ohne Magie sichtbar.

Langenhain als Stadtteil von Hofheim ist weltweit bekannt aufgrund seines europäischen Hauses der Andacht. Der im Jahre 1964 eingeweihte Bahai-Tempel zieht viele Gläubige, aber auch Ruhesuchende an. Nicht ganz so berühmt, aber trotzdem sehenswert ist zudem die evangelische Kirche in Langenhain. Die im Jahr 1748 erbaute Kirche steht zusammen mit den sie umgebenden Gehöften unter Denkmalschutz. Erstmals urkundlich erwähnt wurde Langenhain im Jahr 1309. Neben Wald-, Vieh- und Landwirtschaft erwarben die Langenhainer durch das Schälen der Eichen einen Verdienst. Diese sogenannten »Rindenschäler« belieferten die Lederindustrie, die daraus Arbeitsmittel zum Gerben von Rindsleder herstellte.

Vom Sportplatz in Langenhain führt uns die Markierung mit dem Langenhainer Wappen durch die Sportplatzstraße. Rechts und nach der zweiten Möglichkeit links sind wir in der Straße Am Dachsgraben. Von hier aus haben wir schon eine schöne Aussicht auf den Bahai-Tempel. Nach der Überquerung der L3368 leitet uns die Straße Auwald in einen Feldweg. Nun haben wir die zweite Aussicht, diesmal auf Frankfurt. Am Rand des Ortes gelangen wir schließlich in den Wald und zum Waldspielplatz. Am Spielplatz weiter links führt die Route über die Wiese bis zum Wald. Hier gehen wir linker Hand leicht aufwärts und genießen noch mal

Links: Zauberhafte Oase fürs Picknick

Rechts: Die herrliche Wiese lädt zum Herumtollen ein.

die Aussicht. Weiter auf unserem bequemen Weg streifen wir den Wanderparkplatz. Links weitergehend ist der Sonnenhof nicht mehr weit entfernt. Hinter dem Reiterhof führt der Weg uns an der Koppel vorbei bis zur L3018, die wir überqueren. Leicht bergauf folgen wir dem Panoramaweg auf die »Kartaus« (351 m). Hier befinden sich im Wald eine Funkleitstelle und ein großer Funkmast. Von der Kartaus aus lädt die idyllische Aussicht auf den Bahai-Tempel und den Ort Langenhain zu einer größeren Pause ein.

Mithilfe unserer Markierung erreichen wir eine wunderschöne Streuobstwiese mit vielen Wildblumen. Auch hier bietet sich dem Wanderer eine schöne Aussicht. Als Nächstes erreichen wir an Feldern vorbei die L3368. Wir gehen über die Straße und die Tour führt uns über den Kaserbach und weiter in den Wald. Links und rechts streifen wir am Bahnholz vorbei. Weiter mit unserer bekannten Markierung erreichen wir eine Anhöhe mit der Möglichkeit, eine Pause zu machen. Diesmal können wir bis zum Donnersberg, Spessart oder den Flughafen Rhein-Main sehen.

Nachfolgend passieren wir einen Aussiedlerhof und treffen auf die L3018, die wir zügig überqueren. Jetzt befinden wir uns auf einem schönen Wiesenweg, der uns zur »Viehweide« bringt. Wieder darf unser Auge die Schönheit der Umgebung bis zum Kapellenberg Hofheims und der Skyline Frankfurts überblicken. Über den Viehweidenweg laufen wir am Waldrand entlang, bis wir links in den Gimpelweg

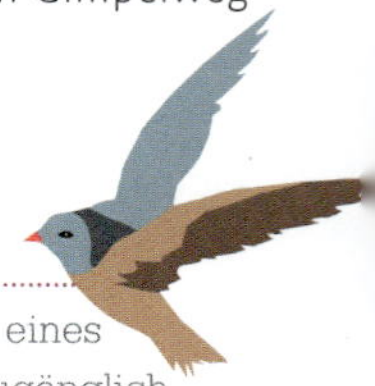

Info DER BAHAI-TEMPEL

Der Sakralbau der Bahai steht am Ortsrand von Langenhain. Es ist eines der weltweit acht »Häuser der Andacht« in Europa und für jeden zugänglich. Der architektonisch interessante Bau ist rundum verglast und besitzt neun Eingänge, zu denen strahlenförmig Wege führen. Besonders auffallend ist die elliptische Kuppel, die schon von Weitem sichtbar ist.

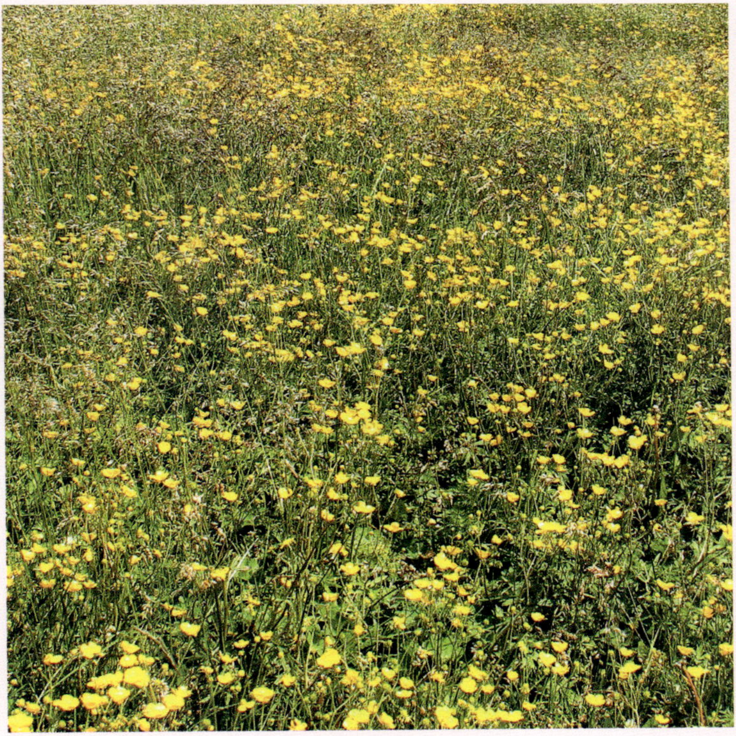

»Es ist aber Naturgesetz,
daß das Herz nicht ruht, bis es ans Ziel
seiner Wünsche gelangt ist.«

Francesco Petrarca, italien. Dichter und
Geschichtsschreiber (1304–1374)

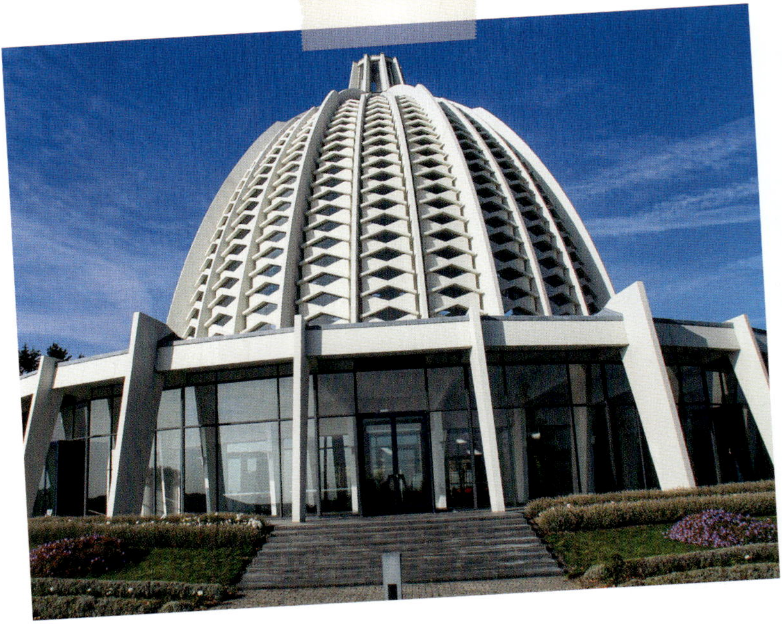

Der Bahai-Tempel

einbiegen. Leicht bergauf erreichen wir die Straße Zu den Eichen. Rechts führt dann der letzte Teil der Wanderung wieder zum Sportplatz, wo wir nach weniger als fünf Minuten an unserem Parkplatz sind.

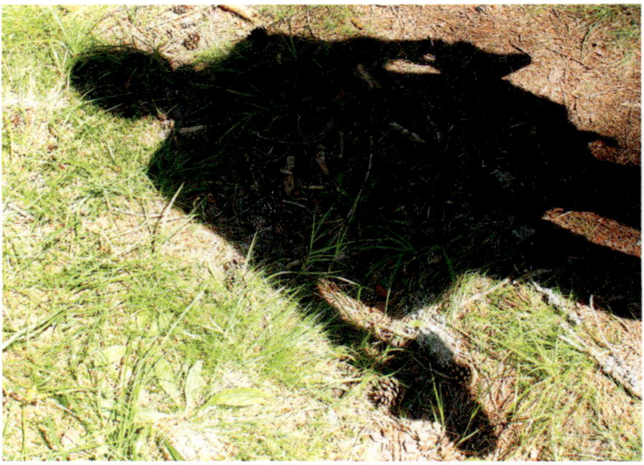

Schattenspiele auf der Wanderung

AUF EINEN BLICK

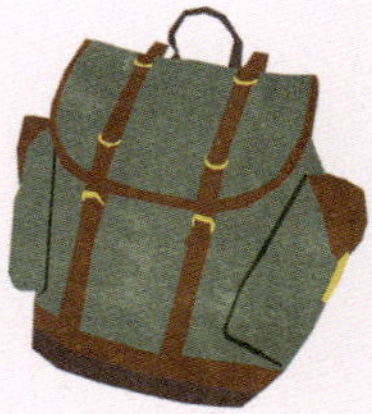

Tour 33: Tour für die Sinne

Dauer: 2,5 Std.

Höhenmeter: 200 m

Länge: 10 km

Schwierigkeit: leicht

Tourencharakter: Aussichtsreiche Wanderung über Felder und Streuobstwiesen

Ausgangs-/Endpunkt: Am Sportplatz, 65719 Langenhain

Anfahrt: Bahn/Bus: Vom Bahnhof Hofheim mit dem Bus 406 bis zur Gartenfeldstraße Langenhain.
Auto: Über A 66 und B 519 nach Hofheim und weiter auf der L 3018 nach Langenhain.

Einkehr: Es gibt mehrere Einkehrmöglichkeiten in Langenhain.

Information: Wiesbaden Tourist-Information, Marktplatz 1, 65183 Wiesbaden, Tel. 0611/1729930, www.wiesbaden.de

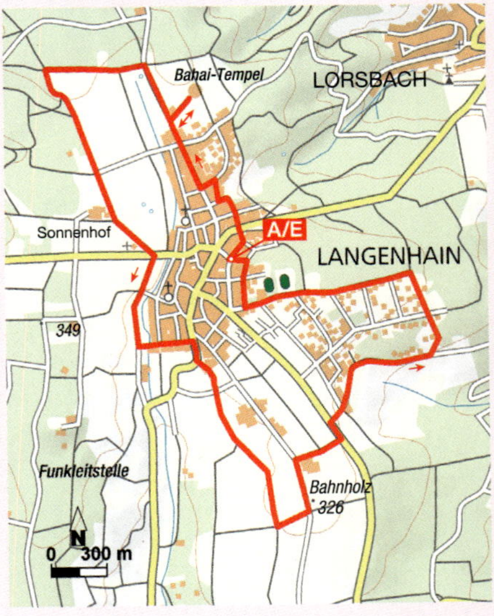

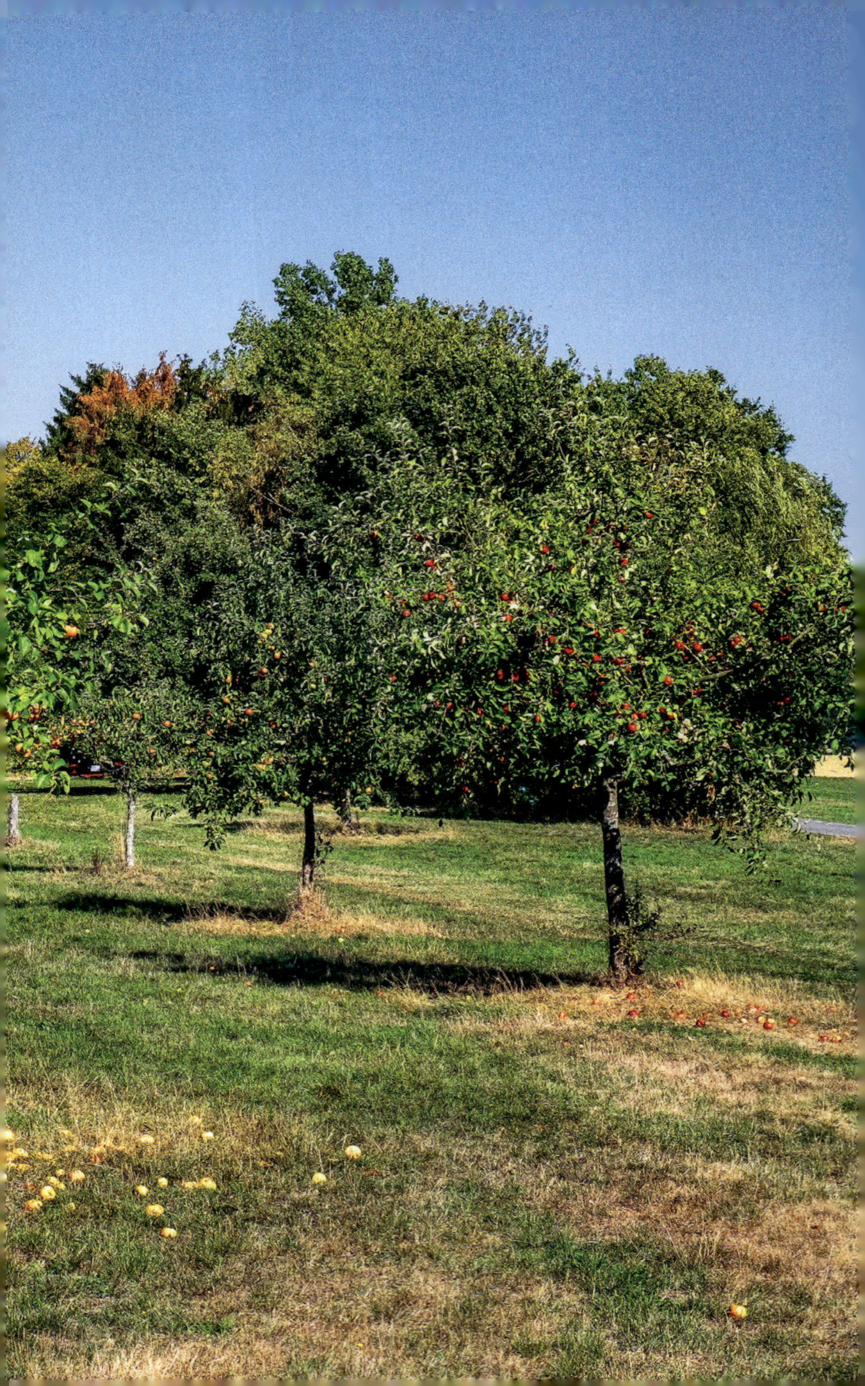

LEICHTEN FUSSES ZUM AUSSICHTSPUNKT

Tour der Stille
TOUR 34

Zum Melibokusblick

Dorthin, wo einst die Kelten inmitten des Waldes lebten, führt uns diese beschauliche Wanderung. Der Höhepunkt ist der Melibokusblick, von dem man eine schöne Aussicht auf die Umgebung und die Natur hat.

Wir starten vom Parkplatz Talstraße in Lorsbach. Lorsbach befindet sich unweit von Eppstein und ist umgeben von schönen Taunuswäldern. Der Ort liegt im Lorsbachtal, welches auch Nassauer Schweiz genannt wird. Lorsbach wird urkundlich im Lehnsverzeichnis der Stadt Eppstein im Taunus aus dem Jahre 1280 erwähnt. Anscheinend bestand Lorsbach damals aus mehreren Gehöften. Die Alteburg, ein Ringwallsystem, beweist allerdings, dass das Lorsbachtal schon vorher besiedelt war.

Eine Wanderkarte auf dem Parkplatz stimmt uns auf die nachfolgende Tour ein. Die Markierung mit dem roten Rehbock begleitet uns auf unserem Weg. Vorerst führt uns die Markierung durch die Talstraße. Danach streifen wir gemächlich durch die Brückenstraße und überqueren die Bahnschienen. An der L3368 wenige Meter entlang leitet uns unsere Route in den Hainerweg. Jetzt verlassen wir Lorsbach und kommen in den Wald. Die Stille des Waldes legt sich wie eine Hülle um uns. Nun haben wir auch Zeit, die tierischen Waldbewohner zu beobachten. Wir folgen dem kurvigen Weg und gelangen zur L3368. Nach dem Überqueren der Straße wandern wir nur wenige Schritte rechts, bis wir links auf einen gemütlichen Waldweg gelangen. Nun

Links: Den friedvollen Anblick genießen

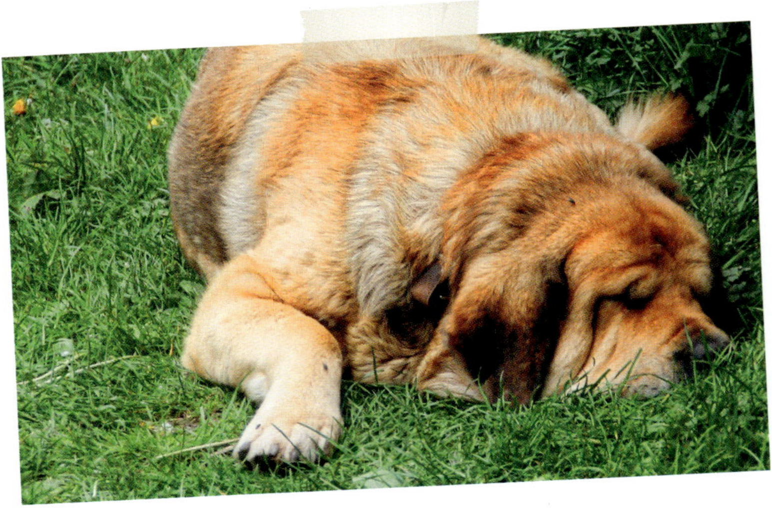

Für eine kleine Pause mit Nickerchen ist immer Zeit.

wird es wieder kurvig, was uns aber nicht viel ausmacht, denn der Weg ist ansonsten sehr bequem. Am Waldende erreichen wir dann das freie Feld und sehen schon den Melibokusblick.

Der Rastplatz lädt zu einer größeren Pause ein, denn so ein Ausblick möchte wohlwollend bewundert werden. Nach einer längeren Entspannung sind wir für die folgende Strecke reichlich motiviert. Aber Obacht! Hier fehlt ein kurzes Wegstück die Markierung. Alternativ kann man den kleinen Weg durch den Wald bis zum Sportgelände nehmen. Nach der wohltuenden leichten Abwärtsstrecke erreichen wir ganz entspannt über den Bahnweg und die Talstraße unseren Parkplatz.

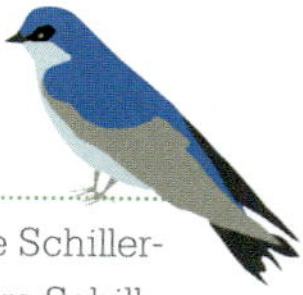

Tipp DIE SCHILLERLINDE

Mitten auf dem Lorsbacher Dorfplatz wächst eifrig die noch junge Schillerlinde. Ihre Vorgängerin wurde 1905 zum 100. Todestag des Dichters Schiller gepflanzt. Seit 1965 galt die alte Linde als Naturdenkmal und musste leider aufgrund von großen Schäden gefällt werden.

AUF EINEN BLICK

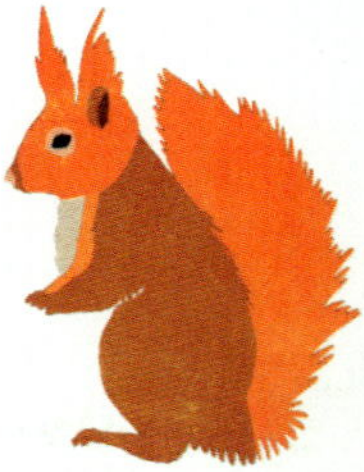

Tour 34: Tour der Stille

Dauer: 1 Std.

Höhenmeter: 169 m

Länge: 5 km

Schwierigkeit: leicht

Tourencharakter: Familientaugliche Wanderung auf Wald- und Feldwegen zu einem schönen Aussichtspunkt

Ausgangs-/Endpunkt: Talstraße, 65719 Lorsbach

Anfahrt: **Bahn/Bus:** Mit der S-Bahn bis zum Bahnhof Lorsbach. **Auto:** A 66 Ausfahrt Kriftel und über L 3011 nach Lorsbach.

Einkehr: Gaststätte Nassauer Schweiz, Hofheimer Straße 17, 65719 Hofheim-Lorsbach, Tel. 06192/7291, www.nassauer-schweiz.de

Information: Magistrat der Stadt Hofheim am Taunus, Chinonplatz 2, 65719 Hofheim am Taunus, Tel. 06192/2020, www.hofheim.de

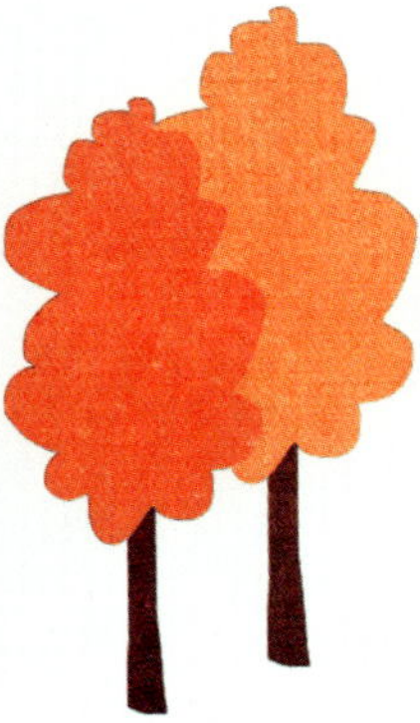

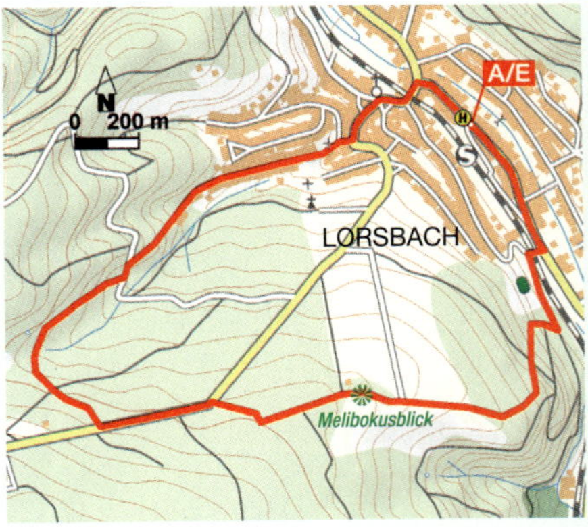

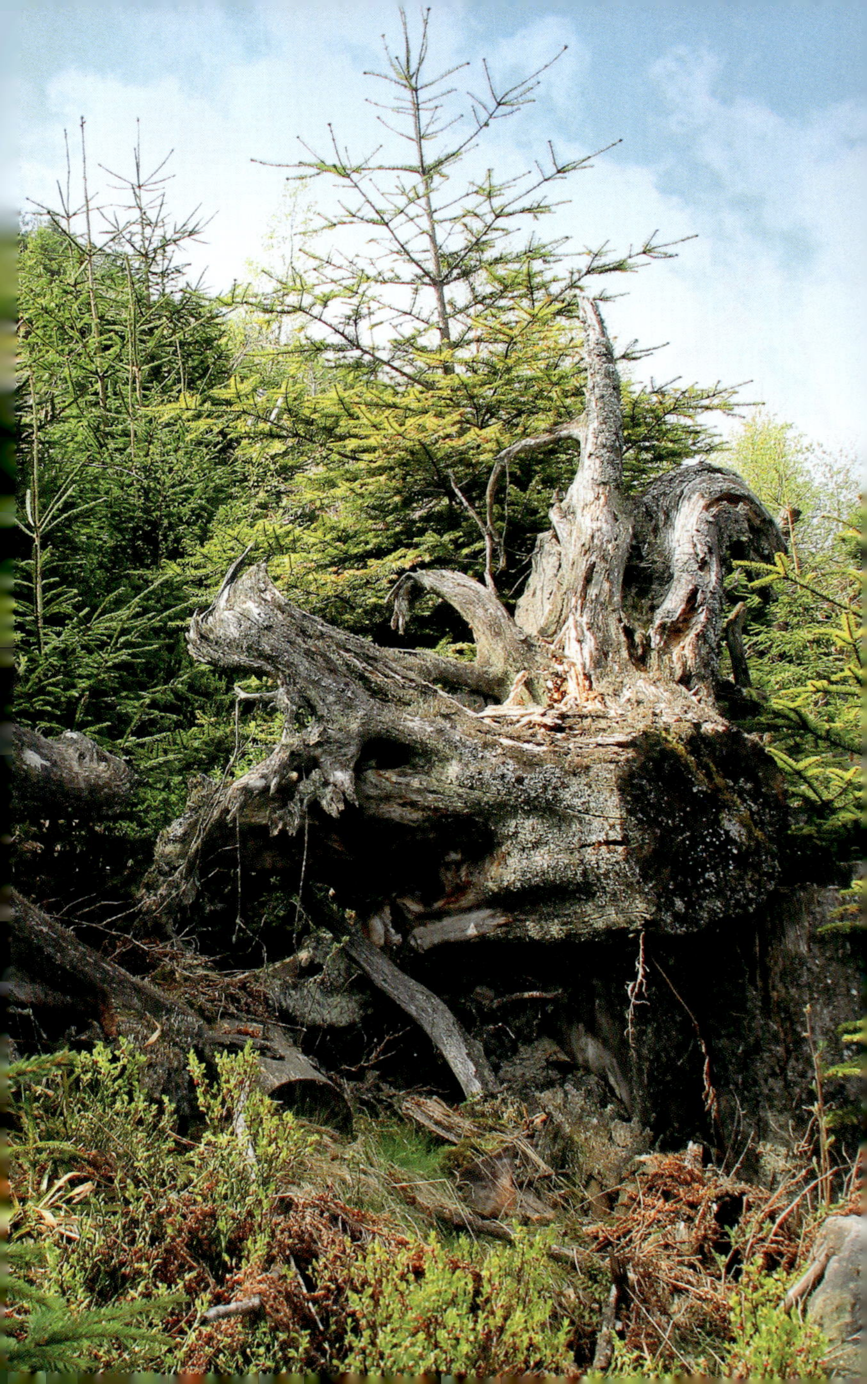

Tour

TOUR 35

der Stille

»RAUPEN« UND DER »ZAUBERBERG«

Um den Steinskopf

Von Ruppertshain führt die Wanderung auf gemütlichen Wegen durch den idyllischen Wald. Im Naturfreundehaus Billtalhöhe besteht die Möglichkeit zur Einkehr, bevor es weiter durch den Wald zum Ausgangspunkt zurückgeht.

Das »Bergdorf« Ruppertshain wurde erstmals im Jahr 1294 urkundlich erwähnt. Sein bedeutendstes Haus, was schon von der Ferne zu sehen ist, war ursprünglich die einstige Gerhard-Domagk-Klinik. Jetzt heißt das Haus »Zauberberg« und wurde nach dem berühmten Buch von Thomas Mann benannt. Mittlerweile hat sich das Haus zu einem bedeutenden Kulturtreffpunkt entwickelt. Hier finden hauptsächlich Lesungen, Kulturausstellungen wie auch Feste statt.

Rund um den Steinskopf geht es in den nächsten zwei Stunden. Wir starten in Ruppertshain. Vom Wanderparkplatz Landsgraben folgen wir der Wegmarkierung mit dem schwarzen Mufflon auf weißem Grund. Der Wegweiser führt uns sofort in den Wald, der uns bis zum Ende der Tour begleitet. Hier wandern wir auch auf gemütlichen und bequemen Wegen durch die Natur. Was für eine Wohltat für die Augen, die sich bei dem behaglichen Grün ausruhen dürfen. Unser Wanderhöhepunkt ist auf ungefähr der halben Strecke das Naturfreundehaus Billtalhöhe.

Die Gaststätte lädt seit 1927 die Wanderer und auch Fahrradfahrer zu Speis und Trank ein. Gutbürgerliche deutsche

Links: Bizarres Wurzelgebilde

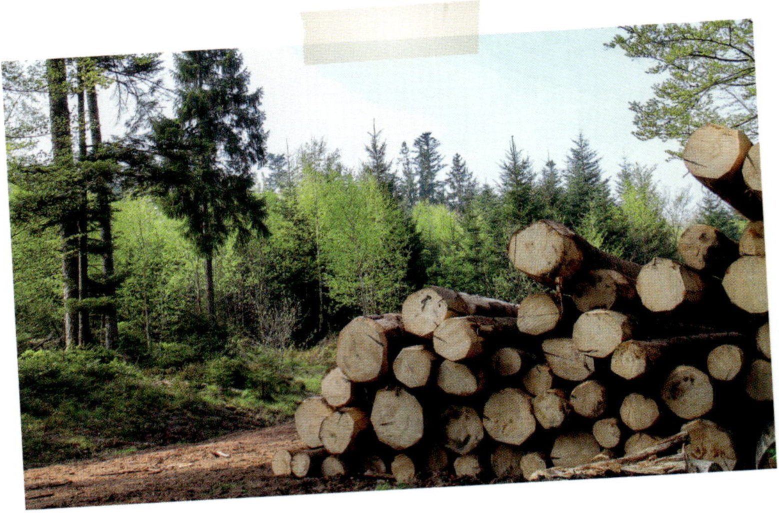

Kinder lieben das Balancieren auf den Stämmen.

Küche steht auf der ansprechenden Karte. Im Herbst gehören zudem Wildgerichte zu den angebotenen Speisen. Jeden Freitag und Samstag verwöhnt die Küche des Naturfreundehauses Billtalhöhe mit frischen Forellen aus den Fischzuchtbetrieben des Taunus im urigen Gastraum oder im Sommer im Biergarten.

Nachdem wir uns entschieden haben, den Rest der Wanderung zu bewältigen, halten wir uns rechts. Nun geht es leicht abwärts bis zum Campingplatz und der nachfolgenden Kreuzung. Hier gibt es nun noch eine weitere Markierung, die uns den richtigen Weg leitet. Das Eichenblatt bringt uns zusammen mit unserem Mufflon zum Wanderparkplatz zurück.

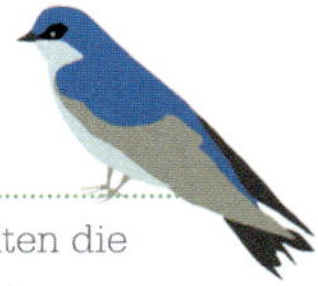

Tipp DIE RUPPERTSHAINER

Die Nachbarn der umliegenden Gemeinden Ruppertshain betitelten die Ruppertshainer als »Raupen«. Diese Betitelung stammt aus längst vergangenen Zeiten, als die Frauen und Kinder aus Ruppertshain wie Raupen durch den Wald krochen, um Beeren, Pilze und Reisig zu sammeln.

AUF EINEN BLICK

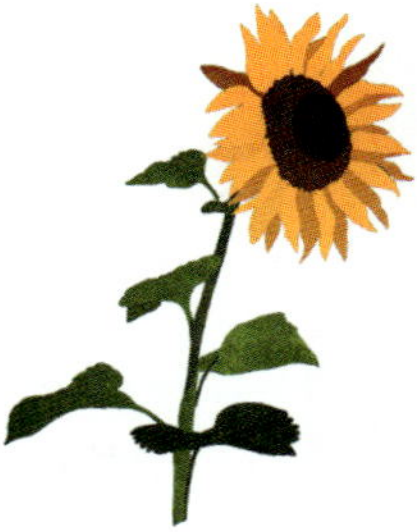

Tour 35: Tour der Stille

Dauer: 2 Std.

Höhenmeter: 235 m

Länge: 8 km

Schwierigkeit: leicht

Tourencharakter: Gemütliche Tour durch den Wald

Ausgangs-/Endpunkt: Wanderparkplatz Landsgraben, 65779 Ruppertshain, **Koordinaten:** 50.178474, 8.400393

Anfahrt: **Bahn/Bus:** Vom Bahnhof Kelkheim mit dem Bus 804 nach Ruppertshain-Zauberberg.
Auto: Von Königstein/Taunus über die L 3369 westlich nach Ruppertshain.

Einkehr: Café Zauberberg, Robert-Koch-Straße 120, 65779 Kelkheim, Tel. 06174/2578800, www.cafe-zauberberg.de

Information: Magistrat der Stadt Kelkheim, Gagernring 6, 65779 Kelkheim, Tel. 06195/8030, www.kelkheim.de

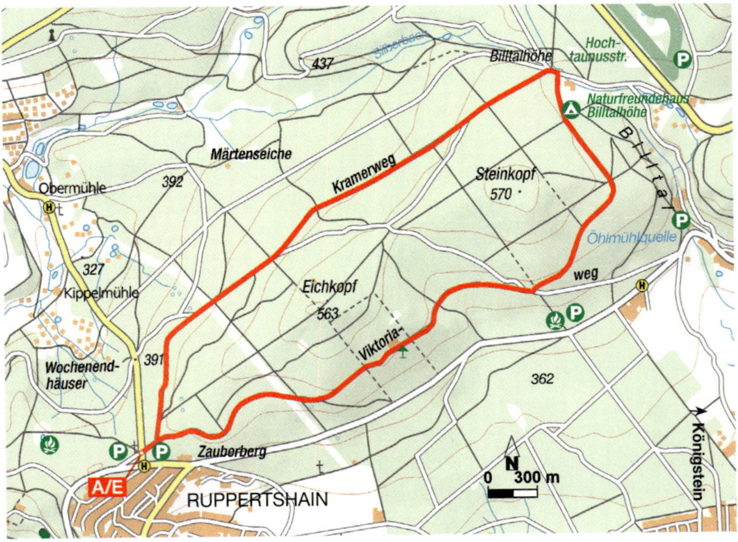

REGISTER

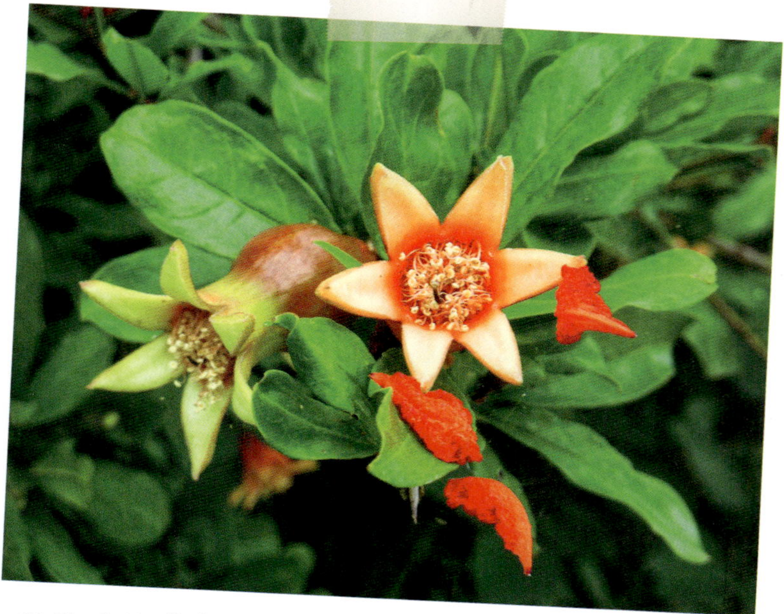

Die Hagebutte gilt als besonders vitaminreich.

IMPRESSUM

Verantwortlich: Stefanie Krüger
Lektorat: Dr. Gotlind Blechschmidt
Layout: Elke Mader
Umschlagbilder und Illustrationen: Eva Wünsch
Kartografie: Bruckmann Verlag GmbH, Heidi Schmalfuß
Repro: P.R.O. MEDIEN PRODUKTION GmbH
Herstellung: Alexander Knoll
Printed in Slovenia by Florjancic

★★★★★

Sind Sie mit diesem Titel zufrieden? Dann würden wir uns über Ihre Weiterempfehlung freuen. Erzählen Sie es im Freundeskreis, berichten Sie Ihrem Buchhändler oder bewerten Sie bei Onlinekauf. Und wenn Sie Kritik, Korrekturen oder Aktualisierungen haben, freuen wir uns über Ihre Nachricht an Bruckmann Verlag, Postfach 40 02 09, D-80702 München oder per E-Mail an lektorat@verlagshaus.de.

Unser komplettes Programm finden Sie unter www.bruckmann.de

Bildnachweis: Alle Fotos stammen von der Autorin, außer: S. 6 Stephan Behnes/shutterstock.com; S. 14/15 Bildagentur Zoonar GmbH/shutterstock.com; S. 26 Andreas Jung/shutterstock.com; S. 34 LaMiaFotografia/shutterstock.com; S. 38 travelview/shutterstock.com; S. 46 3523studio/shutterstock.com; S. 54o.r. Violetta Honkisz/shutterstock.com; S. 55u. In Green/shutterstock.com; S. 58 LaMiaFotografia/shutterstock.com; S. 62/63 Dmitry Naumov/shutterstock.com; S. 72 LaMiaFotografia/shutterstock.com; S. 74 mainherzblut/shutterstock.com; S. 76/77 Circumnavigation/shutterstock.com; S. 80 Sergey Tinyakov/shutterstock.com; S. 92 Rainer Lesniewski/shutterstock.com; S. 100 LaMiaFotografia/shutterstock.com; S. 103o. Circumnavigation/shutterstock.com; S. 104 Volker Rauch/shutterstock.com; S. 106 Glock/shutterstock.com; S. 109u. Petr Brezina/shutterstock.com; S. 124 Phil Kieran/shutterstock.com; S. 118 LORRAINE POOLE/shutterstock.com; S. 132 anandoart/shutterstock.com; S. 142 LaMiaFotografia/shutterstock.com; S. 157 Pavel Metluk/shutterstock.com; S. 164 aperturesound/shutterstock.com; S. 169 Karl Allgaeuer/shutterstock.com; S. 182 Harald Lueder/shutterstock.com.

Die Deutsche Nationalbibliothek verzeichnet diese Publikation in der Deutschen Nationalbibliografie; detaillierte bibliografische Daten sind im Internet über http://dnb.d-nb.de abrufbar.

1. Auflage der vollständig überarbeiteten Neuauflage

Infanteriestraße 11a
80797 München

ISBN 978-3-7343-2564-9

Originalausgabe mit dem Titel »Einfach glücklich wandern – Taunus«,
ISBN 978-3-7343-1425-4, © 2019